Romanistische
Arbeitshefte   43

Herausgegeben von
Gustav Ineichen und Bernd Kielhöfer

Petra Braselmann

Sprachpolitik und Sprachbewusstsein in Frankreich heute

Max Niemeyer Verlag
Tübingen 1999

Die Deutsche Bibliothek – CIP-Einheitsaufnahme

Braselmann, Petra:
Sprachpolitik und Sprachbewusstsein in Frankreich heute / Petra Braselmann. – Tübingen : Niemeyer, 1999
  (Romanistische Arbeitshefte ; 43)

ISBN 3-484-54043-5   ISSN 0344-676-X

© Max Niemeyer Verlag GmbH, Tübingen 1999
Gedruckt auf alterungsbeständigem Papier.
Druck: Weihert-Druck GmbH, Darmstadt
Buchbinder: Nädele Verlags- und Industriebuchbinderei, Nehren

Inhaltsverzeichnis

VI

Vorwort

Das Arbeitsheft ist in drei Hauptkapitel untergliedert. Das erste Kapitel liefert den geschichtlichen, systematischen und politisch-ideologischen Gesamtrahmen für die aktuelle französische Sprachpolitik und deren Relevanz für die Sprecher. Das zweite Kapitel ist sprachwissenschaftlich ausgerichtet und analysiert das von offizieller Seite zur Verfügung gestellte, im *Journal officiel* publizierte sprachliche Material. Das Instrumentarium für diese Analyse bilden die grundlegenden methodischen Verfahrensweisen der Linguistik, die hier auf die Bereiche Phonetik/Phonologie, Wortbildung, Lexikologie und Semantik angewandt werden und für die Diskussion im Rahmen der Normproblematik sowie der Lehnwort-, Neologismus- und Sprachkontaktforschung fruchtbar gemacht werden. Das dritte Kapitel stellt das Sprachbewusstsein in den Vordergrund und setzt damit auch Ergebnisse aus dem zweiten Kapitel in Relation zur Akzeptanz der sprachlegislativen Maßnahmen bei den Sprechern, Lexikographen und Journalisten. Das Arbeitsheft schließt mit einem Dossier, das Textdokumentationen zum Thema enthält und zusammen mit den Arbeitsanleitungen (die sich jeweils am Ende der drei Hauptkapitel befinden) vertiefende Fragestellungen ermöglicht. Überblicksgraphiken werden als didaktische Mittel eingesetzt und fassen Ergebnisse zusammen. Über die Literaturhinweise hinaus hält die Bibliographie eine Zusammenstellung wichtiger Internetadressen und aktueller Pressemitteilungen zum Thema bereit, die weiterführende Perspektiven eröffnen.

Als Autorin empfehle ich natürlich eine kursorische Lektüre dieses Buches. Dennoch kann auch punktuell, je nach Schwerpunkt, damit gearbeitet werden. Den Lesern, die z.B. ausschließlich an feministischer Sprachplanung interessiert sind, sei besonders die Lektüre der Kapitel 1.4 und 2.3.1 geraten. Bei einer Fragestellung nach den französischen sprachpolitischen Aktivitäten, ihren Ziele und Motiven kann man sich auf die Bearbeitung von Kapitel 1 beschränken. Für Themen wie sprachliche Entlehnung und Neologismen sei auf das Kapitel 2.2 verwiesen. Zu den Möglichkeiten der Datenautobahn und ihrer Nutzung bieten die Kapitel 1.3.3 und 2.1.2 neue Orientierungen. Stellt man sich vor allem die Frage nach der Akzeptanz von Neologismen und ihren Bedingungen, ist besonders Kapitel 3 von Interesse. Für Aspekte der „political correctness" nach amerikanischem Muster und ihrer spezifischen Ausgestaltung im Französischen konsultiere man das Kapitel 2.3.

Für die Entstehung des Arbeitsheftes gebührt der Fritz Thyssen Stiftung (Düsseldorf) besonderer Dank. Sie hat durch großzügige Gewährung von Drittmitteln ein Projekt gefördert, von dem wichtige Teile in die vorliegende Studie eingeflossen sind. Gustav Ineichen und Bernd Kielhöfer danke ich für die Aufnahme der Arbeit in die Reihe der „Romanistischen Arbeitshefte". Ohne Justo Fernández mit der tatkräftigen Unterstützung von Eva Held wäre die vom Niemeyer-Verlag eingeforderte (nicht so ohne weiteres zu realisierende) Formatierung des Manuskriptes kaum zustande gekommen, das von Barbara Hinger sorgfältig Korrektur gelesen wurde. Sie alle waren beteiligt an der Entstehung dieses Arbeitsheftes, wofür ich ein herzliches Dankeschön sagen möchte. Das Manuskript wurde im Sommer 1998 beendet, für sprachpolitische Aktivitäten jüngeren Datums ist ein erster Zugriff über die genannten Internet-Adressen gewährleistet.

0. Einleitung

Das Arbeitsheft gibt eine Einführung in die komplexe Problematik der aktuellen französischen Sprachpolitik, deren vordergründiges Anliegen darin besteht, die Sprache zu pflegen und vor dem stetig zunehmenden angloamerikanischen Einfluss zu verteidigen.

Die Dominanz und das Ausstrahlen der angloamerikanischen Kultur und Sprache sind ein internationales Phänomen, das nicht nur in Frankreich spürbar ist. Wie auch in anderen Ländern ruft die Gefahr der „Überfremdung" Sprachpfleger auf den Plan. Die Gründe für die angloamerikanische Vormachtstellung sind hinreichend bekannt und resultieren aus dem Vorsprung moderner Technologien und Wissenschaften, aber auch aus der Vorbildfunktion bestimmter lebensweltlicher Konzepte und Moden (wie z.B. Freizeitgestaltung, Tourismus, Ernährung, Kosmetik, Werbung). Der sprachliche Einfluss schlägt sich vor allem im Lexikon der jeweiligen Sprachen nieder. Englische Wörter und Wortbildungsstrukturen werden Vorbilder für die Einzelsprachen.

Hier allerdings enden die Gemeinsamkeiten, denn jedes Land geht aufgrund unterschiedlicher soziokultureller, historischer und ideologischer Voraussetzungen anders mit dem „Fremden" um. Im Folgenden soll die spezifische sprachpolitische Haltung Frankreichs herausgearbeitet werden, die im Zusammenhang mit der französischen Kultur-, Ideologie- und Sprachgeschichte gesehen und interpretiert werden muss. Frankreich hat eine eigene und besondere Tradition der Sprachpflege, in der sich die aktuelle Gesetzgebung geradezu als eine Konsequenz von historischen Zwängen erweist. Einzigartig ist etwa die Rolle des Staates und die enge Verknüpfung von Sprache und Politik seit den frühesten Anfängen (cf. Kap. 1.2). Einer jahrhundertelangen Tradition verpflichtet, folgt die aktuelle französische Sprachpolitik zwar ihren bewährten Prinzipien und Mythen, durchbricht diese aber gleichzeitig und leitet damit eine Zäsur in der Geschichte der französischen Sprachpflege ein (cf. Kap. 1.3). Nicht nur das Englische ist Gegenstand der französischen Sprachpolitik, sondern – was in der Regel übersehen wird – auch „politisch unkorrekte" Formen in der Sprache, wie z.B. fehlende Feminisierungen bei Berufsbezeichnungen oder diskriminierende Bezeichnungen (cf. Kap. 2.3).

Außergewöhnlich ist ferner die Tatsache, dass die französische Politik ein Wörterbuch der verbotenen Anglizismen und ihrer offiziellen Ersatzwörter liefert (cf. Kap. 2.1), das ein reichhaltiges Untersuchungsmaterial für den Linguisten darstellt (cf. Kap. 2.2). Die Daten sollen dabei nicht nur im Hinblick auf ihre sprachlichen Strukturen untersucht werden, sondern auch bezüglich ihrer Akzeptanz bei den Sprechern (cf. Kap. 3). Die Analyse des Materials zeigt, dass die Eingriffe von staatlicher Seite, die ursprünglich auf eine Revision der Fachsprachen zielten, letztlich auch Korrekturen im Standardwortschatz bewirken sollen; dabei werden allerdings bestimmte ursprünglich auf die Fachsprachen begrenzte Termini verboten, die bereits im Standardwortschatz integriert sind. Die Problematik, die mit der Durchsetzung eines solchen verordneten Verfahrens verbunden ist, ist offenkundig und stellt in unserem Kontext eine willkommene Herausforderung an die Linguistik dar zu überprüfen, ob und inwieweit mit ihrem Instrumentarium die Akzeptanz neu eingeführter Bezeichnungen erklärt oder prognostiziert werden kann.

1.   Französische Sprachpolitik

Dass die französische Sprache ungleich mehr als andere europäische Sprachen normiert ist
und dass die Franzosen ein ausgeprägtes Interesse an ihrer Sprache bekunden, gehört zu
den Topoi der einschlägigen Literatur zur sprachlichen Situation in Frankreich. Von allen
romanischen Sprachen hat die französische die längste und wirkungsvollste sprachplaneri-
sche Tradition. Diese Tradition setzt sich auch in den Spracherlassen des 20. Jahrhunderts
fort, wobei mit ihnen „zum ersten Mal von Staats wegen in den Mechanismus einer Sprache ... zum Zwecke der Korrektur konkret eingegriffen" wird (Schmitt 1979b: 7). Nicht
zuletzt aufgrund dieser sprachpolitischen[1] Tradition hat sich in Frankreich ein besonderes
Sprachbewusstsein entwickelt: wie in keinem anderen europäischen Land ist die Sprache
Gegenstand des Interesses der Öffentlichkeit, der Medien, der Schriftsteller – und des
Staates. Nur in Frankreich kann die Verwendung einzelner „nicht-salonfähiger" Ausdrücke
in einer Fernsehdiskussion öffentliche Empörung auslösen und zu einer „affaire nationale"
hochstilisiert werden (wie in *Le Figaro* 2/1/1982).[2]

In unregelmäßigen Abständen erscheinen von staatlichen Institutionen abgesegnete
Vorschläge zum Gebrauch der französischen Sprache, deren Nicht-Befolgung strafrechtlich
verfolgt wird. Interessanterweise konzentrieren sich die öffentlichen Meinungen, ebenso
wie die Arbeiten der Linguisten, auf diejenigen Regelungen, die die Vermeidung angloamerikanischer Wörter im Französischen betreffen, d.h. auf den – spätestens seit Etiemble
(*Parlez-vous franglais?* 1964) – traditionellen Krieg gegen das Franglais. Nur selten ist von
denjenigen Erlassen die Rede, in denen das Englische so gut wie keine Rolle spielt, die aber
ebenfalls Teile der französischen Sprachgesetzgebung sind.

1.1   Sprachwissenschaft und Sprachplanung

Die Erlasse[3] sind, vor allem in Deutschland, oft Gegenstand von Untersuchungen. Man
schätzt die Terminologiekommissionen, die der *Académie française* in vielem nahe stehen,
als konservativ-antiquiert ein. Den Spracherlassen läge keine linguistisch fundierte Theorie
der Sprachplanung zugrunde und sie trügen mit ihren Vorschriften keineswegs zum Abbau
von Sprachbarrieren bei; sie seien „unwissenschaftlich", da sie synchronische mit diachro-
nischen Perspektiven vermischten, sie seien inkonsistent, nicht homogen und konzeptions-
los.[4] Es finden sich aber auch versöhnlichere Äußerungen wie: die Akademie sei nun einmal eine Laieninstitution (Baum 1986), Sprachkritik sei nur begrenzt einem sprachwis-

---

[1]   Zur Differenzierung von Sprachpolitik, Sprachenpolitik, Sprachplanung, cf. Brumme/Bochmann
       (1993: 1-62), Samel (1995: 87s.).

[2]   Cf. Christmann (1986: 15).

[3]   Wenn hier und im Folgenden von den „Erlassen" die Rede ist, sind damit allgemein die staatli-
       chen Veordnungen gemeint; cf. dazu die Aufstellungen in der Bibliographie, Kap. 6, Punkt b.

[4]   Cf. z.B. Schmitt (1979b: 18), Beinke (1990: v.a. 231-237), Goudaillier (1982), Fugger
       (1979/1983, 1980, 1987).

senschaftlichen Zugriff zugänglich (Gauger 1985), der Sprachwissenschaftler sei nur gekränkt, weil die Sprachpflege nicht auf ihn angewiesen ist (Thim-Mabrey 1991), etc.

Zu diesen Negativurteilen über die Erlasse, die in bestimmter Hinsicht natürlich durchaus ihre Berechtigung haben, ist jedoch anzumerken, dass sie sich allzuoft auf undifferenzierte, eklektische Untersuchungen gründen; so wird dabei in aller Regel jeweils nur ein einzelner Erlass herausgegriffen und analysiert. Entsprechend wird nicht nach den einzelnen thematischen Bereichen differenziert und ebensowenig dann natürlich auch zwischen Fach- und Allgemeinsprache. Die einzelnen Erlasse *müssen* schon vom Ansatz her heterogenen Charakter haben, da sie von unterschiedlichen Kommissionen, zu unterschiedlichen Themen, mit unterschiedlichen Mitteln und mit zum Teil spezifischen ideologischen Haltungen erarbeitet werden.

Erst im Rahmen einer Gesamtschau werden die sehr wohl unterschiedlichen Ausrichtungen erkennbar, die mit der französischen Sprachpolitik verknüpft sind.[5] Es wird schnell deutlich werden, dass die pauschale Behauptung, die staatlichen Verordnungen spiegelten lediglich puristisch-konservative Eingriffe in die Sprachentwicklung wider, relativiert werden muss. Ferner wird sich zeigen, dass auch gelegentlich anzutreffende etwas differenziertere Beurteilungen, nach denen lediglich einem Bereich, nämlich signifikanterweise dem der Feminisierungsvorschläge von Berufsbezeichnungen, innovativer Charakter zugesprochen wird,[6] zu pauschal und so nicht aufrechtzuerhalten sind.[7] (Mit diesem – vermeintlich – innovativen Charakter wird übrigens auch die Polemik gegen die entsprechende Kommissionsarbeit erklärbar).[8]

Linguisten haben sich verschiedentlich über eine mögliche Kooperation zwischen den beiden Richtungen, deren Objektbereich die Sprache ist, Gedanken gemacht: „Die Sprachwissenschaft hat versäumt, der Sprachplanung Kriterien ... zu liefern" (Höfler 1980: 74). Ideal wäre, so Gauger (1985: 61s.), „Sprachwissenschaft als Fundament der Sprachkritik".[9] In diesem Sinne liefert Schmitt (1979b: 14ss.) einen theoretischen Raster für eine „bessere", da kommunikationsorientierte Sprachplanung. In solchen Haltungen wird die Sprachwissenschaft *quasi* als Hilfswissenschaft für die Sprachkritik postuliert – eine Hilfswissenschaft, auf die die Sprachkritik nicht angewiesen ist, wie uns die Geschichte lehrt. Seit dem 17. Jahrhundert stehen sich Verfechter unterschiedlicher Normkonzepte gegenüber: die interessierten Laien und die Gelehrten. Und es waren gerade die Sprachbeflissenen (nicht die Fachleute), die dem Französischen das Gepräge gegeben haben, das seinen Rang als Kultursprache begründet (Baum 1986: 42): „Sprachkritik ist nichts für Linguisten", sondern für alle (Heringer 1982b: 31).

---

[5] Wichtige Elemente der französischen Sprachpolitik sind natürlich auch die Sprachenplanung (Stellung der Regionalsprachen) und die Versuche einer Orthographiereform, die hier aber nur am Rande behandelt werden.

[6] Cf. Schräpel (1985: 224s.).

[7] Cf. hierzu auch unten, Kap. 1.3.

[8] Cf. hierzu unten, Kap. 1.4, 2.3.1.

[9] Cf. auch Gauger (1986: 24), Oksaar (1968: 67ss.). – Zu den einzelnen Formen der Sprachkritik, cf. Heringer (1982a, 1982b).

Unabhängig von solchen unterschiedlichen Positionen haben wir es hier mit einem grundsätzlichen Problem zu tun: dem des Verhältnisses zwischen Sprachwissenschaft und Sprachpflege.[10] Die Hall'sche Auffassung des *Leave your language alone*, die von André Martinet und der strukturalistisch-deskriptiven Sprachwissenschaft vertreten wird, muss schon vom Ansatz her sprachpflegerischen und sprachplanerischen Tendenzen diametral entgegengesetzt stehen: denn Sprachpfleger wollen eingreifen, um einen Soll-Zustand (wieder-)herzustellen, statt einen Ist-Zustand zu beschreiben.

Deskriptive Sprachwissenschaft und Sprachplanung sind nicht miteinander kompatibel. Verfolgt die eine einen deskriptiven, beschreibenden, eher dynamischen Normbegriff, legt die andere einen präskriptiven, vorschreibenden, eher statischen zugrunde.[11] Verfolgt die Sprachplanung die Hochsprache, hat die deskriptive Sprachwissenschaft auch die Varietäten im Auge. Ihre Intentionen sind unterschiedlich. Sprachkritik ist überdies nur begrenzt einer sprachwissenschaftlichen Beratung zugänglich, da sie nicht ausschließlich auf sprachliche Reformen aus ist (Gauger 1985). Ideologie und Politik spielen eine nicht zu unterschätzende Rolle.

Allerdings: genauso wenig wie es „die Sprachwissenschaft" gibt, gibt es „die Sprachplanung". Feministische Sprachplanung etwa ist von ganz anderen ideologischen Handlungsimpulsen und Zielrichtungen geleitet als die traditionelle, von der Akademie beeinflusste. Eine handlungsorientierte, pragmatische Linguistik etwa beantwortet ganz andere Fragen als eine deskriptive, systemorientierte.

Das ungewöhnlich reichhaltige Sprachmaterial, das sich durch die Eingriffe von staatlicher Seite angesammelt hat, sowie die zahlreichen Reaktionen aus der Bevölkerung bieten nun eine günstige Gelegenheit, trotz der oben skizzierten Gegensätzlichkeiten eine Verknüpfung zwischen Sprachkritik und Linguistik zu versuchen.

Im Folgenden wird es also darum gehen, die aktuelle Sprachplanung des Französischen, die eine konkrete gesellschaftliche Realität ist, mit den in der Linguistik (unterschiedlichster Ausprägung) zur Verfügung stehenden Instrumentarien zu rekonstruieren und einem wissenschaftlichen Zugriff zugänglich zu machen.

---

[10] Cf. hierzu auch Schmitt (1990a: 354s.), Bengtsson (1968).
[11] Zur Anbindung des präskriptiv-statischen Normbegriffes an die Akademie und des deskriptiv-dynamischen an den Sprachwissenschaftler Brunot, cf. Baum (1986).

4

1.2 Staat und Sprache

1.2.1 Historisches

Spätestens seit dem 16. Jahrhundet hat der sprachnormative Diskurs seinen festen Platz in Frankreich.[12] Hier sind die frühen Sprachgesetze, die *Ordonnance de Villers-Cotterêts* (1539) und die *Loi du 2 thermidor de l'an II* (20.7.1793), zu nennen. Es darf aber nicht übersehen werden, dass es sich etwa 1539 nicht um eine „Loi sur le français", sondern um eine „Ordonnance sur le fait de la justice" handelt: nur zwei Artikel (110, 111) behandeln die Sprache und besagen, dass in gerichtlichen Schriftstücken die französische Sprache statt der lateinischen zu verwenden ist und dass die Texte eindeutig und klar ohne Ambiguitäten formuliert sein sollen. In direkter Folge dazu erweitert das Gesetz von 1793 den Anwendungsbereich und schreibt den Gebrauch des Französischen für alle öffentlichen Schriftstücke und Urkunden vor (Beinke 1990: 227).[13]

Das wichtigste Ergebnis der Sprachpolitik des 17. und 18. Jahrhunderts ist vor allem der Aufbau der Nationalsprache, deren Standardisierung und Durchsetzung in den europäischen und außereuropäischen Provinzen.[14] Die französische Revolution setzt diese royalistische Sprachpolitik fort, erweitert sie aber um eine neue Dimension: der Sprachgebrauch wird eine nationale Angelegenheit. Das Jahr 1789 stellt nach Bochmann (1993: 63) eine weitreichende Epochenzäsur des neuen Zeitalters der Sprachpolitik dar: mit dem Gedanken der Einheit der Staatsnation und der freiheitlichen Sprache geht der der Uniformisierung des Französischen und seiner Universalisierung einher. Die Verordnung einer einheitlichen Sprache impliziert die Elimination des Fremden, was zunächst die Regionalsprachen, später dann auch fremde Sprachen, besonders das Englische, betrifft. Zugrunde liegt nach Trabant (1995b: 8ss.) hier der biblische Sprach-Mythos einer paradiesischen Einheitssprache, der auch die Basis bildet für die einzelnen Varianten des Sprachpurismus. – Die Demokratisierung des Unterrichtswesens um die Wende zum 20. Jahrhundert führte fast unweigerlich zur Diskussion über Grammatik und vor allem über Orthographie.

Eine wesentliche Rolle spielt bei diesen sprachpflegerischen Maßnahmen bis heute die *Académie française*, die 1635 auf Initiative Richelieus gegründet wird, mit dem Auftrag, die Normen des Französischen zu definieren. Vaugelas, führendes Mitglied der Akademie, erklärt die Sprechweise des Hofes und der guten Schriftsteller zum *bon usage*, während der *mauvais usage* den Sprechstandard der Masse des Volkes charakterisiert. Erklärte Ziele der Akademie sind weiter: Reinigung der Sprache vor schädlichen Einflüssen, die Wiederbelebung der *éloquence* und die Erstellung eines Wörterbuchs, einer Grammatik und einer

---

[12] Cf. aber schon früher: das Konzil von Tours (813), das erste Dokument, in dem das Französische offiziell anerkannt wird. Der älteste Spracherlass ist Louis XI (1461-1583) zuzuschreiben. Zu den königlichen Edikten ab 1490, die bereits die Verdrängung des Lateinischen als Gerichtssprache zum Ziel haben, cf. Haas (1991: 14-29). – Vgl. auch die Zeittafel im Dossier, Kap. 5.

[13] Vgl. hierzu unten, Kap. 2.3.3.

[14] Cf. hierzu Schmitt (1990a: 358).

Rhetorik. Im Wörterbuch sind dann auch die Orthographieprinzipien festgelegt, die die Lautform des 17. Jahrhunderts vernachlässigen und sich historisierend an der „gelehrten" Rechtschreibung der humanistischen Schreibweise des 16. Jahrhunderts orientieren und so den klassischen Ursprung des Französischen erkennen lassen.[15] Die Folgen dieser Entscheidung reichen bis in die Gegenwart: Auch im 20. Jahrhundert geht es in den zahlreichen (gescheiterten) Versuchen einer Orthographiereform (zuletzt 1990) um die Auseinandersetzung mit den im 17. Jahrhundert gesetzten Normen, wie z.B. dem *accord* bei Partizipien, der Pluralmarkierung bei Kompositionen, etc.

Das Wirken der Akademie im 17. Jahrhundert prägte das Sprachbewusstsein der Franzosen entscheidend. Die klassische Norm des 17. Jahrhunderts wurde zum Vorbild der präskriptiven Norm bis in die Gegenwart und damit zu einem Anachronismus, da es sich um eine retrospektive Norm handelt, die die aktuellen Gegebenheiten nicht adäquat beschreibt. Hier wurzelt auch der Mythos von der erreichten absoluten Perfektion des Französischen, wie etwa im Vorwort des Akademiewörterbuches von 1694 zu lesen ist.[16] Während nun Vaugelas noch die geschriebene und gesprochene Sprache im Auge hat, reduziert sich der *bon usage* in der Nachfolge vornehmlich auf die Schriftsprache der klassischen Autoren. Der Keim für die „Krise des Französischen" liegt nach Gossen (1976: 17) in der Nicht-Berücksichtigung der Varietät des „gesprochenen Französisch" mit allen seinen Ausprägungen, und damit auch im Konflikt zwischen der klassischen Norm und der aktuellen Realität.

Im 20. Jahrhundert konzentrieren sich die französischen Sprachlenker vor allem auf zwei Probleme: die Anglizismen und die Orthographie. Sie gelten als Hauptursache für die so oft beschworene „crise du français", deren Wurzel aber in Wahrheit der Versuch ist, die Sprache auf einem einmal für gut befundenen Stand zu fixieren. Sprachwandel muss so zwangsläufig als Sprachverfall erscheinen. Eine solche Haltung verurteilt das Französische zur Immobilität, Stagnation und Unproduktivität (Schmitt 1978: 456). Das Eingreifen der Akademie ist bis heute auf einen gemeinsamen Nenner zu bringen: Bewahrung alter (oft überlebter) Regeln, Abwehr von neuen, meist in der Varietät der gesprochenen Sprache entstandenen, Sprachwandeltendenzen.[17] Die Kreativität des Französischen wird in der traditionellen Sprachpflege unterdrückt (cf. aber Kap. 1.3), die Sprache ist dadurch geradezu zwangsläufig mehr als andere Sprachen überdimensional auf Importe angewiesen.

Erste Kritiker von „Franglais" und „Anglomanie" melden sich bereits im 19. Jahrhundert. Die Gründe für Maßnahmen gegen Entlehnungen aus dem Englischen liegen im 18. Jahrhundert: England hatte die politische Vormachtstellung erreicht, die englische Verfassung diente den französischen Aufklärern als Vorbild; die englische Philosophie (z.B. mit Locke) war schulbildend. Mit der im 19. Jahrhundert von England ausgehenden industriellen Revolution verstärkt sich dieser Einfluss. Das Anglizismenwörterbuch von Manfred Höfler (1982) belegt, dass bei dem seit dem 18. Jahrhundert einströmenden englischen

---

[15] Cf. Rettig (1977/78: 190ss.).
[16] Abgedruckt in Gossen (1976: 15).
[17] Schmitt (1978: 457ss.) liefert dafür eindrückliche Beispiele aus den *communiqués de mise en garde* der Akademie.

Lehngut nicht nur England, sondern auch das Englische Amerikas als direkte Gebersprache fungiert. Der Höhepunkt des Imports von Amerikanismen liegt im 20. Jahrhundert, vor allem nach dem zweiten Weltkrieg. Beide Strömungen, die kontinentale und die außereuropäische, lassen sich nicht immer trennen.[18]

Darüber hinaus ist Französisch nicht mehr die „universale" Sprache im Sinne Rivarols[19] und wird vom Englischen auf den zweiten Platz gedrängt (von offizieller Seite wird allerdings 1994 in Verkennung der Tatsachen immer noch gefordert: „la langue française doit demeurer une langue de communication internationale de premier plan"[20]). Nach 1945 steigt die Zahl der halbstaatlichen und staatlichen Institutionen, die das Französische vor einer Anglizismenüberflutung bewahren wollen und den *génie de la langue française* bedroht sehen: Sprachpflegeorganisationen in Frankreich, Belgien, Kanada und der französischen Schweiz verteidigen das kulturelle Erbe aus Angst vor dem wachsenden Einfluss der Großmacht USA. Die Pflege des Französischen ist zu einem internationalen Anliegen innerhalb der Frankophonie geworden. 1952/53 bildet sich in Paris der *Cercle de Presse Richelieu*, eine Vereinigung von Journalisten, die die französische Sprache in der Presse verteidigen wollen. Diese Initiative dehnte sich auf weitere Berufsgruppen aus und 1958 wird schließlich die Vereinigung *Défense de la langue française* (DLF) ins Leben gerufen, der zahlreiche Mitglieder der Akademie (aber kaum Linguisten) angehören. Publikationsorgan ist eine unter dem gleichen Namen mehrmals jährlich erscheinende Zeitschrift (Nr. 1 erschien im Januar 1959), in der die Rubrik „Musée des horreurs" dazu eingerichtet ist, sprachliche Entgleisungen in den Medien, bei Behörden und Ministerien an den Pranger zu stellen.[21]

Die puristische Diskussion um die Anglizismen kulminiert in den letzten Regierungsjahren Charles de Gaulles und vor allem während der Regierungszeit Georges Pompidous. Programmatisch wurde der von Pompidou gegenüber der Zeitschrift *Der Spiegel* (7/6/1971, 24) geäußerte Satz: „Das Sprachproblem ist das wichtigste unserer Epoche". Neben der Akademie werden national und international gleichgesinnte Institutionen gegründet.[22] Von besonderer Bedeutung ist die erste staatliche Institution, der *Haut Comité pour la défense et l'expansion de la langue française* (von de Gaulle 1966 ins Leben gerufen). Als Aufgabe erscheint neben den sprachnormativen Stereotypen „défense et illustration" nun auch die „expansion" des Französischen. Die gegenwärtig wichtigsten nationalen Institutionen sind die *Délégation générale à la langue française* (DGLF, 1989) und der *Conseil supérieur de la langue française* (1989). Die renommierteste internationale Vereinigung zur Terminolo-

---

[18] Nicht zuletzt aus diesem Grunde differenzieren wir im Folgenden nicht zwischen „Anglizismen" und „Angloamerikanismen".

[19] Cf. *Discours sur l'universalité de la langue française* (1784). Von ihm stammt auch der zum Topos gewordene Ausspruch „Ce qui n'est pas clair, n'est pas français".

[20] *Circulaire* vom 12.4.1994 (*Journal officiel* 20/4/94). – Cf. hierzu auch unten, Kap. 1.3.2.

[21] Anfangs erschien die Zeitschrift viermal, ab September 1964 sogar fünfmal, gegenwärtig dreimal jährlich. Die gesamte Zeitschrift (ab 1/1959) ist über die Internetadresse http://www.refer. fr/textinte/dlf zugänglich. – Zu den Diskursstrategien in dieser Zeitschrift, cf. Schmitt (1998: 221ss.).

[22] Vgl. hierzu auch die Zeittafel im Dossier, Kap. 5.

gienormierung, die nicht unerheblich zur Erstellung der Ministerialerlasse beiträgt,[23] ist der *Conseil international de la langue française* (CILF, 1968). Ferner ist noch der *Haut conseil de la francophonie* (1984, unter dem Vorsitz des Staatspräsidenten) zu erwähnen, der sich mit der Rolle des Französischen als Weltsprache beschäftigt.

Mitterrand erwies sich als konsequenter Nachfolger der Sprachpolitik seiner Amtsvorgänger: er forcierte das Bemühen um die Frankophonie und rief alle frankophonen Länder „zum Schulterschluss" gegen die amerikanische Übermacht auf.[24]

Seit 1964 erscheinen die *communiqués de mise en garde*, mit denen die Akademie auf Sprachprobleme aufmerksam macht und die heftig in den Medien diskutiert werden.[25] Am 30.4.1981 gibt die Akademie eine Grundsatzerklärung zu Fragen der Sprachkultur heraus, in der sie beklagt, dass „on s'est longtemps efforcé de parler le français comme on doit l'écrire; aujourd'hui on s'ingénie à l'écrire comme on ne devrait pas le parler".[26] Sie erklärt ihre Bereitschaft, die staatliche Sprachpolitik voll zu unterstützen, „afin de restaurer la situation de la langue française, dans son influence et son rayonnement". Sie beklagt den angloamerikanischen Einfluss in Technologie, Wissenschaft, Medien und Welthandel. Ein weitsichtiger Schachzug im Hinblick auf zukünftige Entwicklungen ist die Gründung der *Académie des enfants* (1985), die das erklärte Ziel hat, die Kinder für (bzw. gegen) Fremdwörter in der Allgemeinsprache zu sensibilisieren und sie aufzufordern, französische Ersatzwörter zu schaffen.[27]

Die genaue Anzahl der staatlichen, halbstaatlichen und privaten Sprachpflegeorganisationen ist nicht mit Sicherheit zu bestimmen. Beinke (1990: 211) geht von ca. 1000 aus.[28] So unterschiedlich diese auch ausgerichtet sind, zwei Ziele sind ihnen gemein: die Sicherung des Französischen und die Bekämpfung des angloamerikanischen Einflusses. Die Anzahl solcher Institutionen, die sich die „Verteidigung" und die „Reinhaltung" der Sprache auf die Fahne geheftet haben, beweist, dass „die tradierte und früher nie ernstlich in Zweifel gezogene präskriptive Konzeption des *einen* richtigen, d.h. „guten" Französisch im 20. Jahrhundert in eine Krise geraten ist" (Gossen 1976: 24).

Unter Valéry Giscard d'Estaing und Mitterrand fallen die wichtigsten Entscheidungen in der Etappe der staatlichen Sprachlenkung, die folgenreichen Sprachgesetze von 1975

---

[23] Cf. hierzu u.a. Beinke (1990: 211ss.), Gossen (1976: 23).
[24] Cf. Ritzenhofen (1994: 13ss.). Der Ursprung der Frankophonie liegt laut ihres Begründers Onésime Reclus (1837-1916) gerade im Widerstand gegen den Siegeszug des Englischen.
[25] Cf. Langenbacher (1980).
[26] *Communiqué* der Akademie vom 30.4.1981, cf. auch Abdruck in Baum (1989: 163s.).
[27] Sprachpflege bereits bei der Jugend zu betreiben, ist darum so wirksam, weil sie die Sprecher von morgen sind und weil man den Sprachzustand, den man als Kind erlernt hat, konservativ zu verteidigen bereit ist. – Vgl. hierzu auch Zimmer (1995: 42): „Also werden die *Kids*, die bereits heute ihre Trial- und Error Odysseen beim Zappen ... erleben, eines nicht fernen Tages diese Trümmersprache für die einzige gute und richtige halten".
[28] Zu den Sprachpflegeorganisationen, cf. Beinke (1990: 211-226, 315-358), Bengtsson (1968: 165ss.); cf. auch unten, Kap.1.5.

(sog. *Loi Bas-Lauriol*) und von 1994 (sog. *Loi Toubon*)[29] und die zahlreichen *Décrets*, *Arrêtés* und *Circulaires*. Die moderne französische Sprachgesetzgebung richtet sich seit 1975 erstmals an den einzelnen Bürger und sieht zivil- und strafrechtliche Sanktionen vor.

Bereits 1972 hat der Staat begonnen, durch einen *Décret* in die Sprache einzugreifen; die ersten Terminologiekommissionen werden eingesetzt. Sie machen sich an die Arbeit, neue Wörter anstelle „nichtfranzösischer" zu setzen und diese per *Arrêtés* verpflichtend vorzuschreiben. Damit werden erste Vorarbeiten für das dann folgende Sprachgesetz geleistet. Durch juristische Maßregelung soll der Gebrauch sämtlicher Fremdwörter, im Grunde natürlich englischer Lehnwörter, für die es eine „gebilligte Übersetzung" gibt, aus Werbetexten, Verpackungsschriften, Gebrauchsanweisungen, Garantieurkunden, Stellenanzeigen, Arbeitsverträgen und Angelegenheiten der öffentlichen Hand beseitigt werden. Das Novum und wohl Einmalige bereits am ersten Gesetz (*Bas-Lauriol*) ist, dass bei Übertretung und Zuwiderhandlungen ab dem 1.1.1977 der Sprachvergeher mit einer Geldstrafe von 80 bis 5.600 FF belegt werden kann. Dies wird nun durch die *Loi Toubon* verschärft: Verstöße können mit Geldstrafen bis zu 50.000 FF oder einem halben Jahr Gefängnis geahndet werden. Das Innenministerium dient dabei „entsprechend der Flensburger Sündenkartei für deutsche Autofahrer als Registrierzentrale für unverbesserliche berufsmäßige Sprachsünder"[30].

Vom Ansatz her wird das Gesetz *Bas-Lauriol* positiv aufgenommen, immerhin erfährt es einstimmige Annahme durch das Parlament. Ein Club von Sprachfreunden AGULF (*Association générale des usagers de la langue française*) wird gegründet, der die volle juristische Anwendung des Gesetzes als alleiniges Ziel hat.[31] Allerdings gestaltet sich die juristische Seite äußerst schwierig: durch die verschiedenen Anwendungsbereiche des Gesetzes betrifft es sowohl das bürgerliche Recht als auch das Arbeitsrecht und den Bereich der öffentlichen Hand. Christmann untersucht diese Frage und kommt zu dem Schluss, dass die juristische Effektivität äußerst fragwürdig ist. Er hält – und mit dieser Auffassung ist er nicht der einzige – das Gesetz für gescheitert.[32] Auch Bertrand Poirot-Delpech, Mitglied der *Académie française*, bezeichnet in *Le Monde* (18/4/94) das Gesetz aufgrund der ausgebliebenen Sanktionen als „Totgeburt". In der Sitzung der *Assemblée Nationale* vom 3. Mai 1994, in der über den *Projet* der *Loi Toubon* abgestimmt wird, sieht der sozialistische Abgeordnete Brunhes, Gegner des Gesetzes, allerdings das Scheitern des Gesetzes von 1975 nicht im Fehlen von Sanktionen begründet, sondern darin, dass „elle [= la loi de 1975] n'a pas ‚tenu' devant les réalités économiques et sociales de ce monde"[33] – eine Aussage, die natürlich folgerichtig auch für den (Miss-)Erfolg der *Loi Toubon* als Prognose gelten kann.

---

[29] Alle Gesetzesdokumente sind abrufbar unter der Internetadresse: http://www.culture.fr/culture/dglf.

[30] Cf. Schmitt (1979b: 9).

[31] Cf. Christmann (1982: 279).

[32] Vgl. hierzu auch Haas (1991: 58ss., 118ss.).

[33] Cf. *Débats parlementaires* (1994, p. 1370); vgl. auch die juristischen Ausführungen über den Kommentar der Sitzung bei Kimmel (1994a: 19).

Am 25.6.1992 wird als Folge der Verträge von Maastricht die französische Verfassung von 1958 geändert: Artikel 2, Absatz 2 erhält auf Vorschlag von Jacques Toubon und Alain Lamassoure den Zusatz: „la langue de la République est le français" (*Loi constitutionnelle du 25 juin 1992*). Die Verfassungsänderung hängt unmittelbar mit dem Fortschreiten eines vereinten Europas zusammen und der Sorge um das Zurückdrängen des Französischen. Die GATT-Verhandlungen mit dem Streben nach der Anerkennung der französischen *exception culturelle* gegenüber den Amerikanern ist ein Beispiel dafür. Die Verfassungsänderung hat unmittelbare Auswirkung auf die *Loi Toubon*: der entsprechende Absatz wird in der revidierten Fassung vom 4. August 1994 als erster Paragraph aufgenommen. Anders als 1975 wird im Gesetz von 1994 der Status der Regionalsprachen gesichert (Art. 21).

1.2.2 Die *Loi Toubon* (1994)

Jacques Toubon, seit dem 30. März 1993 *ministre de la culture et de la francophonie*, präsentiert dem Ministerrat am 1. März 1994 seinen Gesetzesentwurf (*Projet de loi relatif à l'emploi de la langue française*). Die Vorlage erfährt einige Modifikationen durch Senat und *Assemblée Nationale*, wird den beiden Kammern immer wieder vorgelegt, bis sich schließlich beide Institutionen auf einen gleichlautenden Text einigen, wie es in Frankreich zur Verabschiedung eines Gesetzes erforderlich ist: das Parlament nimmt diesen Vorschlag in der Nacht vom 30. Juni auf den 1. Juli an. Bis der Entwurf als *Loi Toubon* (*Loi n° 94-665 du 4 août 1994 relative à l'emploi de la langue française*) definitiv am 4. August 1994 Gesetz wird, ist er Gegenstand einer Klage (*Saisine*) beim *Conseil Constitutionnel* (der in etwa dem deutschen Verfassungsgericht entspricht), die zu einem entsprechenden Urteil (*Décision*) führt.

Die hitzigen und oft emotional geführten Diskussionen in den verschiedenen Institutionen sind durch die ministeriellen Protokolle gut belegt; die einzelnen Zwischenstadien, die Argumente des Vermittlungsausschusses (*commission mixte paritaire*) gut nachvollziehbar. Ferner ist eine Sondernummer von *Echos* 73/74 (1994; *La langue française en question*) dem Thema gewidmet, in der die verschiedenen Debatten resümiert und kommentiert werden. Nicht zu vergessen die Beiträge der Medien, die zwischen Februar und Juli 1994 in Fernsehinterviews, -diskussionen, Zeitung und Radio kulminieren. Die Diskussion erfährt einen weiteren Impuls durch die neueste Auflage des „offiziellen Wörterbuchs" (*Dictionnaire des termes officiels*[34]), erschienen am 16. März 1994, das wir in Kap. 2 noch genauer besprechen wollen. Es stellt gewissermaßen eine Zusammenfassung der Arbeiten der *Commissions ministérielles de terminologie* dar, von denen es gegenwärtig 19 gibt.

Toubon äußert sich verschiedentlich zu seinem *Projet*: Das zukünftige Gesetz sei „à michemin entre purisme et snobisme". Der immer wieder auftretenden Kritik, mit dem Gesetz betreibe Toubon Sprachnationalismus und blockiere die europäische Idee, begegnet Toubon in der Sitzung der *Assemblée Nationale* vom 3. Mai 1994: „C'est une question de société, une question pour la place de la France et pour son avenir". Und Frankreichs Zukunft sei ja

---

[34] Im folgenden abgekürzt als DO 94.

nun Europa, aber „... la défense de la langue française n'est pas un objectif contradictoire avec une politique de construction européenne ... au contraire ... Ce que nous préconisons en fait, c'est pour la France mais aussi pour l'Europe et le monde, le pluralisme et l'harmonie par le plurilinguisme"[35].

Trotz dieser offiziellen Diktion, die sich am Ende des 20. Jahrhunderts regierungspolitisch als opportun erweist,[36] scheint es letztlich bei der französischen Sprachpolitik weniger um die Mehrsprachigkeit Europas zu gehen, als vielmehr darum, einen Gegenpol zur angloamerikanischen Supermacht zu schaffen, und damit um die alte französische Idee, dass ein sich auf dem Weg zu einem „tout anglais" befindendes vereintes Europa kein wahrhaftiges Europa ist, wie Toubon im März 1994 auf der 10. Session des *Haut conseil de la francophonie* zum Thema „L'Europe et la langue française" verlauten lässt.[37] Damit zusammenhängend wird betont, dass „la langue française doit demeurer une langue de communication internationale de premier plan"[38]. Die zunehmende Verdrängung des Französischen durch das Englische als internationale Verkehrs- und Arbeitssprache in internationalen Institutionen verbunden mit der Idee der *exception culturelle* scheint an der Wurzel der Sprachpolitik zu liegen:

> ... la culture française, c'est ... la langue française. Si nous laissions se déliter ce qui est le terrain même sur lequel se construit notre culture, notre politique culturelle perdrait ses fondations, cette politique culturelle qui tend à la fois à protéger notre patrimoine et à développer notre création ... Aux yeux de notre gouvernement, il n'y a pas de politique culturelle pour l'avenir qui ne soit aussi une politique de la langue française s'efforçant, en particulier par l'écrit, par le biais des livres, premier support de toute culture, de garder intact notre héritage ...[39]

Ein Schlüsselbegriff ist ohne Frage der *patrimoine national*: Der Schutz der Sprache, und somit indirekt das Sprachgesetz, wird mit den Verträgen von Rom (1958) und Maastricht (1992) gerechtfertigt. Artikel 36 aus dem Vertrag von Rom schreibt vor, dass nationale Güter zu schützen seien. Zu den nationalen Gütern wird die als *patrimoine national* geltende Sprache gezählt.

Wie bereits einleitend erwähnt, rufen am 1. Juli 1994 sechzig Abgeordnete, darunter 55 Anhänger der sozialistischen Partei, den *Conseil Constitutionnel* an. Abschwächungen durch Korrekturen, die durch die verschiedenen Instanzen, die der *Projet* durchlaufen hat, vorgenommen wurden, halten die Autoren der *Saisines* für „Oberflächenkosmetik".

---

[35] Cf. *Débats parlementaires* (1994, p. 1359-1371).

[36] Es ist richtig, dass sich die offiziellen Begründungen zu den beiden Sprachgesetzen vor allem dadurch voneinander unterscheiden, dass 1994 die Europaidee in den Vordergrund rückt; daraus aber zu schließen, das neue Gesetz eröffne einen Diskurs der „Offenheit nach außen" mit „plurilingualer und multikultureller Überzeugung" (Trabant 1995c: 183ss.), scheint die historisch begründete Sprachpolitik Frankreichs (zugunsten der offiziellen, opportunen Rhetorik) nicht adäquat einzuschätzen. - Zu den Zielsetzungen, cf. auch Kap. 1.3.2.

[37] Cf. *Le Monde* 24/3/1994, 5 (Péroncel-Hugo: „M. Toubon critique ceux qui opposent francophonie et Europe").

[38] Cf. *Débats parlementaires* (1994, p. 1366).

[39] *Op.cit.*, p. 1361.

In der Klage werden die Artikel 2, 3, 4, 6, 7, 12, 13, 14 und 17 als nicht verfassungskonform moniert.[40]

Die Hauptargumente sind folgende: 1. Vier Artikel (2, 3, 12, 14) schreiben nicht nur den Gebrauch des Französischen vor, sondern den der offiziellen Ausdrücke der Terminologiekommissionen („le recours à tout terme étranger ou à toute expression étrangère est *prohibé* lorsqu'il existe une expression ou un terme français de même sens approuvés dans les conditions prévues par les dispositions réglementaires relatives à l'enrichissement de la langue française"[41]). 2. Diese Vorschrift soll nicht nur für „öffentliche" Personen (wie im Gesetz von 1975), sondern auch für Privatpersonen gelten, wodurch das Gesetz „porte une atteinte délibérée et radicale au principe de libre communication des pensées et des opinions, ainsi d'ailleurs qu'à la liberté d'entreprendre et à la liberté du commerce et de l'industrie" (*Saisine*, p. 11247). Damit verstoße es gegen das Recht der freien Meinungsäußerung, festgehalten in Artikel 11 der *Déclaration des droits de l'homme et du citoyen* von 1789, ebenso wie gegen das Recht auf Handelsfreiheit. 3. Artikel 6 (Vorschrift des Französischen bei wissenschaftlichen Kolloquien und Kongressen in Frankreich) schränke nicht nur das Recht der freien Meinungsäußerung ein, sondern negiere die Tatsache, dass das Englische längst *lingua franca* der Wissenschaft sei, was „n'apportera rien à la promotion de la langue française mais risque au contraire de handicaper (si l'usage de cet anglicisme reste licite) le développement et la diffusion des travaux des chercheurs francophones" (*Saisine*, p. 11248). 4. Das Verbot, ein fremdes Wort zu benutzen (Art. 12 und 13), wenn es einen offiziellen „terme de même sens" gebe, d.h. einen Terminus, der den staatlichen „semantischen Exklusivitätsstempel" trägt, betrifft die privaten und öffentlichen Medien, Radio- und Fernsehsendungen und -reportagen; es sei nicht nur lächerlich und verstoße gegen die Freiheit der Meinungsäußerung, sondern trage – dank des *Dictionnaire officiel* – dazu bei, eine techno-bürokratische „novlangue" zu kreieren (*Saisine*, p. 11248). 5. Das Gesetz blockiere damit die qualitative Evolution des Französischen: „le leader de ce lobby nous a livré un scoop" durch die staatlich abgesegneten Äquivalente „le meneur de ce vestibule nous a livré une primeur", und in einer Fußballreportage „corner" durch „coup de pied de coin" zu

---

[40] Für einen Vergleich zwischen Gesetzesentwurf und definitivem Gesetz ist Folgendes zu beachten: 1. Neben dem genannten *Projet* vom 1.3.1994 existiert ein zweiter *Projet* vom 1.7.1994, der uns nur als Manuskript mit handschriftlichen Korrekturen vorliegt (N° 190 Sénat troisième session extraordinaire de 1993-1994, Projet de loi adopté le 1er juillet, Texte défini). 2. Die definitiven Nummerierungen der einzelnen Artikel des Gesetzes entsprechen den Nummerierungen von *Projet* 2, nicht aber von *Projet* 1. 3. Der Übersichtlichkeit halber werden im Folgenden die Artikel nach den Nummerierungen des Gesetzestextes vorgenommen. 4. Verwirrend ist die Tatsache, dass sich die *Saisine* – aufgrund verschiedener Argumente, wie z.B. die Nummerierung – offensichtlich auf *Projet* 1 bezieht, wogegen die daraus resultierende *Décision* auf *Projet* 2 Bezug nimmt. Dies könnte damit erklärt werden, dass *Saisine* und *Projet* 2 auf dasselbe Datum datiert sind (1.7.1994) und sich darum die *Saisine* nur auf *Projet* 1 beziehen kann. 5. Im Gesetzestext markieren Kursivierungen Abweichungen vom ursprünglichen Gesetzesentwurf. Dabei ist zu beachten, dass der Gesetzestext mehr Modifikationen im Verhältnis zu *Projet* 1 enthält, als markiert sind. Dies spricht dafür, dass sich der Gesetzestext an *Projet* 2 anlehnt, in dem die durch Senat und *Assemblée Nationale* vorgenommenen Änderungen bereits eingehen.

[41] Cf. *Saisine* (1994, p. 11246-11249). – Vgl. auch Kimmel (1994b: 21).

ersetzen, komme eher einer „Entanglizierung" als einer „Französisierung" gleich (*Saisine*, p. 11248s.).

Dem Antrag wird in der Entscheidung vom 29.7.1994 zumindest partiell entsprochen: der *Conseil* zensiert vier der beanstandeten Artikel (2, 3, 7, 12), weist die Klagen der Artikel 4, 6, 13, 14, 17 zurück und nimmt zusätzlich die Artikel 8, 9 und 10 auf: sie werden für verfassungswidrig erklärt. Diese Entscheidung führt dann zur definitiven, modifizierten, eingeschränkteren *Loi Toubon* vom 4. August 1994.

Vergleicht man jedoch im Detail die Gesetzesentwürfe, die verschiedenen Zusätze durch Senat und *Assemblée Nationale*, den Text der *Saisine* bzw. der *Décision* mit dem Gesetzestext, so scheinen die Auswirkungen der Verfassungsklage doch recht begrenzt – und dies im Gegensatz zur Meinung in den Medien. Sie beschränken sich nämlich in der Regel auf die Streichung der Verpflichtung, die Termini als Ersatzwörter zu verwenden, die die staatlich eingesetzten Terminologiekommissionen vorschreiben. Ersatzlos gestrichen werden damit in den Artikeln: 2, 3, 9, 10, 12 Formulierungen wie z.B. „(Le recours à tout terme étranger où à toute expression étrangère est *prohibé*) lorsqu' il existe une expression ou un terme français de même sens ... approuvés dans les conditions prévues par les dispositions réglementaires relatives à l'enrichissement de la langue française".[42] Diese Auslassungen werden in der Regel im Gesetz auch markiert als „Dispositions déclarées non conformes à la Constitution par décision du Conseil constitutionnel n° 94-345 DC du 29 juillet 1994".

Auffallenderweise bleibt der Zwang zum „kodifizierten Französisch" in zwei Artikeln bestehen und wird hier folglich nicht für verfassungswidrig erklärt: *Loi*, Art. 5, der öffentliche Arbeitsverträge behandelt, und Art. 14, der den Gebrauch von Marken- und Firmennamen durch öffentliche Institutionen regelt. In seinem ureigensten Terrain („für juristische Personen öffentlichen Rechts") bleibt der Staat bei seiner Verpflichtung zu den „offiziellen" Neologismen. Der zweite Erfolg der Beschwerdeführer ist die Streichung des zweiten Absatzes von Artikel 7, der die Bewilligung von Unterstützungen zu Unterrichts- und Forschungsarbeiten regelt, und gemäß des Protestschreibens eine Benachteiligung der französischen Wissenschaftler darstellt. Dies bedeutet, dass der Verfassungsklage der Abgeordneten nur in diesen beiden Punkten statt gegeben wird. Der Klage gegen den Angriff auf die Handels- und Gewerbefreiheit, auf das Gleichbehandlungsprinzip und auf die Unverhältnismäßigkeit der Strafen wurde nicht entsprochen.

Das Urteil des Verfassungsgerichtes hat also nicht – und dies ist zu betonen, denn die journalistische Meinung sieht dies anders – die die Öffentlichkeit vor allem interessierende Gültigkeit der *Loi* für den privaten Bereich aufgehoben. Die entsprechenden Änderungen sind vielmehr *vorher* im Rahmen der Modifikationen durch Senat und *Assemblée Nationale* eingebracht worden.[43] Ebenso sind sämtliche Abschwächungen bezüglich der Medien, die

---

[42] Der Übersichtlichkeit halber werden hier die Nummerierungen der *Loi* verwendet.

[43] Bezüglich der Artikel 4 bis 7 und 14 z.B. werden die Privatpersonen klar ausgegrenzt: Öffentliche Werbung: „faites par des personnes morales de droit public ou des personnes privées exerçant une mission de service publique" (*Loi*, Art. 4). Dieser Zusatz zum ursprünglichen *Projet*, der einer Einschränkung gleichkommt, wurde bereits von der *Assemblée Nationale* in erster Lesung vorge-

sich in der *Loi* finden,[44] keine Folge des verfassungsrechtlichen Eingriffes, sondern sämtliche Modifikationen (außer der Tilgung des Zwanges zu einem staatlich „kodifizierten Französisch") wurden bereits in den Parlamentsdebatten beschlossen.

Auf jeden Fall muss der Versuch Toubons, die offiziellen Bezeichnungen im allgemeinen Wortschatz zu verankern, als gescheitert angesehen werden.

Angesichts der eben dargestellten eingeschränkten Auswirkung der Verfassungsklage überraschen die diesbezüglichen (Fehl-)Informationen in den Zeitungen, die auf das Urteil reagieren: das Gesetz betreffe nun Privatpersonen nicht mehr (*Le Figaro* 1/8/94, 5), oder: „Personne privée, vous pouvez dire ‚football'. Personne publique, c'est ‚jeu de pied'" (*Journal du dimanche* 31/7/94, 1), oder: „Privatpersonen und Medienvertreter dürfen künftig wieder über Airbags, Marketing oder Milkshakes reden. Die Mitarbeiter öffentlicher Einrichtungen dagegen müssen auch künftig weiter nach den entsprechenden französischen Begriffen suchen" (*Die Welt* 1/8/94, 3; vgl. auch WZ 1/8/94, 11). Die Allgemeingültigkeit des ursprünglichen Gesetzesentwurfes ist eingeschränkt worden, aber durch die Parlamentsdebatten, nicht durch das Verfassungsgericht. Dies scheint mir ein wichtiger Punkt zu sein, um die Sprachgesetzgebung in Frankreich gerecht einzuschätzen: die Instanzen, die ein Gesetz zu durchlaufen hat, weisen – allen Annahmen zum Trotz – doch ein hohes demokratisches Potential auf, das dazu führt, dass der Sprachgebrauch von Privatpersonen nicht einfach reguliert werden kann.

Zutreffend sind dagegen Meldungen wie: „Loi Toubon: Le français est obligatoire, pas les mots" (*Libération* 1/8/94, 8); „L'usage du français ne sera pas codifié" (*Le Monde* 31/7-1/8/94, 1). In der praktischen Umsetzung jedoch bleibt zu fragen, wie der „usage du français ‚non codifié'" auszusehen hat. Soll jetzt jeder ein Ersatzwort nach seinem Belieben erfinden, um den Anglizismus zu vermeiden? Das Verfassungsgericht wollte durch die Aufhebung der Vorschrift zum Gebrauch des kodifizierten Französisch dem Bürger das Recht bewahren, „à choisir les termes les mieux appropriés à l'expression de sa pensée" (*Journal du dimanche* 31/7/94, 5). Toubon meint dazu: „En effet, c'est désormais aux juges qu'il appartiendra de dire souverainement quel mot est français ou pas" (*Le Monde* 4/8/94, 16; vgl. auch das Interview mit Toubon in *Echos* 73/74, 1994: 27s.). – Was die neueste Präzisierung des Anwendungsbereiches der *Loi Toubon* angeht, so kann auf die *Circulaire* vom 19.3.96 verwiesen werden.[45] Darüber hinaus existieren sogenannte *Rapports au parlement*, die über die Anwendungen des Gesetzes im Einzelfall referieren.[46]

---

nommen (Legendre 18.5.1994, p. 22); oder: bezüglich der Arbeitsverträge: „les contrats auxquels une personne morale de droit public ou une personne privée exécutant une mission de service public" (*Loi*, Art. 5). Diese Einschränkung wurde ansatzweise vom Senat in erster Lesung, definitiv von der *Assemblée Nationale* hinzugefügt·(Legendre 18.5.1994, p. 23). – Cf. hierzu vor allem die Ausführungen der jeweiligen Sitzungsprotokolle bei Legendre und Perrut.

[44] Cf. z.B. Art. 10 des *Projet* 1 bzw. Art. 12 des *Projet* 2 und der *Loi* (vgl. Perrut 1994, p. 77s.).

[45] *Journal officiel* 20/3/96.

[46] Cf. unten Kap. 1.5.

1.2.3 Reaktionen

Nach der Annahme des Gesetzesentwurfes startete die Zeitschrift *Globe Hebdo* (20-26/4/1994) am 15. und 16. April 1994 eine telefonische Umfrage (die Antwort kam also spontan), bei der 826 Franzosen gefragt wurden: „pensez vous que vous aller modifier votre façon de parler ou d'écrire". Das Ergebnis ist für die Veranwortlichen des Gesetzes niederschmetternd: nur 3% der Interviewten bejahten dies uneingeschränkt. 9% antworteten mit „peut-être" und 79% lehnten eine veränderte Schreib- und Sprechweise rundweg ab.

Die zahlreichen Reaktionen auf die *Loi Toubon* können im groben Überblick nach drei Haltungen und Einstellungen differenziert werden:

1. Eindeutig *pro*
2. Eindeutig *contra*
3. Differenziert

Eine vierte, vielleicht die bekannteste und häufigste, da popularisierende, Einschätzung der Gesetzgebung findet Niederschlag in den zahlreichen Karikaturen und Satiren in den Medien, mit denen man sich über Toubon und sein Gesetz lustig macht: Sie sind selbstverständlich gegen das Gesetz und nehmen es nicht ernst. Die Beiträge stammen oft von Journalisten, die in dem Gesetz einen „Maulkorb" sehen. Eine kleine Leseprobe: „Errare toubonum est ... la Toubon-langue sera un dialecte de fonctionnaires ... le ministre de la parole, de bla-bla national" (*Le Canard Enchaîné* 3/8/94). Toubon wird scherzhaft französisierend „Mr. Allgood" genannt,[47] es werden Texte mit französischen Ersatzwörtern gedruckt, die erst mit Rekurs auf die proskribierten Anglizismen überhaupt verständlich werden.[48]

Die ersten beiden Haltungen zeichnen sich dadurch aus, dass sie stark politisch-ideologische Argumente aufweisen, die nicht zuletzt auch an Parteizugehörigkeiten gekoppelt sind. Folgende Schlüsselwörter der Diskussionen *„für* und *gegen"* das Gesetz seien kontrastiv und exemplarisch vorab genannt: „Mehrsprachigkeit" gegenüber „Sprachchauvinismus"; „Schutz des Verbrauchers" gegenüber „Ausländerfeindlichkeit"; „kreative" gegenüber „repressive Politik"; „grande nation", „identité culturelle", „patrimoine national" gegenüber „Isolation".

Zu einer prinzipiell positiven Einschätzung des Gesetzes kommen natürlich Regierungsvertreter, die für das Gesetz gestimmt haben, ferner Angehörige der Terminologiekommissionen und der weiteren staatlichen Institutionen. Stellvertretend für diese möchte ich auf einen Text (cf. Dossier, Kap. 5) von Charles Durand vom Juli 1994 verweisen, der in maschinenschriftlichem Manuskript vorliegt: „Mythes et fausses perceptions associés à la langue anglaise". Der Autor setzt sich mit fünf „Mythen" zur Stellung des Englischen auseinander, die letztlich die Argumente der Gesetzesgegner reflektieren und die er außer Kraft setzen will:

---

[47] Chiflet (1994), vgl. Textauszüge in Kap. 5.
[48] Vgl. Arbeitsanleitung in Kap. 2.4, Aufgabe g.

1. L'anglais a acquis son statut actuel par son seul mérite.
2. L'anglais est le latin des temps modernes.
3. La langue française est hérissée de difficultés grammaticales et orthographiques. C'est la raison pour laquelle les étrangers préfèrent l'anglais qui est plus facile.
4. Si l'usage de l'anglais tend à être imposé par les pays anglophones, dont notamment les Etats-Unis, à des fins politiques et économiques, le gouvernement français a fortement réagi contre cette pression.
5. Considérant le statut de la langue anglaise aujourd'hui et en dépit du fait que l'on peut reconnaître que, dans beaucoup de cas, la langue anglaise a été imposée dans des environnements où l'on n'en voulait pas, n'a-t-on pas intérêt à la conserver comme un espéranto des temps modernes, comme langue internationale?

Die Argumente der Gesetzesgegner sind hier leicht einzuordnen: das Gesetz schaffe „une sorte de ligne Maginot contre les emprunts". Es handele sich um eine „politique repressive", die vorhabe, „mettre la langue en frigidaire" (Calvet 1994: 63). Das Englische biete sich als „lingua franca", als internationale Verkehrssprache, an, da es eine leichte Sprache sei. Gewichtige Kritik kam auch während der Parlamentsdebatten: Während sich RPR- und UDF-Vertreter im allgemeinen hinter Toubon stellten (cf. *L'Événement* 21-27/4/94, 51ss.), versuchten Sozialisten das Gesetz zu kippen. Ein Sozialist parallelisiert etwa die Ablehnung der englischen Sprache mit Ausländerfeindlichkeit (*Le Monde* 5/5/94, 10). Außerdem kritisieren die Sozialisten, dass die neue Gesetzgebung, insbesondere in den Bereichen Hörfunk und Fernsehen, den Bedürfnissen der Jugendlichen nicht entspräche.[49] Aber auch von der UDF-Fraktion kamen Einwände: Laurent Dominati befürchtet, man mache sich durch die Anglizismenfeindlichkeit im Ausland unbeliebt (*Le Monde* 4/5/94, 10). Außerdem warnt er vor dem gegenteiligen Effekt, den das Gesetz haben könnte: Es würde geradezu darauf aufmerksam machen, „que le français est devenu une langue assiégée, minoritaire, langue du passé". Sogar auf Seiten der RPR gibt es Gegenstimmen: Pierre Lellouche meint „L'usage dicte ici sa loi et non l'inverse ... la langue ne se décrète pas" (*Le Monde* 5/5/94, 10).

Toubon selbst äußert sich verschiedentlich: Er will verhindern, dass das Französische dem Englischen gegenüber eine Stellung einnehme, wie das Griechische und Lateinische seinerzeit gegenüber dem Französischen eingenommen haben (*Le Monde* 5/5/94, 10). Der rechte Abgeordnete Jean Kiffer will „Imperialismus und Tyrannei des Angelsächsischen nicht hinnehmen" (*Der Spiegel* 16/5/94, 168). Auch Marc Lauriol argumentiert ähnlich: „La dégradation du langage annonce la dégradation nationale". Da „la patrie en danger" sei, müsse durch das neue Gesetz eine „mobilisation contre l'invasion anglo-américaine" stattfinden (*Libération* 13/4/94).

---

[49] Das Gesetz *Toubon* schlägt sich auch in anderen Bereichen nieder: Im Radio wurde eine Quotenregelung eingeführt. Mindestens 70% der gespielten Lieder müssen französisch abgefasst sein.

Bei solchen Argumenten wird deutlich, dass es bei der französischen Sprachpolitik um mehr geht als nur um die Elimination einzelner Anglizismen. Es ist eine Realität, dass das Französische seinen herausragenden Status innerhalb der Weltsprachen längst verloren hat: es ist nicht mehr erste Sprache der Diplomatie, erste Arbeitssprache internationaler Institutionen und Gerichte, erste Sprache der Wissenschaften – schon gar nicht der Naturwissenschaften und der Technik. Dieser Verlust geht einher mit Identitäts- und Prestigeverlust.[50] Insofern handelt es sich bei der „Sprachnormalisierung" auch um eine Politik, die die Unabhängigkeit und Originalität Frankreichs demonstrieren will: „la chaîne d'associations ‚terme anglo-américaine, donc réussite anglo-américaine, par conséquent retard de la France dans le domaine concerné' se trouve ainsi annulée d'office. Une réglementation linguistique peut donner une autre couleur à la réalité"[51].

Nicht umsonst fordert darum auch ein Gesetzesgegner die Förderung der französischen Wissenschaften, statt den Wissenschaftlern den „französischen Maulkorb" anzulegen. Nicht umsonst fordert der Senator Legendre, mit dem Gesetz die „conscience linguistique" der Franzosen zu wecken, da es eine Tatsache sei

> – que l'abandon de la langue française par les chercheurs de nationalité française conduit à placer la recherche nationale dans un état de dépendance totale vis-à-vis des Etats-Unis
>
> – que le recours de plus en plus fréquent à l'anglais dans le monde des affaires rend notre pays perméable à la pénétration du droit anglo-saxon[52]

Frankreich, seine Sprache, seine Kultur, seine Wissenschaften, sein Rechtssystem werden nach diesen Worten von den USA und dem Angloamerikanischen unterwandert. Ohne Frage muss also die Sprachgesetzgebung als in einen komplexen Maßnahmenkatalog (vgl. 1.3.2) eingefügt betrachtet werden. Dieser resultiert auch, wie der Jurist Haas aufzeigt, aus den französischen Hegemonietendenzen in der EU, der französisch-britischen Rivalität in Europa, die spätestens mit dem Beitritt Großbritanniens offenkundig wurde, aber auch aus außenhandelspolitischen Motiven. Die französische Gesetzgebung stellt ein Handelshemmnis dar und verstößt damit gegen den EU-Vertrag.[53]

Von besonderem Interesse sind für eine linguistische Studie die Haltungen, die das Problem differenzierter betrachten (cf. oben 3. Haltung): Hier wird insofern „wissenschaftlich" argumentiert, als hier weniger politische Statements abgegeben werden, sondern eine Auseinandersetzung mit den vorgeschlagenen französischen Äquivalenten und den Anwendungsbereichen stattfindet. Calvet (1994: 66), im Prinzip ein Gegner des Gesetzes, befürwortet das Anglizismenverbot in Verträgen, in Bereichen des Verbraucherschutzes und in Kongressen. Auch Walter (1994: 79ss.), von der Grundeinstellung her gegen das Gesetz, befürwortet die Regelung in Arbeitsverträgen und moniert, dass die offiziellen Vorschläge in der Regel zu spät kommen, zu einem Zeitpunkt, in dem der proskribierte Anglizismus längst im Sprachgebrauch integriert ist, wie z.B. die Ersatzwörter zu *marketing* und *tuner*.

---

[50] Cf. Settekorn (1988: 110).
[51] Cf. Muller (1985: 266).
[52] Cf. Legendre (6.4.1994, p. 50).
[53] Cf. Haas (1991: 116, 131-174).

Martinet (1994: 68ss.) bemängelt die Länge der Ersatzwörter: ein frequentes Wort darf –
nach dem Ökonomieprinzip – nicht lang sein, zumindest nicht länger als der proskribierte
Anglizismus. Quemada (1994: 76s.), an sich ein Befürworter des Gesetzes, kritisiert den
Dictionnaire des termes officiels von 94: Der Titel sei irreführend, da es sich nicht um ein
„Wörterbuch" im eigentlichen Sinne handele. Gemessen an den Vorgängerversionen sei
diese Ausgabe schlecht und müsse dringend überarbeitet werden, da die Wörter nicht mehr
nach Fachbereichen geordnet seien.[54]

1.3 Konservative und innovative Tendenzen

1.3.1 Neologismen und Fachsprachen

Die zunehmenden staatlichen Eingriffe in die Sprache gehen in mehrfacher Hinsicht über
die Aktivitäten der Akademie und anderer halbstaatlicher Instanzen hinaus: zum einen haben die Spracherlasse verordnenden Charakter und drohen bei Verstößen Sanktionen an.
Zum anderen können sie sich nicht mehr allein den puristischen Zielen und Idealen der
Akademie verpflichtet fühlen: deren historischer Auftrag bestand über Jahrhunderte vornehmlich in der Konservierung einer retrospektiven Norm (Gebhardt 1981: 22), eines reinen Hochfranzösisch, das frei zu sein hat von Dialektalismen, Vulgarismen, Xenismen und
insbesondere von Fachvokabular und Neologismen.

Der moderne sprachliche Dirigismus bringt eine Reihe von neuen Einstellungen mit
sich, die vor allem den Status der Fachsprachen und der Neologismen betreffen. Neologismen waren den traditionellen Sprachpflegern immer suspekt, da sie nicht kompatibel mit
dem *bon usage* schienen. Sie erwiesen sich als ein Konfliktpotential zwischen dem Streben
nach „Bereicherung", befürwortet etwa von Du Bellay und Ronsard, und dem nach „Reinhaltung" des Französischen, gefordert z.B. von Estienne und Malherbe.[55] Statt der traditionellen Neologismenschelte werden nun von höchster Stelle Neologismen produziert und es
entsteht „une nouvelle définition officielle de la néologie. La méfiance à l'égard du néologisme disparaît pour faire place à une politique de la néologie dirigée" (Guilbert 1972: 47).
Schon darin liegt ein gewisses innovatives Potential. Es handelt sich aber um besondere
Neologismen, und zwar mindestens aus zwei Gründen: zum einen müssen sie das Kriterium
„französisch" erfüllen und haben den Zweck, Anglizismen zu ersetzen, die ihrerseits nicht
selten bereits zum *usage* gehören und im Sprachbewusstsein etabliert und geläufig sind.
Zum anderen handelt es sich hier nicht um spontan gebildete Neologismen, die in einer
bestimmten Situation während eines Kommunikationsaktes (auf *parole*-Ebene) im Rahmen
einer Sprachgemeinschaft entstehen und mehr oder weniger unreflektiert verwendet werden, sondern um geplante Kunstprodukte, die auf höchster Ebene, sozusagen vom „grünen

---

[54] Zur Kritik am DO 94, cf. auch Thody (1995: 21-42). – Vgl. auch unten, Kap. 2.1.
[55] Cf. zu dieser Diskussion Helfrich (1993: 1-19).

Tisch" aus, erdacht wurden.[56] Sprachwandel wird so institutionell definiert und unterscheidet sich vom „natürlichen", durch die Sprachbenutzer eingeleiteten Sprachwandel dadurch, dass er nicht „von alleine" als Prozess der „unsichtbaren Hand" abläuft, sondern dass bei ihm die Agenten des Wandels, die den Anstoß zum Wandel gegeben haben, stets feststellbar sind.[57] Wir können also von zwei grundsätzlich verschiedenen Typen von Neologismen ausgehen,[58] wobei dem Kunstprodukt der Vorzug gegeben wird: In den Fällen, in denen – ohne Normierungsabsicht – *quasi* „von alleine", ein französisches Ersatzwort bereits besteht, wie z.B. *alunissage*, wird dieses zugunsten des offiziellen Neologismus *atterrissage* ebenso diffamiert wie der zu ersetzende Anglizismus *landing*. So finden wir im DO von 1994 unter dem Stichwort *atterrissage*: „... *Note*: Terme à proscrire: aluNissage. *Anglais*: landing ...". Entsprechendes gilt auch für die spontanen Neologismen *squattériser* und *téléinterprétation*, die ebenfalls in den jeweiligen *notes* zu den Artikeln *squatter* und *téléanalyse* untersagt werden.

Allerdings verfährt man in diesem Punkte nicht einheitlich. Es wird sich nämlich bei der Analyse des Sprachmaterials zeigen, dass die Kommissionen bei ihren offiziellen Ersatzvorschlägen bisweilen auch auf Bildungen zurückgreifen, die im Rahmen des Sprachkontaktes bei den Sprechern spontan entstanden sind, wie z.B. *but* (statt *goal*) oder *libre-service* (statt *self-service*), und schon immer – meist als Variante neben der Entlehnung – im Sprachgebrauch existiert haben.[59] Es versteht sich von selbst, dass solche natürlich entstandenen und in der Gebrauchsnorm längst etablierten, nunmehr durch die Erlasse für offiziell erklärten, französischen Wörter weit mehr Akzeptanz erfahren als die Kunstprodukte.

Neu ist ferner die Hinwendung zu den Fachsprachen, von denen einstmals der *bon usage* „rein" gehalten werden sollte. Die Sprachpflegeinstanzen erkannten, dass gerade die Fachsprachen reiche Quellen für englisches Lehngut sind, an deren zunehmender Realität nicht mehr zu zweifeln war. Der Kampf gegen die Anglizismen wurde darum folgerichtig auf ein Terrain ausgedehnt, dessen Relevanz man vorher nur allzu gerne negierte. 1972 wurden von der Regierung die ersten Terminologiekommissionen zur Aufarbeitung der jeweiligen Fachvokabulare gebildet.[60] Allerdings verließen die Vorschläge recht bald den rein fachsprachlichen Bereich und proskribierten auch völlig zentrale, der Gemeinsprache angehörende Anglizismen,[61] was, wie wir unten sehen werden (*Décret* 11.3.1986), auch durchaus geplant war.

---

[56] Cf. Boulanger (1984: 3-29).
[57] Zum Konzept der „unsichtbaren Hand", cf. Keller (1990). – Büsse (1991: 274s.) stellt Ähnliches für den Bedeutungswandel strafrechtlicher Begriffe fest.
[58] Cf. Beinke (1990: 235), Boulanger (1984: 3-29).
[59] Cf. unten, Kap. 2.2.
[60] Cf. Fugger (1982: 285s.)
[61] Cf. Beinke (1990: 229), (1995: 79ss.).

1.3.2 Zielsetzungen

Die moderne staatliche Einflussnahme in Frankreich beginnt Anfang der 70er Jahre und bereitet in unterschiedlichen Verordnungen das Sprachgesetz (*Loi Bas-Lauriol*) von 1975 vor. Den vorläufigen Endpunkt stellt das zweite Gesetz (*Loi Toubon*) von 1994 dar. Verfolgt man die zwischenzeitliche Entwicklung innerhalb der sprachlichen Legislation,[62] so tauchen immer wieder neue Begründungen und Zielsetzungen auf. 1972 geht es explizit um die gezielte Bereicherung („enrichissement") der französischen Sprache: Die eingesetzten Terminologiekommissionen haben den Auftrag, für ausgewählte, zunächst vornehmlich technische Bereiche neue Wörter vorzuschlagen. Im Gesetz *Bas-Lauriol* von 1975, Art. 1 wird der Rückgriff auf „tout terme étranger" verboten, für den es einen offiziell akzeptierten Terminus, d.h. ein Ersatzwort der jeweiligen Kommission, gibt. Forschungsminister Jean-Pierre Chevènement erklärt 1981, Organisationen keine technische und finanzielle Hilfe mehr zu gewähren, die in Frankreich internationale Veranstaltungen nur in englischer Sprache durchführen (vgl. *Circulaire* 22.9.1981). Der Gebrauch des Französischen wird also nun auch für wissenschaftliche Kongresse und Kolloquien empfohlen. Dieser Passus ist in der *Loi Toubon* (Art. 6) aufgenommen. Bestimmte Lehnwörter werden im übrigen ausdrücklich zugelassen: es handelt sich um allgemein bekannte Bezeichnungen für typische Produkte wie: *blue-jeans, beefsteak, sandwich, spaghetti,* etc. Alle anderen Lehnwörter können nicht akzeptiert werden – lediglich der Export wird 1977 explizit ausgenommen, wohl aus Gründen der internationalen Konkurrenzfähigkeit. Eine solche Einsicht zeigt sich jedoch nicht in dem Urteil gegen das Unternehmen Technicon, zu dem die Geschäftsführung lakonisch anmerkt. „A titre personnel, nous estimons que l'AGULF profite d'un texte de loi qui n'est pas tout à fait adapté à nos problèmes" (Christmann 1986: 25).[63]

Als neue offizielle Begründung der gesetzgeberischen Maßnahmen wird 1977 (*Circulaire* 14.3.1977) der Schutz der französischen Verbraucher im weitesten Sinne angeführt. Der Verbraucher muss geschützt werden vor Missverständnissen, die aus der Verwendung fremdsprachlicher Ausdrücke resultieren. 1986 kommt im *Décret* vom 11. März, Art. 4[64] eine weitere inhaltliche Konkretisierung zum Ausdruck: Die Kommissionen sollen beim Erstellen ihrer Inventare und der entsprechenden Äquivalente die Bedürfnisse der Sprecher berücksichtigen, sie sollen die vorgeschlagenen Neologismen einer Revision unterziehen und dabei ständig die *réalités contemporaines* im Auge behalten, sie sollen beitragen zur Verbreitung der Neologismen und zur Sensibilisierung für eine notwendige Entwicklung

---

[62] Verschiedene Stufen bei diesen staatlichen Maßnahmen mit unterschiedlicher Reichweite sind: *Loi*: Gesetz vom Parlament und Senat beschlossen. *Décret*: im wesentlichen Durchführungsverordnungen eines Gesetzes. *Arrêté*: Erlass. *Circulaire*: hausinterne Sprachregelung, Ministerialrunderlass – muss der Öffentlichkeit nicht bekannt sein. Sowohl der *Arrêté* als auch der *Décret* sind Rechtsverordnungen, wobei ein *Décret* vom Staatspräsident oder vom Premierminister, ein *Arrêté* von einer anderen Verwaltungsinstanz (Minister, Präfekt oder Bürgermeister) erlassen wird (Hübner/Constantinesco [2]1988: 7s.).

[63] Bis 1984 gab es 25 Prozesse, zwischen 1990 bis 1993 35 Urteile (cf. Legendre 6.4.94, p. 37); vgl. auch unten, Kap. 1.5.

[64] Publiziert im *Journal officiel* vom 16.3.1986, wiederabgedruckt im DO von 1994, p. 343-346.

der französischen Sprache („favoriser ... la sensibilisation à la nécessaire évolution de la langue française"). Ein wichtiges Stichwort ist hier „évolution": Gegner des Gesetzes führten immer wieder an, das Gesetz unterdrücke die natürliche Evolution der Sprache, die die Aufnahme fremden Wortgutes mit sich bringt. Von staatlicher Seite ist nun auch die Entwicklung angesprochen, allerdings eine künstliche, geplante, innerfranzösische Kreativität. Der traditionelle Purismus erhält so eine neue Ausprägung und man kann von „evolutivem Purismus" und „neuer Kreativität" (Hausmann 1986: 89) sprechen.

Das offizielle Argument „Verbraucherschutz" greift allerdings nicht mehr beim Auftrag an die *commission générale* „d'établir, dans le domaine du langage courant, un inventaire des termes ou expressions étrangers dont la francisation est requise et qui n'est pas étudiée par une commission ministérielle existante" (Art. 9, *Décret* v. 1986). Hier wird nun deutlich (was Toubon und die Gesetzesbefürworter immer wieder beschwichtigend negieren), dass es der Standardsprache „an den Kragen gehen" soll, indem zentrale, bekannte und geläufige Anglizismen eliminiert und durch französische (oft schwer verständliche) Kunstprodukte ersetzt werden sollen.

Auch was die sprachliche Anpassung an die außersprachlichen „neuen Realitäten" angeht, so ist im Laufe der Jahre in den verschiedenen Verordnungen eine Erweiterung zu beobachten: Handelte es sich anfangs vor allem um Bezeichnungen für neue technische Geräte, Verfahren und Konzepte, gilt es später, auch gesellschaftlichen Veränderungen Rechnung zu tragen (vgl. Kap. 2.3).

Die *Loi Toubon* stellt eine Ausweitung der Anwendungsbereiche der *Loi Bas-Lauriol* dar. Das Französische wird nun in folgenden Bereichen obligatorisch:

1. Im Arbeitsrecht findet die deutlichste Ausweitung statt (Art. 8 bis 10): Sämtliche in schriftlicher Form abgefasste Arbeitsverträge, Stellenausschreibungen und sonstige den Arbeitnehmer betreffende Texte müssen französisch sein.
2. Französisch muss Kongresssprache von in Frankreich stattfindenden Veranstaltungen sein (Art. 6). Verglichen mit dem Gesetz von 1975 ist dieser Aspekt eine Innovation im neuen Sprachgesetz (formuliert allerdings, wie wir sahen, bereits in der *Circulaire* von 1981).
3. Französisch ist die ausschließliche Unterrichtssprache (Art. 11).
4. Ausschließlich in Französisch sollen Informationen, Anzeigen, Schilder, Wegweiser etc. auf öffentlichen Plätzen, Straßen und in öffentlichen Transportmitteln geschrieben sein (Art. 3 und 4). Während 1975 diese Auflage nur insofern für Privatpersonen galt, die eine Immobilie o.ä. von der öffentlichen Hand gemietet oder gepachtet haben, sollte dieser Passus ursprünglich im neuen Gesetz auf alle Privatpersonen ausgeweitet werden. Dies wurde bereits in den Parlamentsdebatten wieder aufgehoben (cf. oben Kap. 1.2.2), so dass Privatpersonen nunmehr in ihren Kinos, Cafés, etc. englische Werbeschilder

aushängen dürfen – allerdings mit der Auflage, dass diese sich nicht auf einer öffentlichen Straße oder Platz befinden.[65]

Überblickt man nun die unterschiedlichen Ausrichtungen von über 25 Jahren französischer Sprachpolitik, so ist festzustellen, dass die traditionelle konservative Grundhaltung häufig zurücktritt hinter anderen Argumenten: Durch genuin französische terminologische Neuerungen sollen Verbraucherschutz und Arbeitnehmerschutz gewahrt sein und größere kommunikative Effizienz soll erreicht werden. Die Aufforderung zur ständigen Überarbeitung der Terminologien gemäß der veränderten außersprachlichen Realitäten und gemäß der (meist wirtschaftlichen) Interessen der Sprachbenutzer schließt Sprachwandel und damit eine dynamische Sprachkonzeption nicht nur nicht aus, sondern setzt sich diese zum Ziel – und dies in einem durchaus konservativen Rahmen, denn außer einer einzigen finden alle Terminologiekommissionen den Beifall und die Unterstützung der Akademie.

Damit erfährt die präskriptive Normhaltung allerdings einen inhaltlichen Wandel. Anstelle des traditionellen Bildungsideals und der Norm der traditionellen Literatursprache, denen etwa die Akademie verpflichtet war, tritt nun eine staatlich verordnete Norm, die sich – zumindest vom Anspruch her – an dem Parameter einer größeren kommunikativen Effizienz orientiert.[66] Allerdings ist die inhaltliche Füllung dieser staatlichen Norm seit dem 4. August 1994, der *Loi Toubon*, eigentlich offen: vorgeschrieben ist nur „französisch", denn durch das Verfassungsgerichtsurteil ist der Verweis auf das kodifizierte Französisch, wie es im DO 94 festgeschrieben ist, bis auf zwei Aspekte (cf. oben) aufgehoben. Im Gesetz von 1975 war dies noch zwingend. Der Einfluss der Terminologiekommissionen mit ihren offiziellen Äquivalenten war 1975 noch unangetastet, jetzt ist er deutlich eingeschränkt. Was „französisch" ist, haben nun die Richter zu entscheiden und die entsprechende „Nationalitätsbescheinigung" auszustellen.

Die Ziele, Aktivitäten und offiziellen Begründungen der aktuellen französischen Sprachpolitik können schematisch folgendermaßen dargestellt werden:

Offizielle Begründungen

1. Bereicherung des Französischen
   - Auffüllen von Bezeichnungslücken
   - Evolution durch eigene Kreativität
2. Sicherung des Französischen
   vor dem Untergang (wie einst Griechisch und Latein)
3. Schutz des Verbrauchers
4. Förderung der Mehrsprachigkeit in Europa

---

[65] Eine detaillierte Darstellung der juristischen Probleme liefern die Studien von Meyer, dessen allerdings noch nicht abgeschlossene Untersuchung *Le droit de la langue française* über die Adresse http://www.rabenou.org/g-meyer-langue-francaise/index.html im Internet eingesehen werden kann, und von Haas (1991).
[66] Vgl. Schwarze (1977: 33), Schmitt (1979b: 7).

Zielsetzungen

1. *défense* und *illustration* – Verteidigung der Reinheit des Französischen
2. *diffusion* und *expansion* – Verbreitung des Französischen bzw. Kampf gegen die Verdrängung des Französischen aus bestimmten Diskursdomänen
   a. intern (in Frankreich):
      - Präsenz des Französischen in wissenschaftlichen, kulturellen und wirtschaftlichen Diskursen
      - Französisch als Unterrichtssprache
      - Französisch in Medien und Werbung
   b. extern (international):
      - Französisch als Arbeitssprache in internationalen Institutionen
      - Französisch als Informationssprache in internationalen Veranstaltungen (z.B. Olympische Spiele, Fußballweltmeisterschaften)
      - Stärkung des Französischen in den Ländern der Frankophonie
      - Präsenz des Französischen im Internet (cf. Kap. 1.3.3)

Flankierende Maßnahmen des Staates:

1. Verfassungsänderung (1992): „la langue de la République est le français".
2. Sprache wird zu den schützenswerten Gütern erklärt (*patrimoine national*), mit Berufung auf die Verträge von Rom (1958) und Maastricht (1992).
3. Betonung der *exception culturelle* des Französischen in internationaler Hinsicht.
4. Der Zwang zum offiziell verordneten kodifizierten Französisch, der seit dem Gesetz von 1975 bestand, wird durch die *Décision* (1994) mit Berufung auf die Menschenrechtskonventionen von 1798 (für nicht zum Staat gehörige Bereiche) wieder aufgehoben.

Die traditionelle Sprachpflege hat sich vor allem mit dem Schutz und der Verteidigung des Französischen befasst (Ziel 1). Implizit liegt hier die Überzeugung der Legitimation durch die noch gültige retrospektive, präskriptive Norm des 17. Jahrhunderts mit ihrem Perfektionsanspruch zugrunde, ebenso wie die Mythen des diesem Französisch inhärenten *génie* und der *clarté*. Diese präskriptive Norm ist nun in eine nicht mehr zu leugnende Krise geraten (die unzähligen Sprachpflegeorganisationen legen ein beredtes Zeugnis davon ab).[67] Der Druck der gesellschaftlichen und technischen Realitäten wird zu groß, um weiter ausschließlich an diesen Idealen festzuhalten. Es erfolgt eine Öffnung auf die bislang verpönten Fachsprachen und Neologismen, die Begründungen müssen andere werden: Die moderne Sprachpflege der 70er Jahre legitimiert ihr Anliegen neu: Begründung 1-3. Es gelingt ihr dabei allerdings, die Bedürfnisse einer modernen Kommunikationsgesellschaft weiter unter den historischen Stereotypen „illustration" und „enrichissement" zu präsentieren. Sie übersieht dabei, dass die Bereicherung erst durch das Verbot von Anglizismen notwendig wurde, das Lücken entstehen ließ, die es nun aufzufüllen gilt. Es entgeht ihr ferner, dass

---

[67] Vgl. auch Gossen (1976: 23s.), Gebhardt (1981: 22).

durch künstliche Ersatzwörter für im Standard völlig etablierte Anglizismen Verständigungsschwierigkeiten geradezu geschaffen werden.

Die aktuelle Sprachpolitik der 90er Jahre lässt diese Ziele und Begründungen nicht aus den Augen, legitimiert den Schutz des Französischen durch flankierende, zum Teil gesetzgeberische Maßnahmen und weitet zusätzlich das nationale Anliegen auf eine internationale Geltungsebene aus (Ziel 2) – und lässt sich die Nostalgie einer verlorenen Weltgeltung auch große Geldsummen kosten. Das Medium des Internets, dessen Einsatz wir im folgenden Kapitel vorstellen, ist nur ein Beispiel dafür. Das Argument der Förderung der Mehrsprachigkeit in Europa (Begründung 4) ist eher eine hilflose Beschwörungsformel, die zudem im ausgehenden 20. Jahrhundert opportun scheint, um der französischen Sprachpolitik den Ruch des nationalistischen Chauvinismus zu nehmen.

1.3.3 Sprachpflege im Internet

Eine Zäsur in der öffentlichen Sprachpolitik Frankreichs stellt die *communication* des neuen Kultusministers Philippe Douste-Blazy dar, die er am 20. März 1996 im Rahmen der Frankophonietagung (18. bis 24. März) vor dem *Conseil des ministres* hielt.[68] Die Rede hat programmatischen Charakter und kündigt Neuorientierungen und zusätzliche Maßnahmen an, die dann später in verschiedenen Verordnungen Gestalt annehmen. Die französische Sprachpolitik wird „internationalisiert", für das Französische wird durch verschiedene Aktionen im In- und Ausland „sensibilisiert": zunächst durch die Gründung eines *observatoire*, einer „Überwachungsstation" der Rechte des Französischen als internationale Kommunikationssprache. Vorsitzender wird Yves Berger, dessen erste Mission die Beobachtung des Einsatzes des Französischen bei den Olympischen Spielen in Atlanta war. Seinem Bericht zufolge war das Ergebnis zufriedenstellend, nach einer Intervention im Vorfeld.

Sensibilisierung für das Französische findet darüber hinaus statt durch Ausschreibungen und Wettbewerbe in den Schulen, durch eine Kooperation des Ministeriums für Kultur mit dem für Tourismus, etc.[69] Ferner soll die Arbeit der Terminologiekommissionen eine internationale Verbreitung erfahren. Die Rolle des Staates wird insofern begrenzt, als dieser nun nicht mehr eingreifen soll bei der Auswahl, welches französische Ersatzwort als das offizielle zu gelten hat, sondern nur noch die Arbeit der einzelnen Terminologiekommissionen zu fördern, zu koordinieren und für die Bekanntmachung ihrer Ergebnisse zu sorgen hat. Dies ist sicher als Konsequenz des Verfassungsgerichtsurteiles zu interpretieren. An dessen Stelle werden zwei Instanzen die letzten Entscheidungskompetenzen zugesprochen: der den einzelnen Kommissionen übergeordneten *commission générale de terminologie et de néologie* und der Akademie, was einer neuerlichen Aufwertung dieser traditionellen Institution gleichkommt.

Das Dekret vom 3.7.1996 ersetzt das oben angesprochene von 1986 und enthält in der Beschreibung der Aufgaben der Terminologiekommissionen (die jetzt übrigens *commis-*

---

[68] Abgedruckt in *Les brèves* 5 (1996).
[69] Cf. *Les brèves* 5 (1996: 1-8).

sions spécialisées de terminologie et de néologie heißen) auch „Prophylaxe": „... recueillir, analyser et proposer les termes et expressions nécessaires, notamment ceux équivalents à des termes et expressions nouveaux apparaissant dans les langues étrangères ..." (Art. 7.2.). Dies ist als Präventivmaßnahme einzuschätzen, denn es geht hier nicht um Ersetzung eines bereits ins Französische übernommenen Anglizismus, sondern um Beobachtung und Abwehr *möglicher* Importation von englischem Sprachgut. Als Rahmen für solche Internationalisierungsbestrebungen bietet sich das Internet an, dessen Einsatz in der *Circulaire du 15 mai 1996 relative à la communication, à l'information et à la documentation des services de l'Etat sur les nouveaux réseaux de télécommunication* beschlossen wird.

Unter der Internet-Adresse http://www.culture.fr/culture/dglf des Kultusministeriums sind seit 1996 sämtliche öffentlichen Verlautbarungen, Berichterstattungen an das Parlament, Statistiken, Jahresberichte über die Erfolge, etc. einem breiten internationalen Publikum zugänglich. Weitere Server, auch für die gesamte Frankophonie, sind eingerichtet. Die Daten sind ferner abrufbar über CD-Rom und Minitel.

Während vorher nur die definitiven Terme im *Journal officiel* publiziert wurden, verhilft die Datenautobahn nun auch zu einer rascheren Verbreitung der entsprechenden Wortlisten. Man kämpft damit gegen das auch der staatlichen Seite nur zu gut bekannte Problem, das immer wieder in den Medien angesprochen wird, dass ein französisierter Ausdruck sich um so leichter durchsetzt, je weniger bekannt der proskribierte Anglizismus ist. Schon in dem Moment, in dem ein neuer englischer Term erscheint, kann durch französische Äquivalente reagiert werden. Darüber hinaus – und das scheint mir das wichtigste zu sein – nutzen die staatlichen Stellen auch ganz bewusst die Kommunikationsmöglichkeit des Internets. Statt nur die Ergebnisse zu verbreiten, werden die Benutzer aufgefordert, an der Terminologiearbeit bereits im Vorfeld teilzunehmen. In dem Moment, wo sich eine Kommission einen bestimmten englischen Term vornimmt, wird dieser *via* Internet bekannt gegeben und die Benutzer aufgefordert, Vorschläge für Äquivalente zu übermitteln. Mit Hilfe der modernen multimedialen Möglichkeiten gelingt es so, nicht mehr „von oben" vorzuschreiben, sondern die Benutzer in die „experimentelle" kooperative Neologie miteinzubinden und so teilhaben zu lassen an einer demokratischen, dynamisch ausgerichteten Sprachpflege (vgl. hierzu auch unten, Kap. 2.1.2). Ob die Neuwörter damit auch den kommunikativen Bedürfnissen gerechter werden und sich wirklich besser durchsetzen, bleibt abzuwarten.

Die genannten Aktivitäten nutzen das Internet, um die Pflege und Verteidigung des Französischen in Frankreich gewissermaßen zu modernisieren. In der in der letzten Zeit geradezu explodierenden Internet-Terminologie selbst hinkt die entsprechende Kommission beträchtlich den Entwicklungen nach, um den Kampf gegen die englischen Terme noch zu gewinnen: Die Wortlisten von fünf *Arrêtés* der Informatik-Kommission (1981, 1983, 1987, 1989, 1993) sind im offiziellen Wörterbuch von 1994 verarbeitet und man findet keine Ersatzwörter für Internationalismen wie *e-mail, web-site, homepage, internet, surf,* etc. Das heißt, die Ersatzvorschläge kommen zu spät, nämlich dann, wenn die Anglizismen bereits im Sprachgebrauch etabliert sind. Entsprechende Vorschläge von Seiten der Akademie und der *commission générale* werden in den Medien diskutiert: *cédérom* (für CD-ROM), *mél* für *e-mail* (*Le Monde* 9/7/1997). Es zeichnet sich gegenwärtig die Tendenz ab, statt neue französische Wörter zu erfinden, die englischen nur ausdrucksseitig zu adaptieren (vgl. Kap. 2.2.2) – wohl eine vernünftige Reaktion. Allerdings kann *mél* auch als Abkürzung für das französische Langwort *message électronique* interpretiert werden. Das kanadische Ersatzwort *courriel* wurde aus Gründen der Länge abgelehnt, *mél* wird sich in mündlichen Fachverwendungen jedoch nur schwer durchsetzen, da es Verwirrung stiftet: im englischen Sprachgebrauch wird *mail* ohne das vorangestellte *e-* auch zur Bezeichnung von konventionellem Schriftverkehr eingesetzt.

Darüber hinaus soll das Medium des Internets zur Verbreitung des Französischen („diffusion") auf internationaler Ebene genutzt werden. Zu diesem Zwecke fand vom 19. bis 21. Mai 1997 in Montréal ein Treffen von Repräsentanten aus 35 Ländern der Frankophonie statt, deren Thema die Präsenz der frankophonen Länder im Internet war. Man entwickelte Konzepte, wie die Präsenz des Französischen (bisher nur 1,8% französische gegenüber 84% englische Homepages, bzw. *pages répertoriées*) zu erhöhen sei. Der Generalsekretär Jean-Louis Roy setzt auf zukunftsweisende Strategien, erkennt aber durchaus das, was Camilo José Cela auf einem entsprechenden Kongress der Hispanophonen in Mexiko das „cheval de Troie de la technologie américaine"[70] nennt: „La mécanique vient des États-Uni, mais chacun peut y jouer un rôle. Si nous menons une guerre avec les Anglo-Saxons, nous allons la perdre. S'il s'agit d'une stratégie de présence, nous y avons notre place" (*Le Monde* 22/5/1997). Hier muss sicher noch viel getan werden, bedenkt man, dass etwa noch im Juni 1997 die Homepage von *France Telecom North America* für ganz Nordamerika ausschließlich auf Englisch verfasst ist.[71]

1.4 Feministische Sprachpolitik

Zu den staatlichen Sprachplanungsaktivitäten in Frankreich gehören nicht nur die Revisionen der Fachsprachen mit dem Ziel, englisches Lehngut zu eliminieren und mit französischem Material zu ersetzen, wie der im DO 1994 publizierte *Arrêté du 13 mars 1985 relatif à l'enrichissement du vocabulaire relatif aux personnes âgées, à la retraite et au vieillissement* und die *Circulaire du 11 mars 1986 relative à la féminisation des noms de métier, fonction, grade ou titre* beweisen. In beiden Verordnungen spielen Anglizismen überhaupt keine Rolle, sondern es geht vielmehr darum, einem gesamtgesellschaftlichen Konzept („political correctness") sprachlich Rechnung zu tragen, das darin besteht, sprachliche Formen zu empfehlen, die der Diskriminierung entgegenwirken.

Was nun die Verordnung zur Feminisierung von Berufsbezeichnungen angeht, so handelt es sich nur um eine *Circulaire* und damit um einen Text, der nur hausinternen, die Ministerien betreffenden Empfehlungscharakter hat. Gleiches gilt übrigens für die *Circulaire du 15 septembre relative au vocabulaire judiciaire*, in der die Eliminierung des Angli-

---

[70] Bertrand de la Grange, „Les hispanophones veulent se lancer à la conquête d'Internet pour contrer l'influence de l'anglais" (*Le Monde* 29/5/1997, 33).

[71] Internet Adresse http://www. francetelecom.com.

zismus nur einen Nebenaspekt darstellt (cf. dazu Kap. 2.3.3). Alle drei Verordnungen sind zwar nicht Gegenstand der beiden Sprachgesetze von 1975 und 1994, verdanken ihre Existenz jedoch ebenfalls staatlichen Aktivitäten, die zur Einsetzung entsprechender Terminologiekommissionen geführt haben.

Die Feminisierungsempfehlung ist ein offizielles Ergebnis feministischer Sprachkritik, die einen zielgerichteten Sprachwandel (und damit Bewusstseinswandel) erreichen will; die Agenten des Sprachwandels sind demnach feststellbar. Es handelt sich also bei diesen Vorschlägen – genauso wie bei der offiziellen Neologismusbildung zur Ersetzung von Anglizismen – nicht um „natürlichen" Sprachwandel, nicht um Phänomene der „unsichtbaren Hand". Dies scheint mir wichtig zu betonen, denn der hier ebenfalls vorliegende gezielte Eingriff in die Sprache kann dann folglich nicht der Grund dafür sein, dass die Feminisierungskommission als einzige von allen Kommissionen polemische Kritik erhielt. Der Grund dafür scheint woanders zu liegen, vielleicht darin, dass sich die feministische Sprachplanung in vielerlei Hinsicht von den bisher behandelten sprachpflegerischen Unternehmungen unterscheidet.

1.4.1 Feminismus

Im Unterschied zur traditionellen Sprachplanung und auch der Anglizismendiskussion hat die feministische Sprachplanung keine lange Tradition, sie existiert in der Form erst seit den 70er Jahren unseres Jahrhunderts. Darüber hinaus – und das ist ein entscheidender Unterschied – hat sie nicht die Unterstützung der Akademie, im Gegenteil. Diskutiert wird sie in feministischen Kreisen oder in den Medien, kaum aber in den zahlreichen Arbeiten zur Sprachplanung.

Was ist überhaupt „feministische Linguistik"? Wie ist sie entstanden? Welchen Prämissen folgt sie? Welchen Fragestellungen geht sie nach? Wodurch unterscheidet sich die feministische Linguistik in Frankreich von der in anderen Ländern? Zu diesen Fragen gibt es eine Fülle von Literatur, Überblicksdarstellungen und Bibliographien, die die spezifische Situation in den einzelnen Ländern beschreiben.[72] Wir müssen uns hier auf einige Bemerkungen beschränken.

Die feministische Sprachplanung ist ein erstes offizielles Ergebnis der gegenwärtigen feministischen Fragestellungen, die Mitte der 60er Jahre von den USA ausging und mit der Bewegung *Women's Liberation* in Verbindung zu setzen ist. Diese Bewegung schließt sich zeitlich an die Studenten- und Anti-Vietnam-Bewegung an und kam in den 68er Jahren nach Europa. Mit der Absage an alle Hierarchien und mit den Forderungen nach gewaltfreiem Diskurs wurde auch das Kommunikationsmittel Sprache als Instrument der Unterdrückung unmittelbar thematisiert. Hier nun entstand die feministische Sprachkritik, die vordringlich eine „Entpatrifizierung" des Sprachsystems fordert.

---

[72] Cf. z.B. Bierbach (1992), Bierbach/Ellrich (1990), Dahmen et al. (1997), Froitzheim (1980), Froitzheim/Simons (1981), Hof (1995), Lüder (1989), Marcato (1988), Nissen (1989/1991), Peyer/Groth (1996), Samel (1995).

Mitte des 19. Jahrhunderts gab es bereits eine erste feministische Bewegung, auch „traditioneller Feminismus" genannt, die von Nordamerika ausging und hier eng gekoppelt war an die Bewegung des Antisklaventums: *no color, no sex* wurde die feministische Parole. Vordringlich ging es hier, wie auch in anderen Ländern, um elementare Voraussetzungen wie Wahlrecht für Frauen, gleiche Rechte und gleiche Ausbildung, damit Frauen an der allgemeinen, geistigen und sozialen Entwicklung teilnehmen können. Weder die Verfassung der USA von 1787 noch die der Französischen Republik von 1791 thematisierte die Gleichstellung von Frau und Mann, es ging vor allem um die Emanzipation der Menschheit – nicht die der Frauen. Wichtige Wegbereiter feministischer Anliegen (vor allem in Frankreich) wurden die „Frauenrechtserklärung" von Olympe de Gouges (1791) und die „feministische" Gesellschaftstheorie von Charles Fourier (1772-1837), der die doppelte Moral der Männer, ihre Angst vor den Frauen anprangert und mit internationalem Blick feststellt, dass die „lasterhaftesten Nationen", wie die Chinesen und die (in jeder Beziehung) rückständigen Spanier, ihre Frauen am stärksten unterjochen.[73] Während in den USA und Deutschland ungefähr zeitgleich mit dem Ende des ersten Weltkrieges das Wahlrecht für Frauen gewährt wurde,[74] gestand man es den französischen Frauen erst 1944, den spanischen mit Unterbrechung zunächst während der zweiten Republik (1931-39), definitiv dann 1977 zu. Diese erste feministische Bewegung hat viel an der sozialen Situation der Frauen verbessern können, historisch gewachsene Normen, Vorurteile und Wertvorstellungen (wie sie sich nicht zuletzt in der Sprache manifestieren) dagegen blieben weiter vital.

In diesem Kontext muss der neue Feminismus gesehen werden, der im Gegensatz zum traditionellen Feminismus nicht nur andere Ziele, sondern auch einen sehr viel elitäreren Charakter hat: ausgehend von der höheren Mittelschicht und der Oberschicht berührt er die Probleme der Arbeiterinnen in sehr viel geringerem Ausmaß. Von zwei Perspektiven, zwei unterschiedlichen Fragestellungen und zwei konkurrierenden Konzepten ist in der Literatur immer wieder die Rede: dem *egalitären* und dem *dualistischen* Emanzipationskonzept.[75] Klinger (1986a: 57-72) weist überzeugend nach, dass beide Konzepte keine Erfindung des 20. Jahrhunderts sind, sondern dass sie sich in anderer Terminologie (z.B. „öffentlicher"/„häuslicher" Feminismus) bereits im traditionellen Feminismus finden. Auf einer abstrakten Ebene kann man die beiden Konzepte folgendermaßen charakterisieren: Die *egalitäre* Richtung ist eine soziale und politische Bewegung. Sie strebt die absolute Gleichstellung der Frau mit dem Mann auf allen Ebenen an, legt also gewissermaßen eine männliche Optik an (worin auch ihr Schwachpunkt besteht).[76] Zwangsläufig werden biologische Erklärungsmodelle für unterschiedliches Verhalten von Mann und Frau zugunsten soziolo-

---

[73] Cf. Stopczyk (1980: 170-175).

[74] In Deutschland, Österreich und (eingeschränkt) in England erhielten Frauen 1918 das Wahlrecht, in den USA 1920.

[75] Zur Begriffsgeschichte von „Emanzipation", ursprünglich ein Terminus des römischen Rechts (Entlassung des Sohnes aus der Gewalt des Vaters), cf. Baus (1988: 213-221).

[76] Frauen, die sich einer solchen „Gleichmacherei" widersetzen, wird nach dieser Auffassung ein „falsches Bewusstsein" vorgeworfen (Klinger 1986a: 67).

gischer vehement abgelehnt: die Geschlechterrollen sind nicht „natürlich" begründet, sondern historisch und sozial.

Die *dualistische* Auffassung dagegen wendet sich vom Ideal der Gleichheit ab und betont die geschlechtsspezifischen Differenzen: die „Neue Weiblichkeit" und die „Mutterschaft" treten in den Vordergrund. Logischerweise kommen damit wieder biologische Erklärungsmodelle ins Spiel, die von der egalitären Richtung so vehement abgelehnt wurden: geschlechtliche Rollenteilung ist natürlich und nicht gesellschaftlich produziert (Wolgast 1980). Das Weibliche als Eigenes wird gegen die Gleichmacherei des egalitären Konzeptes anerkannt, wobei es zwei Tendenzen gibt: „anders, aber gleichwertig" und „anders und entschieden überlegen". Weibliche „Schwächen" werden zu Stärken im Rahmen eines neuen Bezugssystems:[77] Wurden im egalitären, von der männlichen Optik geprägten Konzept Ich-Schwäche und Familienorientierung von Frauen als Defizite gewertet, werden sie nunmehr als Energien für eine neue, bessere, humanere Gesellschaft interpretiert. Damit wird das dualistische Emanzipationskonzept zu einer Kulturbewegung. Durch die Umwertung und Infragestellung der männlichen Sehweisen, Werte und Normen wird eine Infragestellung des gesamten ideologischen und sozialen Gefüges der bestehenden Ordnung eingeleitet. Darum ist diese Richtung systemverändernd, wogegen die egalitäre Richtung letztlich als systemerhaltend bezeichnet werden kann, da die (durch männliche Optik entstandenen) gültigen Normen bestätigt werden.

Ich möchte diese unterschiedlichen Emanzipationshaltungen kurz vertiefen: Die egalitäre Auffassung wendet sich gegen den *sexism* des patriarchalischen Systems, indem sie z.B. die Annahme bestreitet, dass Frauen „von Haus aus", „von Natur aus" zu etwas positiv Wertbesetztem weniger befähigt seien als Männer, wie z.B. bezüglich des rationalen und mathematischen Denkens. Das bedeutet, dass man die gültige (männliche) Norm akzeptiert, wonach rationales und mathematisches Denken höher eingeschätzt wird als jede andere Art von Vernunft. Das dualistische Konzept dagegen bekämpft den (schwer zu übersetzenden) *genderism*[78] des patriarchalischen Systems, und zwar indem es bestreitet, dass rationales und mathematisches Denken höher zu bewerten seien als etwa emotionales und subjektives Denken. Das heißt, dass das Denk- und Wertsystem als solches bestritten wird. Dabei bleiben allerdings die traditionellen Geschlechterrollen unangetastet (worin auch die Schwäche dieses Modells besteht).[79] Dieser so grundsätzlich unterschiedliche Sachverhalt erklärt es auch, dass Anhängerinnen beider Richtungen sich gegenseitig vehement angreifen (cf. dazu unten: Kritik Trömel-Plötz an Tannen). Gehen wir hypothetisch davon aus, dass Frauen

---

[77] Cf. Baker Miller (1976).

[78] Während engl. *sex* nur eine biologische Bedeutung hat, also mit ‚Sexus des außersprachlichen Referenten' zu übersetzen ist, ist *gender* nicht so eindeutig, denn es kann damit Verschiedenes gemeint sein: 1. grammatisches Genus, 2. von soziokulturellen Definitionen geprägtes psychologisches Geschlecht; die durch die Gesellschaft geprägte Geschlechterrolle und -identität. Vgl. hierzu Jeßner (1991: 8s.), Hof (1995: 17ss.).

[79] Cf. Klinger (1986a: 67). – Nach Klinger sind in der menschlichen Gesellschaft alle Arten von Unterschieden hierarchisch besetzt. Das heißt, dass die Zulassung von Differenz bei gleichzeitiger Ablehnung von Hierarchisierung zwar logisch problemlos ist, nicht aber historisch und politisch. – Zur Kritik an diesem Konzept, cf. auch Lang (1990: 1-40, bes. p. 26ss.).

wirklich ein emotionaleres Sprech- und Kommunikationsverhalten verwenden (was in der feministischen Literatur betont wird), dann wäre der Rat der egalitären Auffassung: Unterdrücke die Emotionalität und sprich wie ein Mann, der der dualistischen Konzeption dagegen: pflege diese Emotionalität und setze sie als neuen Wert ein. – Diese beiden unterschiedlichen Emanzipationsauffassungen, die dualistische und die egalitäre, liegen den meisten feministischen Fragestellungen (so auch linguistischen) in mehr oder weniger deutlicher Ausprägung zugrunde. Der systemerhaltende Charakter der egalitären Auffassung bringt es mit sich, dass dieses Emanzipationskonzept zum Repertoire „fortschrittlicher" Männer gehört.

Es fällt zweierlei auf: zum einen, dass Frauenbewegungen immer an andere Bewegungen gekoppelt sind, deren erklärtes Ziel es ist, verkrustete Herrschaftsstrukturen aufzubrechen. Dies erklärt ihren stark ideologischen Charakter und reduziert die Geschlechterauseinandersetzung letztlich auf die Dichotomie Macht und Unterwerfung. Zum anderen wird deutlich, dass das Thema „Sprache und Geschlecht" nicht unabhängig von den Wissenschaften über den Menschen behandelt werden kann, also von der Psychologie, Soziologie, Verhaltensforschung, Anthropologie, Ethnologie, aber auch der Neurophysiologie. Dies macht die Behandlung des Themas so vielschichtig.

Schon lange vor der eigentlichen Frauenlinguistik befassten sich Wissenschaftler mit Einzelphänomenen einer zumeist homogen gedachten Frauensprache.[80] Zunächst gab es Untersuchungen von Seiten der Dialektologen, die vor allem phonetische Varianten herausstellten. Hier enstand die Frage, ob Frauen eher konservative oder innovatorische Tendenzen in der Aussprache aufweisen (Pop 1952/1953, u.a.). Morphologie und Lexikon wurden dann vor allem in Untersuchungen zu exotischen Sprachen thematisiert. In diesem Rahmen ist auch die vielzitierte Studie von Jespersen (1922) zu sehen, der in dieser anthropologischen Tradition steht. Ausgehend vom Beispiel des Inselkaribischen macht er Aussagen über die Frauen- und Männersprache des Englischen. Für Jespersen sind die Unterschiede Variationen ein und desselben Sprachsystems. Basierend auf seiner Intuition und einigen Beispielen aus der Literatur beschreibt er das weibliche Register durch einige typische Merkmale: Verstärkte Verwendung von *intensifiers* (Adverbien wie *such, so*), Übertreibungen, Euphemismen, abgebrochene Sätze, beschränkteres Vokabular (Jespersen 1922: 238ss.). Unterschiedliches Sprachverhalten von Männern und Frauen erklärt er mit dem Konzept des Tabus und der sozialen Rangordnung: Frauen dürfen bestimmte Ausdrücke, z.B. der Sexualität, nicht verwenden und wollen es auch nicht, da sie als „Hüterinnen des Anstandes" instinktiv davor zurückschrecken. Männer haben das sozial höhere Prestige und verfügen daher auch über sprachliche Privilegien.

Es klingt hier deutlich ein biologisches Erklärungsmodell an: Frauen ordnen sich freiwillig unter, verzichten auf grobe Ausdrücke, weil es „ihre Natur" ist. Jespersen gehört wohl zu den meist zitiertesten Forschern in der Frauenlinguistik, und zwar als patriarchalisches und sexistisches Negativbeispiel. Nichtsdestoweniger tradieren sich die von ihm

---

[80] Zur Forschungsgeschichte der Thematik, cf. u.a. Bierbach/Ellrich (1990: 248-266), Bierbach (1992: 276-295), Hellinger (1990a: 11-24), Gräßel (1991: 12-17), Samel (1995: 21-41).

zugrundegelegten Stereotypen, die er aus der Tradition übernimmt und sie sprachspezifisch interpretiert. Sie tradieren sich darum, weil die von ihm beobachteten Phänomene auch in der gegenwärtigen Frauenlinguistik weiter thematisiert werden. So ist es z.B. immer noch eine verbreitete Meinung, Frauen verwendeten mehr unvollständige Sätze als Männer (cf. Cameron 1985: 35). In diesem Sinne ist etwa auch nach Lakoff (1975) das *female register* auf lexikalischer Ebene durch auffallend viele „leere" Adjektive, weniger Schimpfwörter, intensivierende Partikel, etc. charakterisiert. Noch 1979 werden Jespersens Thesen in Untersuchungen überprüft (Silverman/Zimmer). Mit anderen Worten: die an Jespersen kritisierten stereotypen Dichotomien werden zwar belächelt und kritisiert, dennoch aber perpetuiert.

Erst in neuerer Zeit erkennt man, dass die Fixiertheit auf stereotype Unterschiede in eine Sackgasse führt. Es ist von einer Kurskorrektur der Frageperspektiven der feministischen Linguistik, von einem Paradigmenwechsel die Rede.[81] Sprache und Geschlecht werden zunehmend in einem übergeordneten sozialen Kontext gesehen, „Geschlecht" nur als ein zusätzlicher Faktor neben anderen wie Alter, Herkunft, Status, Beruf, Hierarchie, etc.

Wir sprachen eben vom „biologischen" und „sozialen" Erklärungsmodell. Solche Erklärungsmodelle dienen der Aufdeckung der Logik, die hinter der Ausgrenzung von Frauen steht. Darüber hinaus haben sie Aussagewirkungen auf Fragestellungen und Methoden. Es sollen darum im Folgenden vier Modelle vorgestellt werden, das philosophisch-geistesgeschichtliche, das Sozialisations-, das soziobiologische Modell und das kognitive Wahrnehmungsmodell. Wer zum Ziel hat, die Frau in jeder Beziehung mit dem Mann gleichzustellen, wer also ein egalitäres Emanzipationskonzept vertritt, muss logischerweise bestreiten, dass die Frau „von Natur aus" anders ist als der Mann, und lehnt damit ein biologisches Erklärungsmodell ab. Bestehende Unterschiede werden auf die Sozialisierung durch die Gesellschaft (Rollen- und Aufgabenzuweisung) zurückgeführt. Das dualistische Emanzipationskonzept dagegen, das von geschlechtsspezifischen Differenzen geradezu ausgeht, lässt biologische Erklärungen durchaus zu.

1. Das philosophisch-geistesgeschichtliche Modell

Im gesamten griechisch-lateinischen Denken herrscht in Europa – mehr oder weniger deutlich ausgesprochen – die Auffassung eines Dualismus des Männlichen als dem „Geist" und des Weiblichen als dem „Sinnlichen" vor (vgl. das philosophische Prinzip von Geist und Materie).[82] Eine solche geschlechtsspezifische Einschränkung und Zuschreibung des Lebensraumes gibt es in unseren Gesellschaften seit der Antike und sie erfährt ihre Fortschreibung durch die Bibel. Von Natur aus sei die Frau das unvollständige Lebewesen („animal imperfectum") im Gegensatz zum Mensch/Mann als „animal rationale" (Aristoteles), sie sei belastet mit der „Urschuld" Evas, sie sei dumm, geschwätzig, doppelzüngig,

---

[81] Postl (1991: 29), Frank (1992: 143), Bußmann (1995: 149).
[82] Cf. z.B. Otto Weininger (1880-1903): „... das Weib ist nichts, es ist nur Materie" (zit. nach Stopczyk 1980: 291).

bösartig, unersättlich und stehe mit dem Teufel im Bunde. Derartige „Qualitäten" haben topischen Charakter und lassen sich quer durch die Literaturgeschichte nachweisen und überleben bis heute in schmutzigen Witzen und volkstümlichen Redensarten. Daneben gibt es ein zweites Frauenbild, das der unbefleckten, ergebenen Jungfrau, deren Tugenden Bescheidenheit, Unterwürfigkeit, Reinheit sind, zu denen die Frauen erzogen werden sollen.[83] Rein zahlenmäßig überwiegt die Darstellung der „bösen" Frau: Correas z.B. verzeichnet in seinem *Vocabulario de refranes y frases proverbiales* von 1627 über 300 Sprichwörter, die Untugenden der Frauen reflektieren, er nennt nur 6, die ihre Tugenden beschreiben. Dies ist kein rein spanisches Phänomen, sondern findet sich unter anderem genauso in Frankreich: „Une bonne femme, une bonne mule, une bonne chèvre sont trois méchantes bêtes"[84].

Solche Redensarten sind Ausdruck einer Gesellschaft und reflektieren ihre Wertnormen. Umgekehrt werden entsprechende Weltbilder durch die Existenz derartiger Sprichwörter geschaffen und konsolidiert. Ihnen zufolge ist der Status der Geschlechter wohl differenziert. Es ist die Rede von der „natürlichen" Knechtschaft der Frau, ihren weiblichen Pflichten: Mutterschaft, Aufzucht und Sozialisation von Kindern. Die männlichen Pflichten dagegen spielten sich vor allem außerhalb des Hauses ab: Jagd, Kriegsführung, etc. Die abendländische Philosophie ist rationalistisch in dem Sinne, dass sie dem Gefühl keinen angemessenen Platz einräumt. Rationalität dominiert Emotionalität in jeder Hinsicht (Heinrichs 1988: 222). In den meisten Religionen gilt die Dichotomie „männlich" als ‚Geist, aktiv', „weiblich" als ‚Leib, passiv', wobei im jüdisch/christlich/islamischen Glauben der geistige Pol als der höherwertigere eingeschätzt wird (Albersmeyer-Bingen 1988: 735ss.). Für Spinoza kann die Frau „von Natur aus" nicht das gleiche Recht beanspruchen wie der Mann (Stopczyk 1980: 110, 345), er identifiziert gesellschaftliche Gegebenheiten mit „Natur". Führende Aufklärer wie Kant und Rousseau erklären die Frauen „per Natur" für unmündig. Ihre biologische Funktion des Gebärens wurde als ihre „natürliche Bestimmung" festgeschrieben. Aus der physischen Schwäche begründete man ihren untergeordneten Rang und die Unfähigkeit zum Denken und zur geistigen Tätigkeit (Baus 1988: 215s.). Selbst „frauenfreundliche" Philosophen wie Seneca, Musonius, Agrippa, Bruno und Voltaire stellen nicht die „von Natur aus gegebenen Wesensunterschiede" in Frage, sondern bewerten diese nur positiv (Stopczyk 1980: 360s.).

Dies bedeutet, dass die Auffassung eines dualistischen Geschlechterverhältnisses als solche (ohne ihren emanzipatorischen Anspruch)[85] geistesgeschichtlich nicht nur die ältere, sondern die (immer noch) dominierende ist. Als Emanzipationskonzept reagiert das egalitäre auf diese jahrhundertealten Dichotomien, indem es „natürliche" Differenzen ablehnt und real existierende auf die Gesellschaft zurückführt – ein geradezu revolutionäres Unternehmen. Als geschichtliche Entwicklung kann damit das neue dualistische Emanzipationskonzept („anders, aber gleichwertig" bzw. „anders und entschieden überlegen") mit seiner Utopie des Weiblichen, der weiblichen Kultur als „Heilsweg" für die Gesellschaft nur dann greifen, wenn die Stufe des Egalitarismus verinnerlicht ist. Das dualistische Emanzipa-

---

[83] Cf. Joset (1989: 113-122).
[84] Cf. Barbazza (1986: 11-13).
[85] Zu Ansätzen einer „Emanzipation" in der Antike, cf. allerdings Thraede (1988: 55ss.).

tionskonzept unterscheidet sich von der historischen „Zwei-Welten-Theorie" der Geschlechter nicht durch das „anders", sondern durch das „gleichwertig" bzw. „überlegen". Dabei geht es nicht nur um die Ablehnung der Hierarchisierung „männliches Denken = besseres Denken", sondern auch um die Ablehnung der Gleichsetzung „männliches Denken = menschliches Denken", die in unserer Gesellschaft seit der Antike in Religion, Philosophie, Geschichte und den Wissenschaften vital ist (Klinger 1986b, Stopcyk 1980).

Eine solche Verallgemeinerung von Mann = Mensch läßt sich im Lexikon vieler Sprachen nachweisen (lat. *homo*, sp. *hombre*, frz. *homme*, vgl. auch dt. *man*). Hier liegt auch die Wurzel feministischer Sprachkritik am sogenannten „generischen" Maskulinum: das grammatische Genus „maskulinum" hat zwei Funktionen: a. Bezeichnung des außersprachlichen Referenten ‚männlicher Sexus' und damit geschlechtsspezifisch markiert; b. Bezeichnung von außersprachlichen Referenten beider Geschlechter und damit geschlechtsungebunden und unmarkiert. Die männliche Sehweise als menschliche Sehweise wirkt sich in den einzelnen Wissenschaften sowohl in Theorie und Praxis aus. Dies aufzudecken ist Stoßrichtung etwa der feministischen Philosophie, der feministischen Theologie, der feministischen Psychoanalyse, der feministischen Jurisprudenz, der feministischen Naturwissenschaft, der feministischen Literaturtheorie, der feministischen Linguistik, etc. So unterschiedlich die Fragestellungen der einzelnen Wissenschaften auch sein mögen, integrale Bestandteile der feministischen Forschungen sind: 1. Dekonstruktion zu Unrecht erhobener Universalitätsansprüche; 2. Entgegenhalten eines alternativen (weiblichen) Wissenschaftsparadigmas, durch das ein ganz anderer Zugriff auf die Wirklichkeit erfolgen soll, als dies bei der herr-schenden (männlichen) Wissenschaft der Fall ist.[86] Die „männliche Wissenschaft" ist eine logische Konsequenz des jahrhundertealten hierarchischen „Zwei-Welten-Schemas" mit der mehr oder weniger expliziten Gleichsetzung von männlicher Sichtweise mit menschlicher, d.h. allgemeingültiger Sichtweise. Das Aufdecken solcher vermeintlichen universalen Wissenschaftsparameter, die im Grunde männlich sind, ist ein wichtiger emanzipatorischer Schritt.[87]

Auch die asiatische Philosophie geht von einem Dualismus der Geschlechter aus, unterscheidet sich aber von der abendländischen Philosophie dadurch, dass – wie z.B. bei Lao-Tsé – das Männliche und Weibliche als gleichwertige Prinzipien des Denkens vorhanden sind. Die beiden Pole bedingen sich gegenseitig und bedeuten die Spannung der Welt (in der Lebenspraxis allerdings wurde die Frau in China genauso unterdrückt wie in Europa).[88] Diese Art von Philosophie ist grundlegend für das philosophische Erklärungsmodell von Alvaro García Meseguer (1984), der übrigens einer der ersten ist, der auf den Sexismus in

---

[86] *Wie männlich ist die Wissenschaft?* heißt ein Sammelband von Hausen/Nowotny (1986), vgl. hierzu auch Bußmann/Hof (1995).

[87] Das Entgegenhalten eines „ganz anderen", „alternativen", nämlich weiblichen Wissenschaftsverständnisses und -paradigmas dagegen ist nach Lang (1990: 1-40) obsolet: es ist wissenschaftshistorisch nicht haltbar, da es ein potentiell totales Enthobensein aus dem gesellschaftlichen Zusammenhang impliziert, und da die inhaltlichen Bestimmungen lediglich der unmittelbaren Entgegensetzung zu irgendeinem Vorgefundenen zu verdanken sind.

[88] Cf. Stopczyk (1980: 357s.).

der spanischen Sprache aufmerksam macht. Die Welt sei eingeteilt in zwei Arten von Lebensweisen und Lebewesen, die des Intellektualisten und die des Vitalisten. Beide gehen auf unterschiedliche Philosophien zurück, über die sie sich definieren. Die aristotelische Logik ist die Basis des Intellektualisten, dessen Werte durch Ratio, Logik und Intellekt charakterisiert sind. Die vitalistische Lebenseinstellung dagegen ist begründet in der paradoxen Logik der chinesischen und indischen Philosophie. Für den Vitalisten findet Kommunikation nicht nur durch Sprache, sondern auch durch Gefühle statt. Die aristotelische Logik habe nun zwar dem Menschen Fortschritt, Wissenschaft und Technik ermöglicht, aber die Geringschätzung des Vitalen, der paradoxen Logik in den hochentwickelten Gesellschaften habe zu einem Ungleichgewicht zwischen Wohlfühlen und Glück geführt (García Meseguer 1984: 27).

García Meseguer betont, dass diese beiden Tendenzen idealtypisch sind und als solche eigenständig nicht vorkommen. Lebensformen und Lebewesen partizipieren mehr oder weniger immer an beiden Typen. Rein frequenzmäßig lebten Frauen mehr nach der vitalistischen Philosophie und Männer nach der intellektualistischen. Patriarchalismus bestimme stark unsere westlichen Gesellschaften, den Kapitalismus, der den Individualismus, Wettbewerb und Privatbesitz fördere. Matriarchalismus dagegen dominiere in sozialistischen Gesellschaften, in denen Gleichheit und Gruppensolidarität wichtige Konzepte seien. In der Politik, der Liebe, der Religion und der Geschichte gehe es letztlich immer um die dauernde Suche nach der Synthese der positiven Aspekte beider Haltungen. So sei etwa der Protestantismus charakterisiert durch einen Patriarchalismus (Gott als gerechter und strenger, Gehorsam und Befolgung der Gesetze fordernder) mit matriarchalistischen Elementen (Gott als verzeihend und milde).

Wir verfügen nach García Meseguer über fünf Sinne (Sehen, Hören, Berühren, Riechen, Schmecken), von denen die ersten zwei durch ihre Objektivität und Distanzschaffung mehr intellektualistischer Natur und die letzten zwei durch ihre Subjektivität und Näheschaffung eher vitalistischer Art sind. Der Berührungssinn nehme eine Mittelstellung zwischen beiden ein. Die patriarchalische Kultur tabuisiere nun die vitalistischen Sinne, obwohl sowohl Jungen wie Mädchen zunächst mit der Wahrnehmung durch vitalistische Sinne konfrontiert würden. Die Geschichte der abendländischen Kultur sei gekennzeichnet durch ein ständiges Unterwerfen des Matriarchalen unter das Patriarchale, des Paradoxen unter das Aristotelische, des Vitalen unter das Intellektuale. Die Sprache spiegle dies in ihren sexistischen Strukturen wider und helfe, diesen Prozess zu perpetuieren. Insofern spiele auch die Sprache im Lernprozess bei Kindern eine so große Rolle, denn durch die Wörter übernähmen sie Denkweisen, Werte und Strukturen der Welt. Obwohl hier der Sozialisierungsprozess und damit das antrainierte Rollenverhalten angesprochen wird, bleibt es bei García Meseguer letztlich offen, ob das Phänomen des männlichen Intellektualismus und des weiblichen Vitalismus biologisch oder anerzogen ist (García Meseguer 1984: 33s.).

García Meseguer liefert damit ein Erklärungsmodell, das unterschiedliches geschlechtsspezifisches Verhalten in einen kulturellen Gesamtrahmen setzt, dem ein philosophisches Modell zugrunde liegt. Sein Ansatz wird von der feministischen Linguistik kaum rezipiert, obgleich er Thesen vertritt, die auch im Rahmen einer gegenwärtigen feministischen Sichtweise Geltung haben. So vergleichen etwa Günthner/Kotthoff (1991b: 37) den weiblichen und männlichen Verhaltensstil auf einer allgemeineren Ebene mit politischen Ideologien: „Mädchen und Frauen verhalten sich mehr in Richtung unserer demokratischen Ideale". Ferner gehört die Auffassung, dass schon das Kind in der Phase des Spracherwerbs im Sinne des herrschenden dominanten Weltbildes in seiner Wahrnehmung, Wertung und Strukturierung der Welt konditioniert wird, mittlerweile zum Standardrepertoire solcher frauenlinguistischer Ansätze, die sich vor allem um die „Entpatrifizierung" des Sprachsystems bemühen: Mit Berufung auf Whorf – der allerdings selbst nicht davon spricht, dass Sprache das Denken determiniert, sondern nur eine relative gegenseitige Beeinflussung annimmt (cf. Hellinger 1990a: 42ss.) – werden Alltagsmetaphern, metaphorische Ausdrücke, feststehende Redensarten, Lexikonstrukturen, generisches Maskulinum, Grammatikregeln, etc. auf ihr frauenverschweigendes, -verachtendes und -unterordnendes Potential hin untersucht.

Auch García Meseguers Annahme, dass Frauen und Männer in unterschiedlichen (Sub-) Kulturen leben und dies zu kommunikativen Missverständnissen führen muss, findet sich in aktuellen feministischen Studien, denen ein dualistisches Emanzipationskonzept zugrunde liegt. García Meseguer bringt ein Beispiel: Wenn eine Frau sagt: „mein Partner versteht mich nicht", so hat dies eine ganz andere Bedeutung, als wenn ein Mann dieselben Worte äußert. Im ersten Fall geht es um das affektiv-emotionale Verstehen, im zweiten um das rationale Verstehen (García Meseguer 1984: 24). Ebenso vertreten etwa Maltz/Borker (1982/1991) und Tannen (1991) die These, dass es nach den unterschiedlichen Regeln der jeweils anderen Subkultur zu kommunikativen Fehlschlägen kommen *muss*.

Halten wir fest: García Meseguers philosophisches Erklärungsmodell entscheidet sich nicht für eine biologische oder soziale Erklärung, beide sind in ihm enthalten und möglich. Er argumentiert geistesgeschichtlich und geht von einem Dualismus der Geschlechter aus, der mit Rückbesinnung auf die asiatische Philosophie die abendländische „Zwei-Welten-Theorie" mit ihrer Hierarchisierung als sexistisch entlarvt. Er vertritt damit das dualistische Emanzipationskonzept „anders, aber gleichwertig" (ähnlich wie die „frauenfreundlichen" Philosophen) mit Bevorzugung der Ausrichtung „anders und entschieden überlegen".

2. Das Sozialisationsmodell

Dieser Ansatz lehnt die biologische Vorbestimmtheit der Geschlechter ab und führt geschlechtsspezifische Unterschiede ausschließlich auf gesellschaftliche Verhältnisse zurück. Geschlechtsdifferenz wird ausnahmslos als Resultat erworbener Verhaltensweisen und Identitätsrollen angesehen. Derartige Studien aus anthropologischer, soziologischer, psychologischer Sicht sind äußerst zahlreich. Sie werden jeweils herangezogen, wenn weibliches und männliches Sprachverhalten an gesellschaftliches Rollenverhalten gekoppelt wird.[89] Besonderes Interesse wird hier auf die sprachliche Sozialisation von Jungen und

---

[89] Cf. z.B. Aebischer (1985: 31ss.), Hellinger (1990a: 38ss.).

Mädchen gelegt.[90] Kinder werden sehr früh auf ihre geschlechtsspezifische Rolle in der Gesellschaft vorbereitet, wie die Studie von Scheu, *Wir werden nicht als Mädchen geboren – wir werden dazu gemacht* (1977), aufzeigt.

Das Neue an Scheus Ansatz ist, dass sie geschlechtsspezifische Ungleichbehandlung nicht erst im Kleinkindalter, sondern bereits in der dritten Lebenswoche nachweist. Mädchen würden vom Säuglingsalter an anders behandelt werden als Jungen.[91] Ferner untersucht die Autorin Mädchen- und Jungenspiele, in denen Jungen zu Rivalitätsspielen aufgefordert werden, Mädchen dagegen zu Harmoniespielen. Auch die Erwartungen der Eltern an die Kinder und die je spezifischen Erziehungsstile sind relevante Phänomene der Rollenkonditionierung, die nach dem (allzu bekannten) Klischee verläuft: Mädchen „innen" (Hausarbeit, etc.) und „passiv", Jungen „draußen" und „aktiv".[92]

Weniger den Einfluss der Eltern als die gleichgeschlechtliche Bezugsgruppe von gleichaltrigen Kindern, die *peer-group*, machen einige sozialpsychologische Studien dafür verantwortlich, dass im Kindesalter bereits eine deutliche Trennung der Geschlechter nachweisbar ist (cf. Maltz/Borker 1982/1991). Als soziales Gebilde bestimmt die *peer-group* Verhaltensnormen, Wertsetzungen, Hierarchien und Sprachverhalten, die sich im Sinne eines gruppendynamischen Prozesses konstituieren. Eine wesentliche Ausdrucksform dieser Phänomene wird im unterschiedlichen Spielverhalten gesehen: Jungen konkurrieren im Wettkampf im Rahmen von Asymmetrien um die Vorherrschaft. Mädchen dagegen bevorzugen Spiele, bei denen keiner gewinnen kann, suchen Kooperation und Nähe, formulieren Aufforderungen in Frageformen („Wollen wir das spielen?"), kurz: suchen im Rahmen der Symmetrie Harmonie und Übereinstimmung.[93] Gespräche haben in Mädchengruppen einen größeren Stellenwert als in Jungengruppen. Mädchen schaffen Nähe durch

---

90 Cf. Günthner/Kotthoff (1991b: 25ss.) und die dort diskutierte Literatur.

91 Jungen würden sehr viel stärker optisch stimuliert und dies in einer Lebensphase, in der der optischen Stimulierung mehr Bedeutung zukäme als der akustischen. Mädchen dagegen würden eher akustisch stimuliert, was unter anderem auch für die spätere verbale Überlegenheit bei Mädchen verantwortlich gemacht wird. In diesem Lebensabschnitt würden Jungen auch deutlich länger gestillt und mehr liebkost als Mädchen. Ab dem 3. Lebensmonat beginne die Erziehung zum Jungen- bzw. Mädchenstereotyp, wogegen in der Phase vorher Mädchen einfach nur vernachlässigt würden. Das Mädchen lerne sehr früh, die männliche Rolle als Rolle des herrschenden Geschlechts und die eigene als Rolle des unterdrückten Geschlechts zu internalisieren (Scheu 1977: 49ss.).

92 Diese Ergebnisse werden durch empirische Untersuchungen von Psychologie und Soziologie gestützt. Wenn die Autorin aber behauptet, auch die Sprache werde Mädchen anders vermittelt als Jungen: das kleine Mädchen „muß leise, zurückhaltend, diszipliniert, deutlich und mädchenhaft hoch sprechen" und es bekomme die „Art der Aussprache, Intensität des Ausdrucks, Satzbau sowie Gesprächsthemen" geschlechtsspezifisch vermittelt (Scheu 1977: 78), und sich dabei auf eine Untersuchung aus dem Jahre 1945 stützt, so muss man doch anmerken, dass sich seit dieser Zeit in unserer Gesellschaft einiges verändert hat und dass eine solche Konditionierung wohl nicht mehr der Situation im Jahre 1977, in dem ihr Buch publiziert wurde, entspricht. Solche von der gesellschaftlichen Realität abgelösten Aussagen tragen im Grunde letztlich zur Perpetuierung der einschlägigen Stereotypen bei.

93 Cf. hierzu Maltz/Borker (1991: 62ss.), Tannen (1991: 40ss., 164ss. et passim), Sheldon (1990: 14ss.), Cook-Gumperz (1991: 309ss.).

Miteinander-Reden. Geschlechtypische Interaktionsregeln und Konversationsstile werden nach diesem Modell im Kindesalter herausgebildet und finden ihre Fortführung im Erwachsenenalter.

Kommunikation zwischen den Geschlechtern wird als „interkulturelle" Kommunikation zwischen den beiden geschlechtsspezifischen „Welten" angesehen. Frauen erwerben ein anderes Sprachverhalten mit anderen Spielregeln als Männer. So bemühen sich Frauen, das Gespräch in Gang zu halten, sie verwenden häufiger Minimalreaktionen wie „hmm, mm" und Kopfnicken, sie knüpfen an Vorhergesagtes an, etc. Männer dagegen unterbrechen häufiger, ignorieren oder attackieren Äußerungen von Frauen, wechseln das Thema und verwenden deutlich weniger Minimalreaktionen. Nach Tannen hat weibliches Sprechen die Primärfunktion, Symmetrien zu schaffen, Beziehungen aufzubauen, Unterschiede abzubauen; sie spricht von einer „Sprache der Nähe", einer „Beziehungssprache", von „privatem Sprechen". Bei Männern dagegen gehe es vor allem um den Informationsaustausch, um Statusaufrechterhaltung, um Asymmetrie. Männliches Sprechen charakterisiert sie so als „Sprache der Distanz", als „Berichtssprache" bzw. als „öffentliches Sprechen" (Tannen 1991: 99 et passim).

Treffen beide Redeweisen aufeinander, kann es zu „kommunikativen Fehlschlägen" kommen, da Männer und Frauen die Rede der anderen nach den Regeln ihrer eigenen Welt interpretieren (Maltz/Borker 1991: 68). Wenn in einem gemischtgeschlechtlichen Gespräch z.B. eine Frau „hmm, mm" äußert, so wird dies vom Mann nicht als Gesprächsaufrechterhaltung interpretiert, sondern nach seinen Spielregeln als deutliche Einverständniserklärung, etwa als ‚ich bin einverstanden mit dem, was du sagst'. Widerspricht dann die Frau im weiteren Gesprächsverlauf, schließt der Mann im Rahmen seiner kulturellen Sehweise daraus, dass man bei Frauen nie wissen könne, was sie nun eigentlich denken. Ein anderes Beispiel: Während z.B. Männer Fragen vor allem als Fragen nach konkreten Informationen interpretieren und entsprechend reagieren, sind Fragen für Frauen oft nur ein Mittel, um die Konversation in Gang zu halten, oder aber auch, um ihre eigenen Wünsche „höflich" zu formulieren. Ein von Tannen (1991) geschildertes Beispiel verdeutlicht dies: Während einer Autofahrt, bei der der Mann am Steuer sitzt, fragt ihn seine Frau, ob er vielleicht eine Pause machen und einen Kaffee trinken möge. Der Mann verneint und fährt weiter, die Frau zieht sich verstimmt zurück, denn sie wollte eine Pause machen und hatte die Aufforderung als Frage formuliert. Der Mann hat den Sinn ihrer Äußerung nicht verstanden – oder nicht verstehen wollen.

Hiermit sprechen wir eine mögliche Schwäche dieses Ansatzes an. Er geht von einem „unterschiedlichen, aber gleichwertigen Gesprächsstil" bei Mann und Frau aus (Tannen 1991: 13s.). Eine solche Annahme wird von Trömel-Plötz (1991: 489ss.) heftig bestritten. Es handele sich in gemischtgeschlechtlichen Konversationen um Asymmetrien, die aber nicht zwischen zwei gleichberechtigten Kulturen entstehen, sondern die soziales Machtgefüge zwischen den Geschlechtern signalisieren. Männliches Machtgebaren dominiert über weibliche Unterordnung. Die These der zwei Kulturen verschleiere demnach die tatsächlichen Herrschaftsverhältnisse.

Auf unser Beispiel bezogen bedeutet dies, dass es nicht richtig ist, dass Männer gar nicht so dumm sind, nicht verstehen zu *können*, sondern sie *wollen* es nicht (Trömel-Plötz 1991: 495). Trömel-Plötz hält Tannens Ansatz des „separate-but-equal" für unrealistisch, für „patriarchisch", „unpolitisch", „unengagiert", „naiv" und „reaktionär", da er 20 Jahre Feminismus ungeschehen mache und so tue, als gebe es verbale, körperliche und sexuelle Gewalt, begangen von Männern an Frauen, nicht (*op.cit.*, p. 500).

Tannen untersucht (ebenso wie Maltz/Borker 1982/1991) nun aber nicht körperliche Vergewaltigungsfälle, sondern Missverständnisse, die in Gesprächen, und zwar in prinzipiell freundlichen Gesprächen, auftreten. Darüber hinaus sieht Tannen das Dominanzfaktum durchaus und grenzt sich explizit von anderen Ansätzen ab:

> Dieses Buch versteht sich als ein wissenschaftlicher Ansatz, der geschlechtsspezifische Sprechweisen auf kulturelle Unterschiede zurückführt, unterscheidet sich von den Untersuchungen zu Geschlecht und Sprache, die davon ausgehen, dass die Unterhaltung zwischen Männern und Frauen abbricht, weil die Männer die Frauen zu dominieren suchen. Niemand könnte bestreiten, dass Männer als Klasse in unserer Gesellschaft dominieren und dass es viele einzelne Männer gibt, die Frauen beherrschen wollen. Doch männliche Dominanz ist nur einer von vielen Aspekten. Sie reicht nicht aus, um alles erklären zu können, was sich bei Gesprächen von Männern und Frauen abspielt – insbesondere bei Gesprächen, in denen beide sich ehrlich bemühen, aufmerksam und respektvoll auf den anderen einzugehen. Dominanz entsteht nicht immer deshalb, weil jemand die Absicht hat zu dominieren. Das ist eine der Botschaften dieses Buches. (Tannen 1991: 17)

Mit diesem Zitat wird deutlich, dass Tannen eine ganz bestimmte Textsorte vor Augen hat, nämlich „friedliche" Gespräche, in denen sich die Teilnehmer um Verständnis bemühen. Dies scheint eine legitime Einschränkung von möglichen Diskursen zu sein. Darüber hinaus spricht sie einen wichtigen Punkt an: dass nämlich Dominanz im Gespräch auch anders entstehen kann als durch männliche Intention.

Gesellschaftliche Machtunterschiede haben ihr sprachliches Korrelat in Kommunikationssituationen zwischen Männern und Frauen: der weibliche Stil ist immer der unterlegene, der männliche der dominante. Dieses korrelationistische Modell entstand in der Anfangsphase der feministischen Linguistik[94] und gilt heute als überholt, da es den Faktor Geschlecht zu universal und undifferenziert einsetzt.[95] Auch neuere Arbeiten rekurrieren auf gesellschaftliche Machtunterschiede, die sich im Gesprächsstil spiegeln. Allerdings berücksichtigt man jetzt zunehmend, dass der Faktor Geschlecht lediglich *ein* relevanter Parameter von vielen wie Alter, Bildung, soziale Schicht, ethnische Zugehörigkeit, sozialökonomischer Status, etc. ist (Günthner/Kotthoff 1991b: 37s.). Wichtige Ergebnisse liegen hier vor allem von Seiten der Ethnographie vor, die geschlechtsspezifisches Sprachverhalten in uns fremden Kulturen in Beziehung zu anderen Parametern setzt. Während z.B. in USA und Westeuropa Indirektheit und Harmoniestil als der weibliche Stil *per se* apostrophiert und *quasi* universal angesetzt wird, ist dies auf Madagaskar geradezu typisch für den männlichen Stil (Keenan 1991: 75ss.). Hier werden die Parameter Sprechstil, Geschlechtsidentität

---

[94] Lakoff (1975), Thorne/Henley (1975a), Key (1975).
[95] Cf. Aebischer (1985: 45), Cook-Gumperz (1991: 312), Günthner/Kotthoff (1991b: 37).

und Statuszuordnung miteinander in Beziehung gesetzt, denn interessanterweise sind es gerade die Indirektheit und die Vermeidung von Konfrontation, die in dieser Gesellschaft Zeichen des höheren Status sind – da dieser Stil den Männern eigen ist. Zu Recht nehmen Günthner/Kotthoff (1991b: 38) an, dass es grundsätzlich so zu sein scheint, dass das Sprachverhalten der Männer höher bewertet wird als das der Frauen, unabhängig davon, wie sie reden. – Andererseits wird das weibliche Sprachverhalten manchmal auch höher bewertet, nämlich dann, wenn Frauen wichtige ökonomische Funktionen (also „männliche") innehaben, wie Sherzer (1991: 154ss.) am Beispiel der Kuna-Indianer/innen (Panama) nachweist.

3. Das soziobiologische Modell

Das traditionelle dualistische Denken basiert auf der Annahme der biologischen Differenz: aus der biologischen Inferiorität der Frau leitet Aristoteles eine soziale ab. Die biologische Erklärung des Geschlechterunterschiedes fanden wir bereits bei Jespersen angelegt, in seiner Annahme, Frauen seien „von Natur aus" zu schamhaft, um unanständige Wörter zu benutzen. Es geht also um die Frage, ob unterschiedliches (Sprach-)Verhalten der Geschlechter angeboren ist im Sinne eines biologischen Determinismus. So formuliert und ausschließlich biologisch ist diese Haltung zu recht von den Feministinnen (besonders egalitärer Ausrichtung) abgelehnt worden, da sie den Mann aufgrund körperlicher und geistiger Überlegenheit der Frau als in allen Bereichen überlegen ansieht (cf. z.B. Scheu 1977: 23).

Ich möchte einen Ansatz vorstellen, den ich soziobiologisch nenne, und der darauf basiert, biologische Anlagen, Umwelterfahrungen und Verhalten in einem gewissen Interaktionsverhältnis zu sehen. Die Frage an sich, inwieweit die physische und psychische Entwicklung des Menschen einerseits von Vererbung und andererseits von der Umwelt beeinflusst wird, ist schon alt und als „*nature-nurture*-Kontroverse" in die Literatur eingegangen (Jeßner 1991: 59ss.). Die neuere Neurophysiologie, Biochemie, Hormonforschung und Genetik berücksichtigen in den letzten Jahren zunehmend den Faktor Geschlecht. Die Mehrzahl der wissenschaftlichen Befunde aufgrund von Tierversuchen, Tests bei gesunden Menschen und Hirngeschädigten legt die Vermutung nahe, dass der Feinbau des Gehirns bereits so früh von Sexualhormonen beeinflusst wird, dass die Umwelt von Geburt an bei Mädchen und Jungen auf unterschiedlich verschaltete Gehirne einwirkt (Kimura 1992: 104-113). Dabei bewirken Veränderungen von Umwelteinflüssen und Hormonsituationen Verhaltensänderungen.[96] Die spezifischen kognitiven Leistungen ebenso wie Problemlösungs-

---

[96] An Versuchen mit Ratten wurde gezeigt, dass ein von der Chromosomenkonstellation her weibliches Rattenembryo durch künstliches Hinzufügen von Testosteron, einem männlichen Hormon, als Neugeborenes sehr viel aggressiver und damit wie männliche Ratten reagiert (Hamburg/Lunde 1966; Kimura 1992: 108). Serotonin, ebenfalls ein Hormon im Körperkreislauf wie auch ein Neurotransmitter, beteiligt an der Regulierung unseres Verhaltens durch das Gehirn, ist von einer amerikanischen Forschergruppe bei führenden Männchen *und* Weibchen einer Affengruppe nachgewiesen. Bei Entfernung des dominanten Tiers aus dem Käfig, stieg beim ranghöchsten Affen der Serotoninspiegel stark an: er übernahm die Führungsposition. Ähnliche Ergebnisse verzeich-

verhalten sind – wie Tests beweisen – von dem Spiegel der Sexualhormone abhängig: so schneiden homosexuelle Männer bei einigen räumlichen Aufgaben schlechter ab als heterosexuelle. Eine bestimmte Gehirnregion, die normalerweise bei Männern größer ist als bei Frauen, ist neuesten Forschungen zufolge bei homosexuellen Männern kleiner als bei heterosexuellen. Sexuelle Vorlieben scheinen demnach auf einem biologischen Substrat (Kimura 1992: 107) und genetischen Mutationen (Hamer/Copeland 1998) zu beruhen. Hormonelle Schwankungen beeinflussen die kognitiven Leistungen: bei hoher Östrogenkonzentration während des weiblichen Menstruationszyklus verringert sich das räumliche Vorstellungsvermögen und steigert sich die sprachliche Ausdrucksfähigkeit. Entsprechende Variationen werden bei Männern bei Testosteronveränderungen je nach jahreszeitlichen Schwankungen beobachtet (Kimura 1992: 112s.). Neuere Forschungen legen in diesem Zusammenhang die Vermutung nahe, dass es sich – im Gegensatz zum rein biologischen Determinismus, der weibliche und männliche Geschlechtsmerkmale strikt trennt – um fließende Grenzen zwischen den Merkmalen handelt (die sich auch im geschlechtstypischen Verhalten und damit gleichermaßen im Sprachverhalten finden).[97]

Durch Untersuchungen von Menschen, bei denen eine spezifische Gehirnregion beschädigt ist, wurde es möglich, Unterschiede zwischen männlichen und weiblichen Gehirnen aufzuzeigen (vgl. auch Aebischer 1985: 30ss.). Damit der Mensch Sprache lernen kann, muss die Sprachfähigkeit (*faculté de langage*) dem Menschen als neurobiologische Disposition angeboren sein (Lenneberg 1972). Die rechte Hemisphäre, die zuständig ist für räumliches Denken und visuelles Perzipieren, ist bei Männern stärker entwickelt (Sullerot 1978). Damit zusammenhängend könnten beobachtete höhere visuell-räumliche kognitive Leistungen bei Jungen, wie etwa geographische Orientierungen, etc., erklärt werden. Demgegenüber ist die linke Hemisphäre des Gehirns, in denen die Sprachfunktionen angelegt sind, bei Mädchen sehr viel früher und stärker ausgebildet als bei Jungen.[98] Dies könnte begründen, warum Sprachstörungen wie Dyslexien bei Jungen bedeutend häufiger (4:1) auftreten als bei Mädchen und warum der Spracherwerb bei diesen sehr viel rascher vonstatten geht als bei Jungen (Buxó Rey 1978: 30, Kimura 1992: 111).

Die genetische Verankerung von Charakter, Persönlichkeit, psychischer Grundstruktur und damit zusammenhängenden Verhaltensweisen wird von der Verhaltensgenetik erforscht und lässt sich besonders eindrücklich an empirischen Untersuchungen bei Zwillingen, die sehr früh getrennt wurden, belegen.[99] Da sie völlig verschiedenen Umwelteinflüssen und Kulturen ausgesetzt waren, müssen – so die These – koinzidierende Charakter- und Verhaltensweisen genetischer Natur sein. Leider widmet sich die Zwillingsforschung kaum

---

nen die Forscher auch bei Menschen (Jurtschitsch/Hömberg 1992: 102-104). Dies würde übertragen auf unsere Fragestellung bedeuten, dass die Rolle von Hormonen und die genetische Steuerung zwar maßgebend für Geschlechtsunterschiede sind, diese aber durch Umwelteinflüsse veränderbar sind. Männlichkeit ist genetisch und hormonell von Natur aus charakterisiert durch mehr Aggressivität und Dominanz als Weiblichkeit; bei Manipulation der Bedingungen findet eine Umkehrung dieser geschlechtsspezifischen Eigenschaften statt.

[97] Cf. Jeßner (1991: 61ss.), Frank (1992: 65) und die dort diskutierte Literatur.

[98] Cf. Kimura (1967: 163-178), Knox/Kimura (1970: 227).

[99] Das größte Projekt dieser Art dürfte wohl die Zwillingsdatenbank in Minneapolis sein.

geschlechtsspezifischen Verhaltensfragen. Man könnte annehmen, dass auch diese genetisch verankert und im Sinne einer Adaptation an Umwelteinflüsse soziobiologisch begründet sind.

Gene muss man sich als leere Gehäuse vorstellen, die elektronenmikroskopisch nachweisbar sind. Bestimmte Erfahrungsmuster der Umgebung und der Lebenswelt werden als Programme einkodiert, vergleichbar mit dem Chip eines Computers. Diese wiederum beeinflussen die angeborenen Hirnstrukturen, etc. Die sozialen, kulturellen und ökonomischen Rollen innerhalb einer Gesellschaft wirken damit prägend. Dementsprechend wird die hormonell bedingte höhere Aggressivität bei Männern und ihre genetisch bedingte höher entwickelte visuell-räumliche Fähigkeit in Zusammenhang gebracht mit spezifischen Aufgaben in der Gesellschaft. Sie waren als adaptive Strategien dienlich für wichtige Bereiche des menschlichen Überlebens: für die Jagd als Ernährungsgrundlage und für den Krieg zum Schutz der Gruppe (Buxó Rey 1978: 32ss., Kimura 1992: 112s.).[100] Die weibliche Rollenzuweisung bestand in der Pflege des Hauses und der Aufzucht und Sozialisation der Kinder. Hier nun spielt die Sprache bzw. der Spracherwerb eine entscheidende Rolle, denn für die kindliche Sprachsozialisation ist die Frau vor allem zuständig. Die höher entwickelte linke Hemisphäre bei Frauen, die für die Kommunikation und Sozialisation zuständig ist, ist damit Ergebnis adaptiver und evolutiver Prozesse.

Die genetische Evolution zieht sich über einen sehr langen Zeitraum und hinkt damit der kulturellen Evolution beträchtlich nach. Dies würde bedeuten, dass sozial und kulturell geänderte Umweltkonzepte in Bezug auf die Stellung der Frau nur sehr langsam und retardierend Auswirkungen auf die Adaptation der genetischen Struktur haben. Das soziobiologisch begründete Minderwertigkeitsgefühl bei Frauen und der Überlegenheitsanspruch bei Männern tradieren sich genetisch auch bei Gesellschaften, die die äußeren Bedingungen solcher Diskriminierungen längst überwunden haben. Die geschlechtsspezifischen Einstellungen sind latent immer noch vorhanden, selbst wenn man sich als aufgeklärter, emanzipierter Mensch bewusst von ihnen absetzt und gegen die dadurch übermittelten, gesellschaftlich verankerten Stereotypen kämpft, die diese tradierten Einstellungen zugleich stützen (vgl. das folgende Modell).

Es ist allerdings einschränkend festzuhalten, dass die diesbezügliche Forschung noch in den Kinderschuhen steckt und man von einem allgemeinen Konsens noch weit entfernt ist. So entlarven einige neuere Studien die sprachliche Überlegenheit von Mädchen und die mathematisch-visuelle von Jungen als Mythos oder als kulturspezifische Reflexe. Man nimmt an, dass das Hormongeschlecht des Menschen viel zu heterogen ist, um von einer binären Opposition männlich/weiblich auszugehen, die biologisch nicht begründbar, sondern eine kulturelle Setzung sei.[101] Diese widersprüchlichen Ergebnisse liegen sicher nicht zuletzt auch an der jeweiligen Methoden-, Theorie- und Perspektivenabhängigkeit. Verhalten wird immer im sozialen Kontext gemessen und es stellt sich die Frage, was ist Norm, was ist Abweichung? Fahndet man durch die „Stereotypen-Brille" nach genetischen Unter-

---

[100] Vgl. allerdings die Diskussion der kritischen Ansätze zu dieser evolutionistischen Erklärung in Jeßner (1991: 78ss.).

[101] Vgl. Jeßner (1991: 61-70).

schieden, wird man sie finden. Ferner stellt sich die Frage nach der Repräsentanz der jeweiligen Probanden und der jeweiligen Untersuchungssituation. Darüber hinaus muss man sich die immer wieder gestellte Frage nach der Übertragbarkeit von Tierversuchen auf den Menschen gefallen lassen.

Obgleich nun die Interaktion von genetischen Kräften, Umweltfaktoren und Verhalten in der Entwicklung von Geschlechtsunterschieden in der Forschung verstärkt herausgestellt wird (zuletzt durch Wilson 1998), bleibt für unsere Thematik eine ganz entscheidende Frage offen: Es ist noch nicht erklärt, warum die spezifisch weiblichen Fähigkeiten als minderwertiger beurteilt werden. Oder: warum das Reden von Frauen, die „von Natur" aus über bessere Sprachfähigkeiten verfügen, als zweitrangig, irrelevant und geschwätzig gewertet wird.

Humangenetische Forschungen zeigen, dass es eine geschlechtsbezogene Relation von zerebralen Pathologien, wie Epilepsie und Oligophrenie (Schwachsinn) gibt: männliche Personen erkranken bedeutend häufiger als weibliche (Buxó Rey 1978: 230). Der englische Genetiker Penrose beobachtete schon 1938, dass geistige Behinderungen zu etwa einem Fünftel mehr bei Männern als bei Frauen vertreten waren. Seine Befunde wurden aber aufgrund des allgemein vorherrschenden Weltbildes, wonach Männer nicht nur immer stärker, sondern auch klüger zu sein hatten als Frauen, nicht rezipiert. Erst 1965 griff man in den USA dieses Thema wieder auf und in einer groß angelegten Studie an 80 000 Menschen in Minnesota ergab sich sogar ein fünfzigprozentiger Überschuss von männlichen Schwachsinnigen (Zankl 1992: 104). Es handelt sich hier um ein sehr schönes Beispiel der von den Feministinnen entlarvten „männlichen" Wissenschaften: Wissenschaftliche Ergebnisse werden verschwiegen, weil sie nicht in das androgene Weltbild passen.

Eins wird deutlich: mit der angeborenen sprachlichen Kompetenz ist noch nicht alles erklärt. Denn die Ausbildung unterschiedlichen Sprachverhaltens ist auch als Adaptationsprozess während der Evolutionsgeschichte anzusehen, und zwar in der genetischen Verankerung. Die biologische Evolution ist – halten wir fest – ein dialektischer Interaktionsprozess zwischen zerebraler und kultureller Struktur. Das heißt, dass aus soziokulturellen Veränderungen biologische Konsequenzen resultieren und dass es Rückwirkungen von der biologischen Veränderung auf die soziokulturelle Ebene gibt. Wenn wir also davon ausgehen, dass die Evolution die Transformation der selbstregulierenden menschlichen Systeme im Sinne einer Maximierung der Effizienz innerhalb bestimmter kultureller Umgebungen impliziert („unterschiedlicher Selektionsdruck"), wird deutlich, dass die angeblich höhere Sprachkapazität von Mädchen der Ausdruck einer spezifischen Adaptation an umweltliche Bedingungen und Bedürfnisse darstellt.

Zusammenfassend kann festgehalten werden: Das hier vorgestellte soziobiologische Modell geht nur teilweise von angeborenen Dispositionen aus, die durch Rückkoppelungen mit Erfahrungsmustern der Umwelt ständig modifiziert werden. Rollenverteilung und Sozialisation spielen auch bei der humangenetischen Erklärung eine entscheidende Rolle. Wenn wir dies akzeptieren, so muss die Überlegung erlaubt sein, dass durch eine (zum Teil schon stattgefundene) Veränderung der soziokulturellen und ideologischen Bedingungen auch eine Veränderung der biokognitiven, genetischen Strukturen möglich ist, und damit der „epigenetischen" Regeln (Wilson 1998), als ererbte, auf den Genen basierenden Regel-mäßigkeiten geistiger Entwicklung, die Verhaltensweisen, so auch geschlechtsspezifisches, steuern.

4. Das kognitive Wahrnehmungsmodell

Dieses Erklärungsmodell basiert auf der Annahme, dass die Geschlechterhierarchie zu einem nicht unwesentlichen Teil „in den Köpfen" anzusiedeln ist und das Verhalten von Männern und Frauen darum als unterschiedlich angenommen wird, nicht weil es den Ob-jekten als Realität entspricht, sondern weil unsere Bewertungsgrundlagen den Stereotypen entsprechen. Damit setzt dieses Modell die Geschlechtsrollenstereotypen als nicht hinter-fragte, auf Vorurteilen des Alltagswissens basierende Merkmalszuschreibungen für beide Geschlechter voraus, unabhängig davon, ob sie eine geistesgeschichtliche Grundlage in unseren Kulturen haben (cf. Modell 1), ob sie sozial erworben sind (cf. Modell 2) oder ob sie soziobiologische Ursachen haben (cf. Modell 3).

Immer wieder ist auch in den vorherigen Modellen die Möglichkeit zumindest nicht ausgeschlossen worden, dass manche Ergebnisse (selbst empirisch-naturwissenschaftliche), die Unterschiede im männlichen oder weiblichen (Sprach-)Verhalten konstatieren, letztlich auf bestimmten Erwartungshaltungen beruhen. Man weiß, dass es sich beim Probanden um einen Mann handelt, also nimmt man auch die als typisch männlich angenommenen Merk-male (z.B. Aggressivität, besseres räumliches Denken) gezielt wahr. Das Bewusstsein einer solchen reduktionistischen und selektiven Wahrnehmung (Jeßner 1991: 84ss.) und seiner Auswirkung auf das Erkenntnisobjekt tritt gegenwärtig in den Wissenschaften vom Men-schen immer mehr in den Vordergrund, und zwar nicht nur, was die feministische Linguis-tik angeht. Die Erkenntnis ist als solche allerdings nicht neu. Es gehört mittlerweile (spätes-tens seit Popper) zum Standard der Wissenschaftstheorie, dass von einer „objektiven" Darstellung eines Gegenstandes nicht die Rede sein kann. Die Phänomene werden immer theorieabhängig beschrieben, geordnet und gedeutet.[102] Die Analysekriterien bzw. die „Theorieabhängigkeit" entspricht in unserem Fall der historisch gewachsenen Ge-schlechtsstereotypenerwartung als Beurteilungsgrundlage von menschlichem Verhalten.

Studien, die bestätigen, dass die stereotypen Vorstellungen und Bewertungen von ge-schlechtsspezifischem Verhalten häufig nicht mit der Realität übereinstimmen, sondern vielmehr Reflexe der Projizierungen von gesellschaftlich fest etablierten Konzepten von Männlichkeit und Weiblichkeit sind,[103] liegen vor allem aus der psychologischen Wahr-nehmungsforschung und der empirischen Sozialforschung vor.[104] In der Psychotherapie wird diskutiert, inwieweit der Therapeut unbewusst und unreflektiert Geschlechtsstereoty-pen in seine Gespräche einfließen lässt, die dann auch seine Bewertungsmaßstäbe von menschlichem Verhalten als „Störung", „Krankheit" oder sich noch im Normbereich befin-

---

[102] Cf. die Diskussion in Kanngießer (1976: 114s.), Braselmann (1991: 10s.).
[103] Cf. die Literatur in Hellinger (1990a: 44ss.).
[104] Cf. hier vor allem die Diskussion in Frank (1992: 61ss., 90s.) und Bußmann (1995: 142ss.).

dend bilden. Je nach Konzept wird dann z.B. das passive Verhalten einer Frau als „normal" hingenommen, oder es kann als Ergebnis innerer Hemmungen und damit als Störung gedeutet werden.

Eine solche Konditionierung der Erkenntnis durch den Blickwinkel, die Erwartungshaltung und die herrschenden Normen stellt natürlich wissenschaftliche Objektivität prinzipiell in Frage und hat dementsprechend auch nicht zu unterschätzende Folgen für die feministische Linguistik. Auf eine Kurzformel gebracht: Männer und Frauen verhalten und sprechen nicht unterschiedlich, sondern ihr Sprechen und Verhalten wird als unterschiedlich perzipiert. Damit wäre das Problem „Frauensprache" allerdings definitiv aus dem rein linguistischen Fragebereich verwiesen – eine Annahme, die Aebischer (1979) schon recht früh formuliert. Aebischer vermutet (1979: 87), dass Beschreibungen, die man von der vermeintlichen Frauensprache als Objekt zu geben glaubt, letztlich nichts anderes sind als Beschreibungen derjenigen Vorstellungen, die der beschreibende Beobachter von dem Objekt hat. Die Autorin macht ihre Überlegungen fest an empirischen Untersuchungen zum *bavardage*-Phänomen, dem „typisch weiblichen Plappern" als Teil des spezifisch weiblichen Kommunikationsverhaltens. Sie zeigt, dass identische Aussagen von Mann und Frau nicht gleich wahrgenommen werden. Der Beobachter sucht ab dem Augenblick, in dem er weiß, dass eine Frau spricht, nach den „confirmations de la représentation qu'il a de ce qu'une femme dit" (Aebischer 1985: 54). In einer Studie von Kramer (1974) wird bewiesen, dass auch Frauen bei der Bewertung weiblichen Gesprächsverhaltens nach diesen Stereotypen suchen. Dies würde bedeuten, dass *bavardage* ein Konstrukt des außenstehenden Beobachters ist: Sobald eine Frau spricht, wird ihre Aussage als die einer Frau bewertet, ohne dass dabei Aussage und Stereotyp in irgendeiner Weise korrelieren müssen. Die „rassistische" Haltung des Beobachters besteht darin, dass er nach der Differenzierung Mann/Frau Charakteristika wie „être bavarde" selektiert und anschließend auf die Gesamtheit aller Frauen bezieht: „L'attitude rassiste de l'observateur consiste alors ... à doter la femme *observée* de tous les attributs propres à la femme *représentée*" (Aebischer 1992: 203). Auch Trömel-Plötz bemerkt 1979, „dass bei gleichem sprachlichen Verhalten die Beurteilung negativer ist, wenn das Verhalten Frauen zugeschrieben wird" (1979: 5).[105]

Grundlage der menschlichen Wahrnehmung sind bestimmte „Geschlechtsschemata", die stereotypenähnlich einen kognitiven Rahmen bilden, in dem Wahrnehmungen und Informationen organisiert und verarbeitet werden. Diese Schemata von Geschlechterrollen bestimmen schon von vornherein die Art, wie Verhalten interpretiert wird. Es kommt zu einer selektiven Wahrnehmung, bei der die Sprache einen wesentlichen Anteil hat (Jeßner 1991: 84ss.). So wird z.B. die Tonhöhe oft als deutlichster Unterschied zwischen weiblicher und männlicher Sprache angegeben; dies beruht darauf, dass weibliche Stimmbänder in der Regel kürzer, leichter und dehnbarer sind. Die Tonhöhe, die also physisch begründet ist, wird als stereotypisiertes Attribut von Weiblichkeit interpretiert, das mit eher negativen Eigenschaften (z.B. Schüchternheit) belegt ist. Die breite Masse der Bevölkerung verbindet ernste Themen, wie z.B. Nachrichten, nicht mit einer hohen Stimme.

---

[105] Vgl. auch Yaguello (1979: 57).

Zahlreiche feministische Arbeiten warten mit Unterschieden auf, die sie aufgrund der sterotypen Einschätzungen selbst miteinbringen („self-fulfilling-prophecy"). Ein solcher unausgewiesener Umgang mit Stereotypen findet sich bereits bei Lakoff und prägte viele weitere Forschungen. Folgeuntersuchungen konnten demgegenüber zeigen, dass die bei Frauen beobachtete häufige Verwendung von *tag questions* und *hedges* nicht Phänomene eines „weiblichen Registers" und damit an das weibliche Geschlecht *per se* zu koppeln sind, wie angenommen wurde, sondern dass diese Ausdrucksformen eher mit einer gesellschaftlichen Position der Machtlosigkeit korreliert werden müssen: „Diese Strukturen traten nicht deshalb bei Frauen so häufig auf, weil es sich um Frauen handelte, sondern weil sich die Mehrzahl der Frauen in untergeordneten machtlosen Positionen befindet. Männer von vergleichbarem gesellschaftlichem Status bedienen sich ebenfalls dieser Wendungen. Die Fixiertheit auf das weibliche Rollenstereotyp verstellte jedoch diese Sichtweise" (Postl 1991: 38).

Gegenwärtig scheint dieses Modell (wenn auch unter anderer Bezeichnung) immer mehr in den Vordergrund zu treten und man ist sich, obwohl (oder weil?) es die traditionelle feministische Stoßrichtung relativiert, doch zunehmend darüber bewusst, dass die Rollenstereotypen als Wahrnehmungs- und Bewertungsgrundlage durchaus nicht nur aus männlicher, sondern ebenso (wenn nicht noch verstärkt) aus weiblicher Sicht angewendet werden. Frauen tragen demnach oft als „Mittäter/innen" durch ihr Verhalten zur Aufrechterhaltung des ungleichen Geschlechterverhältnisses und zur Benachteiligung der Frau aktiv bei (Frank 1992: 10).

Es ist also anzunehmen, dass das Verhalten der Individuen nur in Verbindung mit Geschlechtszugehörigkeit wahrgenommen wird, so dass Wahrnehmungs- und Beurteilungsdifferenzen auch dann existieren, wenn es tatsächlich keine Unterschiede gibt. Es ist wichtig festzuhalten, dass bei Frauen *und* Männern Wahrnehmungsstrukturen für Fremd- wie auch Selbsteinschätzung existieren, die beinhalten, dass Frauen trotz weitgehender Chancengleichheit Männern unterlegen sind und wenn es auch nur „in unseren Köpfen" ist. Diese stereotypen Muster sind sehr resistent gegen Wandel. Eine Bewusstmachung scheint der erste Schritt zu einer möglichen Bewegung innerhalb dieser starren Denkmuster zu sein. Ein Wandel ist nicht von heute auf morgen zu erreichen. Dies hat nicht zuletzt seinen Grund darin, dass die Rollenklischees sich über Jahrtausende konsolidiert haben, wie unsere historische Diskussion zeigte. Besonders feministische Arbeiten wollen für diese Geschlechter-Asymmetrie sensibilisieren. Gerade sie müssen sich hüten, indirekt und ungewollt diese Dichotomien und Rollenstereotypen zu zementieren, was sich als äußerst kontraproduktiv erweist. Es ist ein *circulus vitiosus*, als Ausgangpunkt anzunehmen, Frauen verhalten sich anders als Männer, dann empirisch zwei Gruppen (männlich/weiblich) anzusetzen (ohne die viel wichtigeren Faktoren wie Beruf, soziale Stellung, Status im Gespräch, etc. zu berücksichtigen) und bestimmte, subjektiv angenommene, von Lakoff tradierte, sprachliche Einzelmerkmale zu zählen, und bei Unterschieden die Ausgangsthese zu „beweisen": Frauen verhalten sich anders als Männer. Darüber hinaus scheinen *de facto* die Unterschiede zwischen dem „typischen Mann" und der „typischen Frau" weitaus geringer zu sein als die Unterschiede innerhalb eines Geschlechts.

Kommen wir zum Schluss: Allen vier Modellen gemeinsam ist, dass sie letztlich von der Dichotomie „männlich/weiblich" in unterschiedlichen Ausprägungen ausgehen. Im Grunde ist auch die Aufwertung des Weiblichen Teil dieser binären Dichotomie und stabilisiert diese. Man muss sich die Frage stellen, ob durch die Annahme von zwei – durch welchen Ansatz (geistesgeschichtlich, sozial, soziobiologisch oder kognitiv) auch immer konditionierten – „Welten", durch die Opposition von männlich/weiblich nicht unbewusst Klischees perpetuiert werden. Dies betrifft auch die Auffassung von zwei geschlechtsspezifischen Sprachen, als vermutete Sprachen zweier Gruppen, die in sich durchaus nicht homogen sind.

Die empirischen Untersuchungen sind im Grunde sehr widersprüchlich. Fast für jede These kann man empirisch gewonnene Ergebnisse heranziehen. Es scheint so zu sein, dass selbst in den „harten" naturwissenschaftlich orientierten (nicht nur in den philologisch-linguistischen) Untersuchungen das Weltbild des Betrachters miteinfließt. Diese Erkenntnis – und dazu waren Ergebnisse anderer Wissenschaften notwendig – stützt die bereits oben angedeutete Annahme eines Paradigmenwechsels innerhalb des Feminismus. Wir befinden uns gegenwärtig in einer Phase, die man als „Postfeminismus" bezeichnen kann. Diese veränderte Einstellung schlägt sich auch in den feministischen Studien selbst nieder, und zwar z.B. in der Einsicht, dass der Faktor „Geschlecht" nur einer unter vielen ist. Der „Postfeminismus" besteht, ganz allgemein gesprochen, in einer Entpolitisierung: Das „Feindbild Mann" tritt zurück zugunsten einer Schimäre, eines gesellschaftlich sanktionierten Dualismus in den Köpfen der Geschlechter (besser: Menschen), der an der „Wurzel des Übels" liegt. Aufgrund dieses Dualismus perzipieren und beurteilen wir (noch?) die uns umgebende Welt.

1.4.2 Feministische Linguistik

Die feministische Linguistik entstand zu Beginn der 70er Jahre in den USA, ab ca. 1975 traten die ersten Publikationen zum Thema in Europa auf. Die große Anzahl von Schriften lässt sich im wesentlichen in zwei große Untersuchungsbereiche einteilen: 1. Aufdecken des Sexismus in der Sprache, die Frauen „totschweigt", immer nur „mitmeint". Hierher gehört der Bereich der feministischen Sprachplanung. Das Sprachsystem wird, so liest man übereinstimmend in feministischen Publikationen,[106] auf seine sexistischen Strukturen hin untersucht. 2. Anders die Zielrichtung des zweiten Bereiches: Hier werden konkrete Sprachverwendungen und Kommunikationssituationen analysiert, es wird also auf *parole*-Ebene gearbeitet, und Machtstrukturen in Gesprächen aufgezeigt.

Eine solche Zweiteilung liegt wohl auch folgenden beiden Sätzen zugrunde, die die einschlägige Literatur schon fast wie ein Topos durchzieht (z.B. Bierbach/Ellrich 1990: 248): 1. Wie behandelt die Sprache die Geschlechter? 2. Wie behandeln die Geschlechter die Sprache? Mit diesen Fragen sollen die beiden Richtungen der feministischen Linguistik umrissen werden. Abgesehen von der Griffigkeit der beiden Formulierungen bergen sie

---

[106] So z.B. bei Trömel-Plötz (1978: 51).

aber eine Gefahr in sich: Sprache wird ontologisch gefasst, als eine von den Geschlechtern und damit vom Menschen unabhängige Seinsform (vgl. auch Gauger 1986). Zwei voneinander unabhängige Entitäten „behandeln" sich gegenseitig, beide treten jeweils als Subjekt bzw. erleidendes Objekt auf, eine Auffassung, die ohne Frage als überwunden gelten darf.

Darüber hinaus spricht ein weiteres Argument gegen eine solche rigide Zweiteilung: ist es wirklich die Ebene des Sprachsystems mit seinen Strukturen, auf dem die feministische Linguistik operiert, wenn sie für feminine Berufs- und Personenbezeichnungen optiert? Natürlich werden die Möglichkeiten, die virtuell im Sprachsystem vorhanden sind, geortet und aktualisiert. Gerade diese Aktualisierung verweist aber das Problem auf die Ebene der *parole* bzw. auf die der Norm. Wenn man ferner die gegenseitige Bedingtheit von Sprache und Gesellschaft im Auge hat und zugesteht, dass eine Sprache nicht „von alleine" entsteht, sondern dass sich ihre Strukturen und Normen durch die sprachlichen Interaktionen im Rahmen einer Sprachgemeinschaft bilden und sich mit den gesellschaftlichen Normen, wenn auch retardierend, ständig verändern (bzw. diese auch stabilisieren), dann sieht man leicht, dass zumindest hinsichtlich dieses Aspektes die beiden Fragestellungen der feministischen Linguistik gar nicht so weit voneinander entfernt sind. Es sollte also überlegt werden, ob man einen so großen Unterschied zwischen beiden Bereichen machen sollte.

Beide Forschungsrichtungen untersuchen Asymmetrien zwischen den Geschlechtern in Bezug auf die Sprache, d.h. Ungleichheiten, die in der Regel zugunsten des männlichen Geschlechts ausfallen und zur Benachteiligung der Frauen beitragen. *Gewalt durch Sprache* lautet der kämpferische Titel eines Buches von Trömel-Plötz (1984a). „Vergewaltigt" wird die Frau danach in gemischtgeschlechtlichen Gesprächen ebenso wie durch die Verwendung einer männlich geprägten Sprache. Sexistisch wird eine Sprache genannt, in der Frauen verschwiegen, verniedlicht oder abgewertet werden. Sie werden nur „mitgemeint", man muss etwa eine Endung hinzufügen, wenn sie expliziert werden sollen.[107] Das Männliche ist die Norm, das Weibliche die Abweichung. Dies lässt sich vor allem an den Asymmetrien Genus/Sexus und den Berufs- und Personenbezeichnungen, aber auch in den „ungerechten" grammatischen Konkordanzen, im Lexikon und in der Phraseologie nachweisen. Damit ist aber noch nicht geklärt, ob „die Sprache" als System sexistisch ist oder nur ihre Benutzer oder aber auch nur das Sprachbewusstsein, das auf stereotypen Assoziationen und verzerrten Wahrnehmungsmustern beider Geschlechter beruht. Die männlich geprägten Sprachstrukturen vermitteln, etwa schon im kindlichen Spracherwerb, bestimmte gesellschaftliche Normen und Bewertungen und tragen (neben anderen nicht-sprachlichen Faktoren) zur kognitiven Grundlage des hierarchischen Geschlechterverhältnisses bei, das sich, wie wir sahen, über Jahrtausende konsolidiert hat und erst gegenwärtig im Aufbruch begriffen ist. Strukturelle sprachliche Asymmetrien (Frank 1992: 11ss. spricht hier von „Gewalt") können personalisiert werden, indem der Benutzer sie verwendet („personale Gewalt").

---

[107] Dies betrifft interessanterweise auch die Kunstsprachen, wie z.B. das Esperanto, das weibliche Formen ebenfalls von den männlichen Formen ableitet, und zwar durch das Suffix *-in*: *patro* (Vater), *patrino* (Mutter). Offensichtlich folgt der Begründer des Esperanto, Ludwig Zamenhof (1859-1917), hier europäischen Vorbildern. (Diesen Hinweis verdanke ich Detlev Blanke, Berlin).

Den Hintergrund bilden die stereotypen Denkmuster, die diese Hierarchie legitimieren, und die Muster, mit denen die Geschlechter stereotyp wahrgenommen werden („ethologische Gewalt", Frank 1992: 80). Die Wahrnehmung ist es dann auch, die beide Forschungsrichtungen, so unterschiedlich sie von ihrem Gegenstand her auch sein mögen, wieder zusammenführt.

Der Zweig der feministischen Linguistik, der die Verwendung einer sexistischen Sprache aufdeckt, ist der medienwirksamste und populärste und schlägt sich in der gesteuerten Sprachplanung, so etwa in den ministeriellen Richtlinien zur Vermeidung sexistischen Sprachgebrauchs, nieder, die heftig in den Medien diskutiert werden. Abgesehen von der Breitenwirksamkeit ist dies auch die Fragestellung, zu der die meisten Studien vorliegen. Während sie in der englisch/amerikanischen und deutschen Diskussion zugunsten von Untersuchungen zu Asymmetrien im konkreten Gesprächsverhalten eher in den Hintergrund getreten ist, ist sie in Frankreich noch präsent. Die „Sichtbarmachung" von Frauen in der Sprache besteht vor allem darin, sie nicht mehr unter der maskulinen Bezeichnung zu subsumieren („die Studenten"). Als Gegenmittel, stehen mindestens zwei Verfahren zur Verfügung: 1. Neutralisierung durch Verwendung eines nicht-geschlechtsmarkierenden Terms („die Studierenden", „die Studentenschaft"). 2. Splitting durch Nennung beider Geschlechter („die Studenten und die Studentinnen") in verschiedenen Varianten („der/die Student/in", im Deutschen auch: „die StudentInnen"). Die letzte Variante wird oft wegen ihrer Unökonomie kritisiert. Voraussetzung für die Beidbenennung ist die Geschlechtsspezifikation.

Die einzelnen Sprachen gestalten die Feminisierung von Berufs- und Personenbezeichnungen strukturell unterschiedlich aus.[108] Während im Deutschen vor allem das Suffix -in („Student/in") produktiv ist, stehen dem Französischen bedeutend mehr Formen zur Verfügung als etwa dem Spanischen, das vor allem über das Suffix -a operiert („trabajador/a").[109] Im Vergleich zu Spanien besteht in Frankreich deutlich weniger Bereitschaft, innovative Feminisierungen mit möglichem Systemverstoß zu bilden. Im Spanischen ist z.B. eine Form wie *la presidenta* zu *el presidente*, d.h. eine Feminisierung einer vom System her gesehen neutralen Form (ambiges Nomen), durchaus üblich, was in Frankreich kaum denkbar wäre. Diese konservativere Haltung kann in Verbindung gebracht werden mit der größeren sprachpflegerischen Kraft in Frankreich, die fest im Sprecherbewusstsein verankert ist.

Bevor wir nun auf die spezifische französische Situation eingehen wollen, sei noch auf die Ergebnisse der (nicht-feministischen) empirischen Untersuchung von Scheele/Gauler (1993) hingewiesen. Die beiden Sozialpsychologinnen bestätigen den für Frauen benachteiligenden Einfluss des männlichen grammatischen Genus auf die Kognition. Sie kommen zu dem Ergebnis, dass nur das Splitting, die Beidbenennung, wirksam sei. Die genus-neutrale Variante aktiviere dagegen das Vorwissen und die Stereotypen in ähnlicher Weise wie

---

[108] Man vergleiche z.B. die Geschlechtsdifferenzierung im Arabischen *anti* m., *anta* f. gegenüber der Situation in den europäischen Sprachen, wie etwa französisch *tu* oder deutsch *du* (m. + f.).

[109] Zu den produktiven Feminisierungsverfahren im Spanischen und Französischen, cf. die Tabellen in Braselmann (1997a: 452s.).

das „generische" Maskulinum. Sie folgern daraus, dass die „Heilungsversuche" der feministischen Linguistik nur begrenzt wirksam seien.

1.4.3 Feministische Sprachkritik

Die feministische Sprachpolitik ist im Gegensatz zur traditionellen Sprachpflege ein übernationales Problem. Die Kommission der EG überträgt 1985 dem Übersetzerdienst die Aufgabe, eine *Analyse systématique des ambigüités terminologiques pouvant exister dans les différentes langues de la Communauté* zu erstellen, die terminologische Zweideutigkeiten innerhalb der damals sieben EG-Sprachen aufdecken und die Verwendung von femininen Bezeichnungen analysieren soll.[110] Die Untersuchung des Sprachgebrauchs in den einzelnen Ländern ergibt, dass der Gebrauch schwankt und von Land zu Land variiert. Innerhalb der einzelnen Sprachen werden zwei Tendenzen ausgemacht. Die eine besteht in der Generalisierung der Sexus-Opposition, d.h. in der Maskulinisierung und Feminisierung: weibliche Bezeichnungen werden für einen bislang von Männern dominierten Beruf eingeführt, und umgekehrt. Die andere tendiert zur Unterdrückung oder Neutralisierung der Sexusmarkierung und damit zur Verwendung geschlechtneutraler Ausdrücke. 1986 folgt eine Liste mit Vorschlägen von Feminisierungen von 78 Berufen, der aber in Frankreich skeptisch begegnet wird. Erwartungsgemäß favorisiert die französische Akademie die Verwendung der maskulinen Form als generische Bezeichnung (so wie es immer schon war), wogegen Quebec die feminisierten Formen vorzieht. In Europa scheint das Verfahren der Generalisierung für Prestige-Berufe zu dominieren (obgleich, wie empirische Untersuchungen zeigen, varietätenspezifische Unterschiede bestehen).[111] In der Folge ergeht – in Anwendung der Resolutionen der europäischen Ministerkonferenzen von Straßburg (4.3.1986) und Wien (4.-5.7.1989) – eine Empfehlung an die Mitgliedstaaten der Europäischen Gemeinschaften zum nicht-sexistischen Sprachgebrauch bei Berufs- und Amtsbezeichnungen:

> Le Comité des Ministres ... recommande aux gouvernements des Etats membres de promouvoir l'utilisation d'un langage reflétant le principe de l'égalité de la femme et de l'homme, et, à cette fin, de prendre toute mesure qu'ils jugent utile en vue ... de mettre la terminologie employée dans les textes juridiques, l'administration publique et l'éducation ... d'encourager l'utilisation d'un langage exempt de sexisme dans les médias.[112]

---

[110] Cf. Goffin (1989:7ss.).

[111] Zu Frankreich, cf. etwa Boel (1976): In Berufen auf der Ebene der Verwaltung und Politik wird das generische Maskulinum bevorzugt, auf der Ebene der Wirtschaft und Industrie dagegen auch schon verstärkt die feminisierten Formen. Prinzipiell dominiert aber das Maskulinum bei hochdotierten und hochangesehenen Berufen. Ein weiteres Ergebnis ist, dass in der gesprochenen Sprache leichter feminisiert wird als in der geschriebenen. Gleiches gilt für die Umgangssprache und die offizielle Sprache. Wenn man davon ausgeht, dass die gesprochene Sprache oft Sprachwandel einleitet, so sind interessante Perspektiven zu erwarten. – Zur Situation in Europa allgemein, cf. Maas-Chaveau (1989: 163s.).

[112] Conseil de l'Europe (1990). – Die UNESCO publiziert 1988 einen entsprechenden offiziellen Text, der nicht nur die Berufsbezeichnungen, sondern auch äußerst differenziert die Sprachverwendung in verschiedenen Sprechsituationen beschreibt und vorschlägt.

In Frankreich ruft die Frauenrechtsministerin Yvette Roudy 1984 eine entsprechende Terminologiekommission ins Leben. Unter der Leitung von Benoîte Groult soll eine Empfehlung erarbeitet werden, in dem die Einführung weiblicher Berufsbezeichnungen verpflichtend festgelegt wird, um somit die französische Sprache den gesellschaftlichen Veränderungen bezüglich der Stellung der Frau in der Berufswelt anzupassen.[113] In Kanada setzt dieser Prozess früher ein, was mit dem bilingualen Kontakt zum Englischen zu erklären ist: In der Anglophonie Kanadas existiert seit 1977 ein entsprechendes *Manual* (*Manual of Sex-Free Occupational Titles*). In diesem *Manual* wird bereits von einer entsprechenden kanadischen Studie für das Französische gesprochen, die aber definitiv erst 1985 unter dem Titel *La féminisation des titres de profession* erscheint.[114] Das englische Modell ist nicht auf das Französische übertragbar.[115] Als genusfreie Sprache tendiert das Englische bei den Berufsbezeichnungen zur Verwendung einer generischen Form zur Bezeichnung beider Geschlechter. Das Französische dagegen drückt das Genus vielfältig aus: über den *accord* bezüglich Artikel, Adjektiv, Pronomen und Verb. Darüber hinaus besitzt das Französische Derivationsmodelle zur Bildung des Femininums. Alles in allem zeugt dies von einer deutlich zentraleren Stellung der Genusspezifikation im französischen Sprachsystem und im Sprachbewusstsein seiner Sprecher als dies im Englischen der Fall ist. Obgleich die *Académie Canadienne Française* stark an Paris orientiert ist – Charles de Gaulle mischte sich ganz offen in die kanadische Sprachpolitik ein –,[116] kommt es doch zu einer eigenen Entwicklung, wie wir sehen werden. Für die Frankophonie in Belgien wird bereits am 1.3.1989 ein Vorschlag für einen entsprechenden *Décret* deponiert, der auf einer Empfehlung des Europarates basiert und am 1.1.1994 in Kraft tritt.[117] Im gleichen Jahr erscheint der „Guide de féminisation": *Mettre au féminin* in Brüssel. Die Schweiz, bzw. Genf, formuliert einen diesbezüglichen *réglement* 1988, 1991 erscheint der *Dictionnaire féminin-masculin*, herausgegeben von Thérèse Moreau. Wie Gladischefski/Lieber (1998: 277ss.) zeigen, lehnen sich die belgischen und schweizerischen Empfehlungen eng an die kanadischen an.

Der übernationale Charakter der feministischen Sprachpolitik scheint also uneingeschränkt gegeben. Anders die Situation der Sprachpflege mit ihrem Anglizismus-Verbot: Natürlich gibt es auch in anderen Ländern Stimmen, eine terminologische Überfremdung zu verhindern. In keinem anderen Land als in Frankreich ist es aber zu solchen Gesetzen gekommen, die ja durchaus positiv von seinen Sprachbenutzern aufgenommen wurden. Die Sprachpflege hatte in Frankreich – wie wir sahen – immer einen besonders hohen Stellenwert. Das Normbewusstsein, die Akademie, das Wörterbuch (vor allem der *Petit Larousse*) begleiten den Franzosen seit seiner Schulzeit; in keinem anderen Land erscheinen so re-

---

[113] Zu dieser Kommission und deren Akzeptanz, cf. unten, Kap. 2.3.1.

[114] Cf. Maas-Chauveau (1989: 157). – Allerdings gab es bereits 1979 und 1984 drei diesbezügliche öffentliche Verlautbarungen in der *Gazette officielle du Québec*, bedeutend früher also als in Frankreich (Schafroth 1992: 111s.).

[115] Zum Genus in den Sprachen der Welt (nominale Klassifikationssysteme, Prinzipien der Genuszuschreibung), cf. u.a. Bußmann (1995: 117ss.).

[116] Cf. Schmitt (1979a: 483).

[117] Cf. Moreau et al. (1991: 15).

gelmäßig Sprachglossen in den Zeitungen; nirgendwo gibt es ein solches Interesse und Bewusstsein für die eigene Sprache.[118] Der Boden für die Sprachgesetze war also gut aufbereitet. Durch die institutionelle Stärkung der retrospektiven, präskriptiven Norm wurde über Jahrhunderte jede Kreativität blockiert. Der Perfektionsanspruch, den es aufrechtzuerhalten galt, lähmte und bremste jegliche sprachliche Innovation – was letztlich auch leichter zum fremden Wort greifen ließ.

Im Grunde ist das Verfahren ähnlich: die Anglizismen-Gegner wollen noch nicht belegte französische Neologismen anstelle bekannter Lehnwörter zentralisieren, die Sexismus-Gegner wollen noch nicht belegte oder selten verwendete französische Feminisierungen anstelle französischer zentraler maskuliner generischer Formen zentripetalisieren. Insofern sind alle Kommissionen prinzipiell innovativ. Es stellt sich allerdings die Frage, ob es sich bei den feminisierten Berufsbezeichnungen wirklich um Neologismen handelt (cf. dazu unten, Kap. 2.3.1). In der Regel werden zentrale Ableitungsmuster von gängigen Lexemen vorgeschlagen, wogegen bei den Äquivalenten für die Anglizismen oft neue Lexeme und Lexemkombinationen eingeführt werden. Neologismen werden von offizieller Seite für Berufs- und Personenbezeichnungen ausschließlich dann gebildet, wenn es um Bezeichnungen für Männer geht: die Hebamme heißt im Französischen *sage-femme*. Seitdem auch Männer diesen traditionell typischen Frauenberuf ausüben, stellt sich die Notwendigkeit, diesen zu bezeichnen. Gemäß der Tradition könnte man *la sage-femme* eigentlich generisch behandeln und mit der weiblichen Bezeichnung, ebenso etwa wie im Deutschen *die Katze*, sowohl männlichen wie weiblichen Sexus abdecken. *Le sage-femme* zu verwenden, wie *la ministre*, d.h. den Sexus durch den entsprechenden Artikel auszudrücken, verbietet sich aus Konkordanz- und lexiesemantischen (*femme*) Gründen.[119] Was läge also näher, wie geschehen, die „männliche Hebamme" mittels einer Komposition *un homme sage-femme* (*homme* ist besonders schön, da es ja ‚Mensch' und nicht nur ‚Mann' bedeutet) oder mittels einer Derivation *un sage-homme* (wobei *homme* und *femme* als ersetzbare Affixe fungieren und das Produkt eine Komposition ist) zu bezeichnen. Die Akademie machte sich an die Arbeit und stellte ihr Äquivalent (aus griechischem Material) entgegen: *un maïeuticien!* Wir sehen: für einen Mann in typischen Frauenberufen werden neue Bezeichnungen und damit Neologismen eingeführt, für eine Frau in typischen Männerberufen gibt es *à la rigueur* eine Ableitung, und auch die nur zähneknirschend. Übrigens: Wie eine Umfrage ergab, kennen die Sprachbenutzer dieses Wort nicht (auch die Wörterbücher führen es nicht), verwechseln es mit *mailloticien* (der neugeborene Säugling ist *emmailloté*, das eine Ableitung von *maillot* darstellt).[120]

Durch eine neue außersprachliche Realität ergab sich das Bedürfnis, die „männliche Hebamme" zu bezeichnen. Dieses Bezeichnungsbedürfnis lag auch bei den Entlehnungen vor. Ich meine hier nicht die schon klassische Unterscheidung der Sprachpuristen zwischen Bedürfnis- und Luxuslehnwort. Das sogenannte Bedürfnislehnwort akzeptieren die Sprach-

---

[118] Cf. Christmann (1982).

[119] Vgl. aber: *Madame le ministre*, was geläufig ist, obwohl es den franz. Konkordanzregeln nicht entspricht.

[120] Cf. Houdebine-Gravaud (1989: 101s.).

puristen gerade noch: es handelt sich um Bezeichnungen, die mit dem Gegenstand eingeführt werden: *jeans, parmesan, salami.* Diese Argumentation greift natürlich nicht. Man
muss nicht entlehnen: Die aus Indien eingeführte runde rote Frucht wurde in vielen Sprachen mit der Bezeichnung *tomate* importiert, das ist richtig. Aber um ein Bedürfnislehnwort
handelt es sich trotzdem nicht, denken wir an die italienische Bezeichnung *pomodoro*
‚Goldäpfelchen'. Die sprachliche Kreativität verbietet Bezeichnungen wie „Bedürfnislehnwort", das ein ahistorischer Begriff ist. Ich meine das Bedürfnis in dem Sinne, dass es einen
Grund gegeben haben muss, so viele Angloamerikanismen ins Französische zu entlehnen.
Es geht ja nicht nur um neue Techniken, neue Krankheiten, etc., die mit ihren Bezeichnungen übernommen wurden. Die *réalités nouvelles,* die zu Übernahmen führen, beinhalten
auch veränderte Lebensformen, Ideologien und Konzepte sozialer und politischer Art.
Camping, caravaning, single sind Ausdrücke neuer Lebensformen, ebenso wie Berufstätig-
keiten von Frauen auch in Prestige-Berufen, für die die Bezeichnungen noch nicht in der
Sprache verankert sind. „Eine Sprache, die nicht in der Lage ist, die Weiblichkeit von heute
zu beschreiben ... und die nicht über die nötigen Begriffe verfügt, um die neuen Realitäten
zu bezeichnen, ist eine tote oder zumindest verstümmelte Sprache".[121] Dieser Gedanke –
sooft beschworen für die übrigen Terminologiekommissionen, und zwar als Legitimation
für den Ersatz von Anglizismen durch französische Mittel – trifft auch für die Arbeit und
Zielrichtung der Kommission zur Feminisierung von Personen- und Berufsbezeichnungen
zu, auch wenn man dies nicht wahr haben will, wie die Polemiken zu dieser Kommission
zeigen (cf. 2.3.1).

1.5 Rechtssprechung

Zum Schluss des Kapitels über die „Französische Sprachpolitik" wollen wir einen Blick auf
die Rechtssprechung, bzw. auf konkrete Strafverfolgungen bei Verstößen gegen das Gesetz
vom 4. August werfen. Zunächst gilt festzuhalten, dass bis zum September 1995 das alte
Gesetz angewendet wurde.[122] Man wollte den Unternehmen Zeit geben, ihre – meist englischen – Warennamen, Gebrauchsanleitungen, Werbetexte etc. zu überarbeiten.

Das Gesetz gilt für juristische Personen des öffentlichen Rechts (z.B. Beamte, Ministerien, Angestellte des öffentlichen Dienstes, öffentliche Körperschaften, wie z.B. Ärzte-
kammern, öffentliche Schulen, Sozialversicherungen), für Personen des privaten Rechts
(z.B. Vereine, Privatsender, Handelsgesellschaften, etc.), für juristische Personen des privaten Rechts mit öffentlichem Auftrag (z.B. staatlich subventionierte Projekte und Auf-
träge) und für natürliche Personen (Geschäftsleute, die verpflichtet sind, Waren „konsu-
mentenfreundlich" anzubieten; Arbeitgeber gegenüber Angestellten). Dies bedeutet, dass,

---

[121] Michèle Cotta (Leiterin der Obersten Kontrollkommission für die französischen Medien), zit. in:
Groult (1998: 255).
[122] Zu den angestrengten Prozessen und Verurteilungen nach dem Gesetz von 1975, cf. auch Meyer
(1998: Internet) und Haas (1991: 84ss.).

anders als ursprünglich geplant, einzelne Privatpersonen im Prinzip von diesem Gesetz nicht betroffen sind.

Die festgelegten Anwendungsbereiche sind: Präsentation von Gütern, Produkten und Dienstleistungen, Werbung, Aufschriften an öffentlichen Orten, Arbeitsrecht, Kolloquien, audiovisueller Bereich. Jedes Gesetz, so auch die beiden Sprachgesetze, „lebt" erst in der Anwendung.

Wie die Gesetzesanwendung und die bereits erfolgten Urteile zeigen, kommt es zu skurrilen Situationen: auf einer öffentlichen Straße darf ein Bistro-Betreiber nicht mit dem Schild *hamburger* werben, besonders dann nicht, wenn er seine Lokalität von öffentlicher Hand gemietet hat. Als Privatunternehmer darf er dies in seinem ihm gehörigen Bistro sehr wohl.

Oder: ein freischaffender Journalist darf weiter vom *airbag* sprechen – als Angestellter bei den öffentlich-rechtlichen Medien muss er dieses Sicherheitssystem *sac gonflable* nennen.

Nur kurz eine kleine Auslese von Urteilen nach dem Gesetz von 1975:

- Das Restaurationsunternehmen „France Quick" wird verurteilt wegen der Verwendung von *milkshake, giant, cheeseburger* u.a. bei seiner Werbung und auf den Kassenbons.
- Die Firma EVIAN wir zur Kasse gebeten wegen ihres Slogans „Fast drink des Alpes", das Konkurrenzunternehmen VITTEL wegen seines Produktes *Lemtea*.
- Die amerikanische Fluggesellschaft TWA wird belangt wegen ihrer Bordkarten, die nur auf Englisch abgefasst sind.

Das Verbot von Anglizismen im Werbebereich hat eine nicht erwartete Folge: ein verbotener Anglizismus hat natürlich einen gesteigerten Werbeeffekt, so dass die Firmen nicht selten dafür die Geldstrafe gerne in Kauf nehmen – und bisweilen auch mit den gesetzlichen Auflagen spielen:

Das Gesetz erlaubt Fremdsprachiges nur unter der Voraussetzung, dass es gleichzeitig eine französische Übersetzung erhält. Dies war auch Grundlage etwa der Übereinkunft von „Eurodisneyland" 1987 in Paris mit den Behörden. Dennoch wurde gegen ein Plakat gerichtlich vorgegangen, auf dem zu lesen war: „Sea, sex and sound", das auf den ersten Blick gesetzeskonform auch die Übersetzung: „Mer, sexe et son" aufwies. Mit Berufung auf Art. 4, Absatz 2 des Gesetzes „muss die französische Fassung ebenso leserlich, hörbar oder verständlich sein wie die Fassung in den anderen Sprachen". Das Plakat hatte eine Größe von 3x4 m., „Sea, sex and sound" prangte in großen Lettern – die französische Übersetzung allerdings konnte man, wie am 11. Januar 1996 gerichtlich entschieden wurde, nur mit der Lupe kleingedruckt in einer Ecke des Plakats entziffern.[123] Der Werbetreibende musste eine Strafe zahlen.

---

[123] T.P. de Paris, 11 Janvier 1996, décision n° 7 (cf. *Jurisprudence* 1/1997, p. 20).

Zur Anwendung des neuen Gesetzes, der *Loi Toubon* 1994, wurde im März 1995 ein entsprechender *Décret*[124] erlassen, woraufhin im Mai 1995 fünf Vereinigungen akkreditiert wurden:[125]

- DLF (*Défense de la langue française*), die bereits 1958 gegründet wurde
- AFAL (*Association francophone d'amitié et de liaison*), die 120 frankophone Vereinigungen integriert
- ALF (*Avenir de la langue française*), gegründet 1992 und beauftragt v.a. mit der Überwachung und Sensibilisierung der Jugendlichen
- AILF (*Association des informaticiens de langue française*)
- CILF (*Conseil international de la langue française*)

Zu deren Aufgaben gehört neben der Überwachung der Anwendung des Gesetzes auch seine internationale Verbreitung. Was die Sprachpflegeorganisation AGULF angeht, die ca. 15 Jahre sehr aktiv die Überwachung mitgestaltete, so scheinen deren Aktivitäten nach Aussagen der DLF gegenwärtig zu ruhen.[126] Jedes Jahr erscheint Mitte September ein *Rapport au parlement*, ein Jahresbericht, in dem Bilanz gezogen wird über die Anwendung des Gesetzes und damit auch über Sanktionen und Urteile bei Verstößen. Dieser Bericht ist über Internet abrufbar (http://www.culture.fr/culture/dglf/rapport).

Genaue statistische Angaben über angezeigte Tatbestände und erfolgte Urteile liegen nicht vor. Dies ist zum einen darin begründet, dass in der Regel in einer Anzeige mehrere Verfehlungen auftreten, zum anderen darin, dass sich die Gerichte über ganz Frankreich verteilen, die sich mit solchen Anzeigen befassen müssen. Es handelt sich also immer nur um Schätzzahlen. Diese werden in der vom CILF herausgegebenen Broschüre *Les brèves*, in den von der DGLF verfassten *Rapports au parlement* sowie in den Berichten und Synthesen der einzelnen Sprachpflegeorganisationen (z.B. *Jurisprudence*) zusammengestellt.

Nach diesen Quellen sind ab 1995 bis April 1996 4.500 Interventionen zu verzeichnen, die zu 760 Tatbestandsaufnahmen und 60 Verurteilungen führten. Die meisten Verstöße gab es gegen Art. 2 der *Loi Toubon*, der Warenbezeichnungen und Werbung betrifft. Die Strafen liegen zwischen 50 und 5.000 FF, für öffentliche Personen bis zu 25.000 FF. In der Regel werden englische Aufschriften moniert, in einem Fall allerdings auch die rein spanischen Etiketten von aus Spanien importiertem Olivenöl.

Bei diesen Entscheidungen wird zwischen dem Warenverkehr innerhalb der EU und mit Nicht-EU-Ländern differenziert. Ferner gelten folgende Spezifizierungen, die sich bei der Rechtssprechung ergeben haben:

---

[124] „Décret no. 95-240 du 3 mars 1995 pris pour l'application de la loi du 4 août 1994 relative à l'emploi de la langue française".

[125] Cf. *Les brèves* 6 (1996: 1-6).

[126] Laut eines Briefes von Marceau Déchamps (DLF) vom 14.8.1997: „Concernant l'AGULF, nous devons vous dire que cette association, qui fut très active il y a 10 ou 15 ans, est maintenant en sommeil".

- Einfuhr und Zwischenlagerung sind generell nicht vom Gesetz betroffen. Erst wenn die Produkte an den Endverbraucher gelangen, wird kontrolliert bzw. werden Strafen verhängt.
- Gegen die Verwendung von *cheeseburger, fishburger, giant* wird vorgegangen, wenn es sich um Produkte handelt, die nicht aus der EU importiert werden.
- „Typische", allgemeine Produkte fallen nicht unter das Gesetz, wie z.B. *aquavit, merguez, paëlla, vodka, brandy.*
- Dies gilt auch für *bigcheese, fishburger, milkshake,* die dem Kriterium des „Typischen" entsprechen, aber nur unter der Voraussetzung, dass es sich bei ihnen um Bezeichnungen von aus der EU importierten Waren handelt.
- „Übliche" Ausdrücke, für die es kein französisches Äquivalent gibt und die bereits in die Standardsprache übergegangen sind, werden ebenfalls nicht geahndet: *sandwich, blue jean, toast, beefsteak.*

Der letzte Punkt wird uns vor allem in Kap. 2 beschäftigen, denn es gibt durchaus offizielle Ersatzwörter, die zentrale und übliche Anglizismen ersetzen sollen.

Eine erste Bilanz der Kontrollen zeigt folgende Ergebnisse:

1. Was den Bereich der „Information des Konsumenten" in Gebrauchsanweisungen und Packungsbeschriftungen angeht, so sind in den Branchen Kosmetik, Körperpflege, Informatik, Elektrogeräte, Spiele und Spielzeug, Schuhe und Möbel massive Verstöße immer noch feststellbar. Händler sind berechtigt, Produkte an den Hersteller zurückzuschicken, wenn ihre Waren nicht dem Gesetz entsprechen.
2. Im Bereich Wissenschaft, Wirtschaft und Technik werden mit finanzieller Unterstützung des Kultusministeriums Dolmetscherdienste gewährleistet, um internationalen Begegnungen kein sprachliches Hindernis in den Weg zu stellen, da ja die Kongresssprache Französisch sein muss.
3. Im öffentlichen Dienst werden im Prinzip französische Ersatzwörter benutzt, Schwierigkeiten ergeben sich verstärkt im Informatikbereich und im Bereich der internationalen Beziehungen.
4. Für den audiovisuellen Sektor sind bisher keine Verstöße zu verzeichnen, die verordneten Quoten, gegenwärtig 70%, für französische Musik in den Radiosendern steigen sogar.

Anzeigen gegen Übertretungen des Gesetzes kommen auch von den Verbrauchern und Sprechern, die dazu aufgefordert werden. Im *Rapport au parlement* von 1996 sind diese folgendermaßen zusammengestellt:

Objet de la plainte	1994-1995	1995-1996
Étiquetage, mode d'emploi et présentation du produit, du bien ou du service (hors logiciels) rédigés uniquement en langue étrangère	70 %	51 %
Mode d'emploi ou présentation des logiciels rédigés uniquement en langue étrangère	20 %	26 %
Publicités (affiches, presse, dépliants, etc.) rédigées uniquement en langue étrangère, ou dont la version française n'est pas aussi lisible, audible ou intelligible que la version étrangère	10 %	23 %

Aus dieser Tabelle geht hervor, dass die sprachbeobachtende Bevölkerung mit der Berücksichtigung des Gesetzes im Bereich Warenpräsentation 1995/1996 deutlich zufriedener ist, als dies in den Jahren 1994/95 der Fall war (nur noch 51% gegenüber 70% Anzeigen). Dies gilt nicht für die Informatik und die Werbung, bei denen sich die Anzahl der Klagen deutlich erhöht bzw. mehr als verdoppelt hat (26% gegenüber 20%, bzw. 23% gegenüber 10%). Wir sehen: das Sensibilisierungs-Programm der Regierung greift deutlich.

Neben diesen die interne Verbreitung des Französischen betreffenden Erfolgen sind auch solche auf internationaler Ebene zu verzeichnen. Nach Interventionen der Autoritäten Frankreichs, hier besonders des Sport- und Kultusministeriums im Vorfeld der Olympischen Spiele in Atlanta, konnte nach dem Bericht von Yves Berger erreicht werden, dass Französisch zumindest bei den mündlichen Ansagen zu 100% neben Englisch vertreten war, was nicht in gleichem Maße auf die schriftlichen Plakatierungen zutraf.[127] Ein erstaunlicher Erfolg, wenn man bedenkt, dass diese Spiele in einem englischsprachigen Raum stattfanden.

Einzelne Erfolge werden unter der Rubrik „Tableau d'honneur" in der gleichnamigen Zeitschrift der DLF gemeldet:[128] so wird ein Journalist gelobt, der in *Le Parisien* 5/8/1996 statt des proskribierten *container* das Ersatzwort *conteneur* verwendet hat. Oder: ein Jeans-Importeur verpflichtet sich in einer progressiven Kampagne, sämtliche Bezeichnungen zu französisieren, wie z.B. *pantalon de toile bleu-de-Gênes* (für *jeans*). Ein Organisator internationaler Kongresse und Tagungen erklärt sich nach einer Aufforderung seitens der DLF bereit, das Wort *workshop* zu eliminieren.

Wir sehen: Frankreich betreibt eine großangelegte nationale und internationale Kampagne gegen die englischen Wörter und für die Rettung des Französischen als zweite Weltsprache, die der Staat sich viel Geld kosten lässt. Auf diesem Wege erreicht er unter Umständen auch den Sprachgebrauch von Privatpersonen, die ja von der Anwendung des Gesetzes – trotz verschiedener gegenteiliger Versuche – nicht betroffen sind.

---

[127] *Les brèves* 6 (1996).
[128] DLF 182 (1996: 15).

1.6 Arbeitsanleitung

a) Vergleichen Sie die *Loi Toubon* (1994) mit der *Loi Bas-Lauriol* (1975).[129]

b) Vergleichen Sie den Inhalt der Verfassungsklage (*Saisine*) mit dem definitiven Urteil (*Décision*).[130]

c) Analysieren Sie die Argumente von Charles Durand, *Mythes et fausses perceptions associés à la langue anglaise* und ordnen Sie diese in die Ideen und Konzepte der französischen Sprachpolitik seit ihren Anfängen ein.[131]

d) Überprüfen Sie die konkrete Anwendung (Urteile) der *Loi Toubon* anhand der *Rapports au parlement*.[132]

e) Diskutieren Sie die Ursachen und Zielrichtungen der Sprachgesetzgebung und -regelung im 16. Jahrhundert anhand der Originaltexte in Wolf (1969, z.B. Texte Nr. 17, 21, 22, 33). Kontrastieren Sie die Ergebnisse mit der Ausrichtung der modernen französischen Sprachgesetzgebung.

f) Beschreiben Sie die Gemeinsamkeiten und Unterschiede der traditionellen und aktuellen Sprachpflege anhand der Ausführungen in Kap. 1.2 und 1.3 und unter Zuhilfenahme der Akademietexte in Baum (1989).

g) Analysieren Sie die Argumente der Diskussion um die *Loi Toubon* in *Le Monde* 5/5/94, 10 und vergleichen Sie sie mit denen von Durand (Texte, cf. Kap. 5).

---

[129] Texte in: *Journal officiel* 5/8/1994 und 4/1/1976 oder unter folgender Internet-Adresse: http://www.culture.fr/culture/dglf.

[130] Texte in: *Journal officiel* 2/8/1994 oder unter der Internet-Adresse: http://www.conseil-constitutionnel.fr/tableau/tab94dc.htm.

[131] Text abgedruckt im Dossier, Kap. 5.

[132] Unter den Internetadressen http://www.culture.fr/culture/dglf/rapport-97.htm bzw. http://www.culture.fr/culture/dglf/rapport steht ein sehr umfangreiches Textkorpus zur Verfügung. Zu den Urteilen, cf. davon jeweils v.a. Kap. 2 „Le bilan de l'application de la loi".

2.   Sprachmaterial

2.1   *Dictionnaire des termes officiels de la langue française* (1994)

Die Sprachverordnungen werden in einer Sammlung durch den Verlag *Journal officiel* in verschiedenen überarbeiteten Versionen publiziert. Daneben gibt es Zusammenstellungen diverser Herausgeber und Glossare zu einzelnen Bereichen, wie etwa zu *sport*.[1] Auffällig sind die jeweils variierenden Titel: 1982 (ed. de Bessé) werden die französischen Neuwörter als *Termes techniques nouveaux* präsentiert, ein Titel, der eine Sammlung von rein fachsprachlichen Wörtern erwarten lässt und der so dem ursprünglichen Vorhaben, das in der Revision der Fachsprachen bestand, entspricht. Die Ausgabe von 1984 (ed. Fantapié/Brulé) erscheint als *Dictionnaire des néologismes officiels*, als „Wörterbuch offizieller Neologismen". Dieser Titel wird auch vom *Journal officiel* bis zur 6. Auflage beibehalten. Ab der 7. Auflage 1991 bis zur neuesten Ausgabe von 1994 finden wir im Titel *néologismes* durch *termes* ersetzt: *Dictionnaire des termes officiels de la langue française*.

Bei einem Vergleich der einzelnen Ausgaben zeigt sich, dass der veränderte Titel ein rein äußerliches Phänomen ist und keine Beziehung zum Inhalt hat. Eine Zäsur stellt dagegen die Ausgabe von 1994 dar, obgleich der Titel von den unmittelbaren Vorgängern übernommen ist: In den Vorgängerversionen werden die Ergebnisse der einzelnen Terminologiekommissionen nacheinander getrennt abgedruckt,[2] zuerst der entsprechende Erlass, gefolgt von französisch-englischen Wortlisten zu dem entsprechenden Fachbereich, die in der Regel zweigeteilt sind: Liste 1 „termes obligatoires", Liste 2 „termes à recommander"[3]. Die Benutzung der französischen Neuwörter aus Liste 1 ist also verpflichtend, die damit zu ersetzenden Anglizismen sind verboten. Einheiten der Liste 2 sind Vorschläge, „qui sont ainsi mises à l'épreuve"[4], die also erst noch bezüglich ihrer Akzeptanz und Verwendung beim Sprecher getestet werden.[5] Die Wortlisten sind alphabetisch geordnet, und zwar nach den französischen Wörtern. Im Anhang findet sich jeweils ein Index der proskribierten Anglizismen und ihrer französischen Äquivalente.

Die neueste Ausgabe von 1994 unterscheidet sich von ihren Vorgängern vor allem durch den Aufbau, der rein äußerlich einem Wörterbuch näher kommt: Sämtliche Wortlisten werden von den jeweiligen Erlassen getrennt und durchgängig (damit nicht mehr in einzelne Fachbereiche gegliedert) nach den französischen Ersatzwörtern alphabetisch angeordnet. Dieser Teil erhält den Titel *dictionnaire* und stellt den eigentlichen Hauptteil dar.

---

[1]   *Glossaire des termes officiels des sports* (1991).
[2]   Eine Ausnahme stellt hier die Ausgabe von de Bessé (1982) dar.
[3]   Diese Einteilung ist aber nicht homogen, was nicht verwundert, da die einzelnen Kommissionen unabhängig voneinander arbeiten.
[4]   Cf. *Journal officiel* (9/1/1976).
[5]   Vgl. hierzu auch de Bessé (1982: 59), Falter (1991: 2).

Die dazugehörigen *Arrêtés de terminologie* („correspondant aux termes figurant dans le dictionnaire") werden im Anhang neben anderen Gesetzestexten abgedruckt. Die Wortlisten von 48 *Arrêtés* gehen in den Wörterbuchteil ein und entstammen 19 Fachgebieten (und damit Kommissionen). Stehen bei einem Fachgebiet mehrere *Arrêtés*, so gelten diese kumulativ.[6]

Die Bereiche *Féminisation des noms de métier, fonction, grade ou titre* und *Vocabulaire juridiciaire* sind bei den allgemeinen Gesetzestexten und Verordnungen abgedruckt. Dies ist berechtigt, da sie in der Regel keine Wortlisten enthalten, die in das Wörterbuch eingehen könnten.[7] Die Ausführungen zur Feminisierung beziehen sich ausschließlich auf morphologische Regeln. Beide Verordnungen erscheinen darüber hinaus als *Circulaire*, sind also nur hausintern empfohlen und nicht rechtsverbindlich. Zusammen mit dem Bereich *Vocabulaire relatif aux personnes âgées, à la retraite et au vieillissement* wirken diese drei Bereiche als Fremdkörper: In allen dreien spielen Anglizismen so gut wie keine Rolle; der viel zitierte traditionelle Krieg gegen das *franglais* findet hier also nicht statt. Die bei den *personnes âgées* genannten lexikalischen Einheiten werden im Wortteil aufgenommen (cf. z.B. *âgisme*), die Feminisierungsvorschläge finden insofern Berücksichtigung, als dass sämtliche Nomina agentis immer mit ihren femininen Formen verzeichnet sind.

Die Artikel des (nach den französischen Stichwörtern) geordneten Wörterbuchteils behandeln mit wenigen Ausnahmen Substantive. Nach der Genusangabe folgt die Nennung des jeweiligen Fachgebietes (*domaine*), eine Definition und – soweit vorhanden – der entsprechende proskribierte fremdsprachliche Term. Schließlich wird auch noch auf die *source* verwiesen, nämlich den jeweils zugrundeliegenden Erlass. In Einzelfällen erscheint noch eine *note*, die wichtige Informationen liefert, so z.B. über Varianten, die im Sprachgebrauch geläufig sind, aber dennoch explizit verboten werden.

sac gonflable, n.m. *Domaine*: Transport/Automobile. *Synonyme*: coussin gonflable, n.m. *Définition*: Dispositif de sécurité constitué par une enveloppe souple qui, en cas de choc, se gonfle instantanément en s'interposant entre l'occupant et le volant ou la planche de bord. *Anglais*: airbag. *Source*: Arrêté des transports du 27 mai 1992. *J.O.* du 26 juin 1992.

vélo tout terrain, n. m. *Abréviation*: V.T.T., n.m. *Domaine*: Transport. *Définition*: Bicyclette fabriquée à partir d'éléments surdimensionnés et renforcés, dotée d'un changement de vitesses spécifique et de pneumatiques à section large, pouvant être utilisée en terrain de toute nature. *Note*: Le terme *mountain bike* ne doit pas être utilisé en français. *Anglais*: mountain bike. *Source*: Arrêté des transports du 18 décembre 1990. *J. O.* du 29 janvier 1991.

commanditer, v.tr. *Domaine*: Publicité. *Synonyme*: parrainer, v.tr. *Définition*: Soutenir l'organisation d'une manifestation, financièrement ou au moyen de prestations de services, afin d'obtenir la contrepartie des effets publicitaires.

animateur, n.m.; **animatrice**, n.f. *Domaine*: Audiovisuel/Radio-Télévision. *Définition*: Personne chargée de préparer, de présenter, d'expliquer et de coordonner, par des interventions personnalisées, les divers éléments consti-

---

[6] Vgl. die Zusammenstellung der im DO 94 gültigen *Arrêtés* im Dossier, Kap. 5.

[7] Die Anglizismen, die im *vocabulaire juridiciaire* genannt werden, entstammen anderen Fachgebieten und sind damit sowieso im Wörterbuchteil aufgenommen.

Note: Le terme *sponsoriser* ne doit pas être employé. *Terme associé*: commanditaire, n.m. *Anglais*: to sponsor. *Source*: Arrêté de l'audiovisuel et de la publicité du 24 janvier 1983. *J. O.* du 18 février 1983.

tutifs d'une émission. *Note:* Dans un sens plus restreint, l'animateur désigne aussi le présentateur d'une émission composée de disques de variétés. Ni le terme *disc-jockey*, orthographié aussi *disk-jockey*, ni l'abréviation *D.J.* (prononcée à l'anglaise di jé) ne doivent être employés dans cette acception. *Source:* Arrêté de l'audiovisuel et de la publicité du 10 octobre 1985. *J.O.* du 13 novembre 1985.

Dem Wörterbuchteil folgt im Anhang ein von den Herausgebern zusammengestellter englisch-französischer alphabetischer Index, der „ne présente aucun caractère réglementaire: il s'agit d'un simple instrument de travail" (DO 94, p. 219). Dieses Hilfsmittel benutzt man bei der Arbeit mit dem Wörterbuch ständig, da nicht selten die zu vermeidenden Anglizismen bekannter sind als die Neuwörter. Die Spalte mit den englischen Wörtern ist überschrieben mit „termes étrangers ou termes impropres à éviter ou à remplacer". Die ursprüngliche Differenzierung der Vorgängerversionen in Liste 1 und Liste 2 ist aufgegeben, obgleich diese in den getrennt aufgeführten Erlassen immer noch erwähnt werden – sicherlich eine Inkonsequenz.

Die als *Termes techniques nouveaux* (ed. de Bessé 1982) bezeichnete Vorgängerversion beinhaltet in Relation nicht mehr und nicht weniger rein fachsprachliche Ausdrücke als die als *Dictionnaire des néologismes/termes officiels* (z.B. 1984/1994) betitelten Ausgaben. Durchwegs handelt es sich bei den Stichwörtern um Termini aus fachsprachlichen Bereichen, wie z.B. Elektronik, Weltraum- und Nukleartechnik, etc. Verstärkt standardsprachliches Vokabular stammt aus Bereichen wie Sport (*team-équipe*), Audiovisualität (z.B. *walkman-baladeur*), Informatik (z.B. *computer-ordinateur*), Transportwesen (*hovercraft-aéroglisseur*) und Tourismus (z.B. *duty free shop-boutique hors taxes*). Es sind gerade die französischen Ersatzwörter für bereits in der Standardsprache geläufige Anglizismen, die beim Sprachbenutzer Kritik hervorrufen. Interessant scheint in diesem Zusammenhang der Klappentext der neuen Ausgabe von 1994:

> Les termes officiels paraissent austères, mais ils chantent. Vive baladeur, logiciel, disquette, conteneur, remue-méninges, coche de plaisance et voyagiste! Ces mots sont entrés dans la langue française sans même que l'on s'en aperçoive.
>
> C'est oublier l'intense bataille qui a accompagné leur naissance, pour les substituer à leur équivalent anglais (walkman, software, floppy-disk, container, brainstorming, houseboat et tour-operator). Doter la langue française de termes inventifs telle est la tâche, depuis 20 ans, sous l'autorité de l'État, des commissions ministérielles de terminologie.
>
> Cet ouvrage répertorie l'ensemble de leurs travaux, et permet de se retrouver dans les nombreux textes officiels de politique linguistique.

An diesem Text wird offensichtlich, dass es um den Kampf gegen das Englische geht, was nie so deutlich von offizieller Seite gesagt wird, redet man doch immer von „termes étrangers", selten von Anglizismen.[8] Sämtliche genannten englischen Beispiele gehören dem im Französischen geläufigen Vokabular an; dadurch offenbart sich, dass es sehr wohl um einen Eingriff in die Standardsprache geht, und nicht um die „Demokratisierung" des Fachvokabulars (vgl. Kap. 1.2.3). Die offizielle Zielsetzung des „Verbraucherschutzes" vor unverständlichem englischen Fachvokabular entlarvt sich damit selbst. Beispiele wie *logiciel* und *baladeur* sind insofern geschickt gewählt, als diese sich wirklich durchzusetzen scheinen, obgleich auch hier die Frage der Akzeptanz gegenüber dem englischen Wort nicht gesichert ist (Beinke 1995: 88).

Der neue, bis heute gültige Titel *Dictionnaire des termes officiels* legt die Vermutung nahe, dass die darin verzeichneten Lemmata von offizieller Stelle gebildet sind und/oder dass deren Nutzung staatlich verordnet wird. Dieser letzte Aspekt ist es vor allem, der die aktuelle Diskussion in Frankreich, spätestens seit der Stattgabe der Verfassungsklage gegen die *Loi Toubon* und der dadurch erwirkten partiellen Rücknahme des Gesetzes bewegt: außer in Angelegenheiten des Staates ist der Gebrauch der offiziellen Neologismen nicht mehr verpflichtend. Die staatlich verordnete *novlangue* wird außer Kraft gesetzt, die Sprecher (bzw. die Richter) müssen entscheiden, was französisch ist (vgl. Kap. 1.2.2).

2.1.1 Das dynamische Konzept

Rein äußerlich manifestiert sich das dynamische Konzept der Verordnungen schon dadurch, dass die einzelnen *Arrêtés* und damit die indizierten Wörter und Wendungen von den entsprechenden Kommissionen ständig überarbeitet werden. Im Laufe der Überarbeitung kommen neue Artikel hinzu, nur wenige fallen weg. Waren es z.B. in der Ausgabe von 1988 2.393 Eintragungen, die Anglizismen ersetzen sollen, handelt es sich 1991 um 3.071 und 1994 bereits um ca. 3.500.[9] Als allgemeine Tendenz ist festzustellen, dass die Anzahl der vorgeschlagenen Wörter und Wendungen zum Ersatz von englischem Material permanent steigt, unabhängig davon, ob dieses bereits dem zentralen Wortschatz oder einem peripheren Fachvokabular angehört. – Mit der neuen Anordnung der Lemmata und der damit verbundenen Aufgabe der Differenzierung in Liste 1 und 2 allerdings wird einer gewissen Dynamik Einhalt geboten. Sicher werden auch in Zukunft die Kommissionen weiter tagen und es wird neue Wörter geben, die hinzukommen; weggefallen ist aber die Aufforderung zur „Mitarbeit" durch die Sprachbenutzer. Ab 1994 gibt es keine Wörter mehr, die sozusagen „auf dem Markt" getestet werden sollen.

---

[8] Vgl. allerdings die Verordnung zur Revision der Rechtssprache, wo dies deutlich ausgesprochen wird, cf. unten Kap. 2.3.3.

[9] Diese Zahlen entsprechen den französischen Ersatzvorschlägen, die Gesamtzahl der durch sie zu ersetzenden Anglizismen ist geringer: 2.458 im DO 94 (cf. Kap. 3.1). Diese Differenz erklärt sich v.a. dadurch, dass oft für einen proskribierten Anglizismus mehrere Ersatzwörter (und damit Artikel) nötig sind, und dass französische Vorschläge nicht in allen Fällen Anglizismen ersetzen sollen.

Diese Dynamik kommt erst wieder ab 1996 massiv zum Tragen, und zwar durch den Einsatz der Datenautobahn, die von staatlicher Seite bewusst genutzt wird.[10]

Mit diesem dynamischen Konzept erfüllen die Kommissionen ihren oben erwähnten Auftrag und unterziehen ihre Vorschläge einer ständigen Revision. Im Folgenden soll anhand einzelner Beispiele die Ausgabe von 1994 mit ihren Vorgängern verglichen werden.[11] Einige Anglizismen werden toleriert, andere nicht, und die Ansichten darüber, welches Äquivalent nun verbindlich ist, sind offensichtlich schwankend.

Analyse 1 (Revision der Ersatzwörter):

1. Das vorgeschlagene französische Äquivalent wird durch ein anderes ersetzt:

   Wurde 1973 *boutique franche* für *duty free shop* vorgeschlagen, wird ab 1989 an dessen Stelle (kommentarlos) *boutique hors taxes* gesetzt. 1982 ist *atelier* das Ersatzwort für *workshop*, das im Artikel genannte Synonym *rencontre interprofessionnelle* wird 1992 neben *bourse professionnelle* zum Ersatzwort gewählt. *Exposition interprofessionnelle* wurde 1982 für *trade-show* gesetzt, 1992 entschied man sich für *salon professionnel*. Wurde *pocket-radio* zunächst als *récepteur de poche* französisiert, lautet der offizielle Term seit 1985 bis heute *radio de poche*. Gleiches gilt für das ursprüngliche Ersatzwort *prêt-à-manger* (für *fast food*), das nun von *restauration rapide* abgelöst wird.

2. Im Laufe der Zeit kann man bei den Neuvorschlägen unterschiedliche Zwischenstadien feststellen:

   Für *play-back* gibt es seit 1973 mindestens drei französische Ersatzwörter: *postsonorisation* (cinéma), *présonorisation* (télévision) und *surjeu*[12]. Nimmt man *play back* aus dem Fachgebiet „pétrole" noch hinzu, so gibt es mit franz. *rejeu* (‚Informationsrücklauf geophysischer Daten') noch ein viertes Ersatzwort. Ab 1983 bleibt als offizielle Bezeichnung bis 1994 nur noch *présonorisation* (audiovisuel/cinema-télévision) übrig und die früheren semantischen Nuancierungen zwischen den einzelnen Vorschlägen (unterschiedliche Fachgebiete, Ton vorher oder nachher) werden wieder aufgegeben.[13] Diese Entwicklung läßt sich z.T. in den französischen Wörterbüchern nachvollziehen.[14]

---

[10] Vgl. hierzu oben, Kap. 1.3.3 und unten, Kap. 2.1.2.

[11] Das heißt genauer: Verglichen werden die im DO 94 gültigen Erlasse mit den in den Vorgängerversionen des DO gültigen Erlassen. Die Jahreszahlen beziehen sich also jeweils auf den entsprechenden Erlass, in dem ein Wort behandelt wird.

[12] *Postsonorisation* als allgemeiner Term ist definiert als ‚Prozess, der die Realisierung von Ton und Bild trennt'. Eine weitere semantische Ausdifferenzierung wird anhand der Semantik der Präfixe *post-/pré-* vorgenommen: Während bei der *présonorisation* zuerst der Ton aufgenommen wird („son préenregistré": z.B. Musiksendung), wird er bei der *postsonorisation* später in einem zweiten Schritt den Bildern unterlegt (z.B. Vertonung von Stummfilmen, Synchronisierung).

[13] Ähnliches gilt für den seit 1944 belegten Anglizismus *marketing*: 1974 (ed. de Bessé 1982: 140) werden die Neuwörter *marchéage* und *mercatique* gegeben mit der semantischen Nuance, dass letzterer Term technischer sei. 1982 wird *commercialisation* für den Tourismusbereich genannt, 1987 für die Wirtschaftssprache *marchéage* als Ersatz für *marketing mix* vorgeschlagen und *mercatique* generell für *marketing* eingesetzt.

[14] PRob 70 führt weder *postsonorisation* noch *présonorisation*, NPRob 93 verzeichnet beide, wobei dem Erlass entsprechend *présonorisation* die Notation „Recommandation officielle" erhält.

3. Manche Lehnwörter haben sich trotz anfänglicher Bestrebungen, sie zu ersetzen, durchgesetzt:

média wird 1973 (audiovisuell) noch mit dem (puristischen) Verweis auf das Synonym *moyen* geführt, 1983 entfällt dieser Verweis (was sicher auch an der lateinisch-romanischen Wortform dieses Internationalismus liegt). *Industrie de spectacle* wird 1973 für *show-business* vorgeschrieben, ab 1983 wird der Anglizismus nicht mehr beanstandet, bzw. das französische Stichwort nicht mehr geführt, d.h. der Anglizismus ist erlaubt. Ein interessanter Fall ist auch *fair-play*, für das 1973 *franc-jeu* zum Test „auf den Markt" geworfen wird (es erscheint in Liste 2). In der Überarbeitung des jeweiligen *Arrêté* vom 24.1.1983 taucht es nicht mehr auf (so auch nicht der neuesten Ausgabe des DO 94) und darf folglich seit 1983 doch wieder benutzt werden. Entsprechend dürfen *charter, shopping, dressing* und *self-service* trotz anfänglichem Verbotes wieder uneingeschränkt verwendet werden.

Gerade die Beispiele der letzten Gruppe, in der sich zentrale Anglizismen trotz ursprünglicher Proskribierung letztlich doch durchgesetzt haben, könnten zu der Annahme verleiten, man habe es aufgegeben, derartig im Sprecherbewusstsein verankerte und lexikalisierte Anglizismen weiter mit einem Verbot zu belegen, und beschränke sich nun auf den Fachwortschatz. Diese Vermutung soll mittels eines Vergleiches der jeweils überarbeiteten *Arrêtés* exemplarisch zum Tourismusbereich, der besonders reich an standardsprachlichem Vokabular ist, überprüft werden:

Analyse 2 (Revision der Tourismussprache):

Der Tourismus-Erlass vom 17.3.1982 (identisch in der Ausgabe 1988 und 1991) wurde offensichtlich überarbeitet: Im DO 94 wird im Inhaltsverzeichnis nur der *Arrêté* vom 30.6.1992 genannt. Eine Überprüfung, welche der insgesamt 52 im *Arrêté* von 1982 vorgeschlagenen französischen Ersatzwörter in der 1994er Ausgabe noch enthalten bzw. welche hinzugetreten sind, zeigt, dass insgesamt eine sehr umfangreiche Umarbeitung der Artikel erfolgte:

– Nur 7 Artikel blieben völlig unverändert:
  bon d'échange, caractère saisonnier, coupon, parrainer, ristourne, tourisme en caravane, zonage de tourisme.

– Es wurden 16 Einträge gestrichen. Dies heißt jedoch nicht unbedingt, dass der entsprechende Anglizimus jetzt doch toleriert wird: In der Regel betreffen Streichungen Wortkreationen, die heute offensichtlich für ungeeignet angesehen werden. So bedeutet etwa die Streichung von *prêt-à-manger* keineswegs, dass man jetzt wieder *fast food* sagen darf; es soll nun (nur noch) *restauration rapide* heißen. Ebenso wird statt *atelier* nun *bourse professionelle* oder *rencontre interprofessionelle* für *workshop* verpflichtend, statt *commercialisation* nun *mercatique* für *marketing*, statt *exposition interprofessionnelle* nun *salon professionel* für *trade-show*, etc. Einzig die erwähnten Anglizismen *charter* und *shopping*, für die es die offiziellen Ersatzwörter *avion nolisé* und *lèche-vitrines, magasinage, marchéage, chalandage* gab, werden nicht mehr genannt, ihr Gebrauch ist damit erlaubt, sie erhalten „Aufenthaltsgenehmigung" wie jedes andere französische Wort. Hier handelt es sich um die seltenen Fälle, in denen die Kommissionen einsichtig reagieren. Nur die Kompositionen *shopping center* und *shopping mall* werden französisiert durch *centre commercial* und *galerie marchande*.

- In 18 Fällen wurde die Definition umformuliert:
  z.B. bei *restauration rapide, contingent, haut de gamme*, etc.

- In 4 Fällen wurde auf ein englisches Wort verwiesen, wo dies vorher nicht der Fall war:
  wie z.B. bei *caféteria, post-congrès, précongrès* und *traiteur*.

- Einige Neuwörter erscheinen:
  autocaravane, autocaravanier mit der Femininbildung *-ière* (man kann darin eine Anwendung der *Circulaire du 11 mars 1986* sehen)

- Sonstige Veränderungen betreffen geringfügige Änderungen im Artikel, wie etwa im Wortlaut oder in der Zuweisung zum Anwendungsbereich:
  z.B. Umformulierungen wie bei *affréter*: statt „*A proscrire*: charteriser" jetzt: „*Note*: Le terme charteriser ne doit pas être employé."

Die oben geäußerte Vermutung einer zunehmenden Rücknahme von Ersatzwörtern und Tolerierung von etablierten Anglizismen kann nicht bestätigt werden. Rücknahmen bleiben die Einzelfälle. Dies unterstützt zusätzlich eine systematische Untersuchung der Buchstaben A bis C der Indexe der Ausgaben 1988, 1991 und 1994, die hier nicht mehr vorgestellt werden soll. Nur soviel: sie ergibt, dass nur wenige Bezeichnungen (und zumeist aus fachsprachlichem Bereich, z.B. *aérosurface, altiport*), in der neuen Nomenklatur fehlen und dass insgesamt eine stetige Zunahme erfolgt.

Bei aller Kritik, die an den einzelnen Ersatzwörtern sicher berechtigt ist,[15] eines haben die Spracherlasse doch positiv bewirkt: die geänderte Einstellung zu Neologismen, die Sensibilisierung für die sprachliche Kreativität des Französischen, die Überwindung eines passiven Konservatismus und Konformismus und damit der Stagnation,[16] „l'éternel ennemi du Français".

Dieser positive Effekt greift allerdings nicht dort, wo in den *usage* eingegriffen wird, nämlich dort, wo in der Standardsprache fest verankerte Anglizismen eliminiert werden sollen, „car l'usage, c'est le peuple, c'est la voix même de la nation" (Chevalier 1995: 155).

2.1.2 Kooperative Neologismen (Internet)

Während wir im letzten Kapitel an einigen Beispielen das dynamische Konzept nachgezeichnet haben, das sich zwischen dem DO 94 und seinen Vorgängerversionen feststellen lässt, wollen wir uns nun den „kooperativen Neologismen" zuwenden, die durch das Inter-

---

[15] Cf. etwa Bécherel (1981), Schmitt (1979a), Fugger (1979/1983) und (1980), Beinke (1990) und (1995), etc.

[16] Cf. hierzu auch Beinke (1995), Bécherel (1981).

net möglich werden. Seit 1996 (vgl. oben, Kap. 1.3.3) werden die Benutzer mit in die Terminologiefindung eingebunden und zur Kooperation aufgefordert. In Ansätzen war dies auch schon vorher versucht worden, nämlich durch die Liste 2 der Erlasse, die Vorschläge enthielt, deren Akzeptanz „auf dem Markt" getestet werden sollten, und die – anders als die Neologismen der Liste 1 – noch nicht obligatorisch waren. Auch durch Preisausschreiben und Wettbewerbe wurden die Sprachbenutzer ermuntert, sich über französische Ersatzwörter Gedanken zu machen.

Diese noch rudimentäre Aufforderung zur Mitarbeit wird nun professionalisiert: per e-mail kann man seine Mitarbeit bei der DGLF anmelden, um an den „listes spécialisées" mitzuarbeiten,[17] deren Ziel es ist:

> ... de mieux traiter la néologie du français en permettant de trouver de façon consensuelle et rapide des équivalents français aux termes nouveaux, en permettant d'harmoniser les termes employés, en fournissant à ceux qui le demandent des attestations d'emploi.

Solche Listen sollen darüber hinaus Informationen geben „sur l'actualité de l'ingénerie linguistique en France et ailleurs". Deutlicher kann der dezidierte Wille zur Kooperation kaum formuliert werden. Neben diesen eher für die professionellen Sprachbenutzer („traducteurs, interprètes, terminologues, spécialistes scientifiques") gedachten Listen gibt es solche, die für alle Sprachbenutzer offen sind (france_langue@culture.fr). Nach Anmeldung unter dieser Adresse erhält man ein tägliches e-mail mit den neuesten Änderungen. Diese Adresse ist konzipiert als „lieu convivial d'échanges d'informations et d'idées".

Über Internet werden dann die verschiedenen Vorschläge („Propositions de termes faites par les abonnés de la liste"[18]) zu einzelnen Anglizismen abrufbar, wie z.B. *browser*:

navigateur ☞[19]
explorateur
fureteur
lectoir
feuilleteur
effeuillage
broutage

Gegenwärtig sind eine Reihe von Listen über die Informatikterminologie im Netz verfügbar, von denen einige Termini bereits als offizielle Empfehlungen der entsprechenden ministeriellen Terminologiekommission oder der *Commission générale de terminologie et de néologie* zu gelten haben. *Mél* z.B. ist als Abkürzung von *messagerie électronique* (und in Analogie zu *Tél*) von der Akademie geprüft und für gut befunden und wird darum demnächst im *Journal officiel* publiziert, wie wir am 13/11/97 im Internet lesen können. Daneben kursieren weitere Listen von unterschiedlichen Autoren, die den Sprachgebrauch innerhalb der Frankophonie im Internet beobachten und die Ersatzwörter zusammenstellen.

---

[17] france_langue_assistance@culture.fr.

[18] Einen ersten Zugriff zu den verschiedenen Listen bietet die Adresse http://www.culture.fr/culture/dglf.

[19] Das Zeichen neben *navigateur* bedeutet: „les coups de coeur de la DGLF".

Der „Lexique des néologismes Internet" ist ein solches Glossar, das hier genannt werden kann (http://www.culture.fr/culture/dglf/flexique.htm). Die folgenden französischen Äquivalente sind hierarchisch nach der Präferenz angeordnet:

Browser (WEB)
o navigateur
o butineur
o visualiseur
o feuilleteur

Home Page
o page de bas
o page d'accueil
o enseigne
o portail

Computer
o ordinateur
o bécane

Email
o courrier électronique (CE)
o message
o câble/câblier

Der Benutzer erhält die konkrete Handlungsanweisung, dass die Entscheidung für die eine oder andere Variante immer vom Kontext abhängig zu machen ist, und die Aufforderung, dass „n'hésitez pas à donner votre avis, en écrivant à l'un des auteurs [de cette liste]". Durch einen Vergleich der verschiedenen Listen kann sehr schön die Dynamik der Entscheidungsfindung nachgezeichnet werden: *e-mail* ist ein Beispiel dafür, die Abkürzung *Mél* setzte sich auf Kosten von CE durch.

Die offizielle Sprachpflege nutzt das neue Medium gegenwärtig auch auf anderen Gebieten als dem der Informatikterminologie. Sie ist sich der Notwendigkeit der Prävention, der „Schadensverhütung" durch ein rechtzeitiges bzw. prophylaktisches Angebot an Ersatzwörtern bewusst und zielt auf eine schnellere Verbreitung des Materials, als dies mit konventionellen Mitteln möglich war (nämlich durch die Publikation im *Journal officiel*). Internationale Sportveranstaltungen, wie Fußballweltmeisterschaften oder Olympische Spiele, stehen darum vor allem im Zentrum ihrer Aktivitäten. Anlässlich der Fußballweltmeisterschaft 98 ist ein offizielles Glossar zur Fußballterminologie unter der Internetadresse http://www.culture.fr./culture/dglf/foot.htm verfügbar, das 206 englische Fußballtermini mit ihren empfohlenen französischen Übersetzungen präsentiert. Diese Liste ist bedeutend umfangreicher als die der drei gegenwärtig gültigen Sporterlasse, die für alle Sportarten insgesamt nur 119 Anglizismen und ihre jeweiligen Ersatzwörter liefert.

Darüber hinaus kursieren offizielle „Lexiques des sports olympiques" im Internet (http://crete.argyro.net/lexique/liste.cfm), die zum Anlass der Olympischen Spiele in Atlanta und in Nagano erstellt wurden. Die Glossare sind differenziert in Sommer- und Wintersportterminologie. Sechzehn verschiedene Sportvereinigungen und Ministerien, die man über ihre jeweiligen elektronischen Adressen auch direkt kontaktieren kann,[20] haben an diesen Wortlisten mitgearbeitet.

Die französische Sprachpolitik hat mit dem Internet ein Medium gefunden, mit dem es deskriptiv, präventiv, experimentell, demokratisch und kooperativ, d.h. unter Einbezug der Sprachbenutzer, französische Äquivalente für Anglizismen vorschlagen kann. Damit wird

---

[20] Einige wichtige Adressen finden sich in der Bibliographie, Kap. 6, Punkt 7 aufgelistet.

den Hauptvorwürfen,[21] die Äquivalente kommen „von oben" und sie kommen zu spät, nämlich dann, wenn die zu ersetzenden Anglizismen bereits den rein fachsprachlichen Bereich verlassen haben und im Standard etabliert sind, wirkungsvoll entgegengesteuert. Neben den in Kap. 1.3.1 behandelten spontanen und künstlichen Neologismen haben wir es hier mit dem dritten Typ von Neologismen zu tun: den kooperativen, bzw. experimentellen, die eine Art Mittelstellung zwischen den geplanten und spontanen Bildungen einnehmen.

Nicht unerwähnt lassen wollen wir das Vorgehen des *Conseil international de la langue française*, der in seiner Zeitschrift *La Banque des mots* 54 (1997) ein ganzes Heft der „néologie coopérative" gewidmet hat.[22] Über 600 Neologismen aus der geschriebenen Presse (Politik, Wirtschaft, Soziologie, Transport, Sport, etc.) und der wissenschaftlichen Forschung (vor allem Wörterbücher zur Biologie, Medizin, Genetik, Physik, etc.) sind alphabetisch – ähnlich den Wörterbucheintragungen des DO 94 – zusammengestellt. Gesondert aufgelistet sind ca. 200 Neologismen „rund ums Automobil", die sowohl der Tages- und Fachpresse als auch Prospekten französischer und ausländischer Hersteller entnommen sind.

Anders als im DO 94 werden sehr selten etymologische Angaben, wie z.B. die englische Vorlage, gemacht. Sie fehlt etwa bei *alimentation hi tech*, *effet canada dry*, *souris knockout*. Wenn überhaupt, dann erscheint die Erwähnung des englischen Modells unter folgenden Stichwörtern: „traduction de", wie bei *coussin de sécurité gonflable* (und *boîte-boisson*), „calque" wie bei *argent souple* (und *centre d'appel*, *voiture mondiale*, *essai de choc* u.a.), „En", wie bei *radio parlée* (und *ordinateur de réseaux*, *q-bit*), „Francisation de l'anglais", wie bei *immobiliseur*, oder „Sigle de termes anglais", wie bei ASR:[23]

coussin de sécurité gonflable m.	**argent souple** m.
Automobile, Sécurité	En soft money
Sac à air sous pression fixé au volant, qui se déclenche et se gonfle en cas de choc.	*Politique*
„Le régulateur de vitesse, l'ordinateur, l'autoradio, la climatisation font aussi partie de la dotation de série, tout comme les deux coussins de sécuité gonflables."	(États-Unis). Fonds privés de montant illimité versés à des partis politiques, à condition que ceux-ci ne les déboursent pas en faveur de leur candidat, mais seulement pour renforcer leur propre image.
AUTO 960801 n° 443 p. 342	*„C'est donc grâce à l' ,argent souple' que de riches donateurs individuels, mais aussi d'inombrables lobbies (ceux du tabac, du sucre, des armes à feu, des groupes religieux, mais aussi*
Ling. Traduction de „airbag".	
Syn. Airbag, coussin gonflable, coussin gonflable de protection, coussin gonflable de sécurité.	

---

21 Vgl. hierzu oben, Kap. 1.2.3.

22 Vgl. auch andere Heftnummern dieser Zeitschrift, wie z.B. *LBM* 53 (1997), in denen ähnliche Glossare zu einzelnen Fachbereichen erscheinen. In der „Terminologie de l'impression jet d'encre" von Emma Troupe (53 [1997], 3-23) etwa ist konstant die englische Vorlage erwähnt.

23 Zu unseren Klassifikationskriterien der Anglizismen, cf. unten Kap. 2.2. Mit „calque" und „traduction" ist hier Lehnübersetzung bzw. -übertragung (inneres Lehngut) gemeint, mit „francisation" ausdrucksseitige Adaptation (äußeres Lehngut).

radio parlée f.
En. talk radio
Médias, Radio
Chaîne de radio proposant une grande majorité
de programmes parlés (informations, débats,
jeux, etc.), par opposition aux chaînes musicales.
*„France-Inter renforce son caractère généra-
liste, Europe 1 affiche son nouveau format de
‚radio parlée‘ ou ‚talk radio‘."*
MONDE 960912 p. 30

ASR sigle
Automobile, Mécanique, Sécurité
(Anti Skating Regulation). V. Régulation anti-
patinage (syn.).
*„L'ASR est disponible en option uniquement
pour la C 280 avec boîte automatique."*
Prospectus – MERCEDES-BENZ (Les berlines
classe C) p. 18
Ling. Sigle de termes anglais.
Syn. Système antipatinage.

*des syndicats, etc.), voire des puissants intérêts
étrangers, financent indirectement les candi-
dats."*
MONDE 961029 p. 2
Ling. Calque sur „soft money".

immobiliseur n.m.
Automobile, Antivol
Système électronique antivol conçu pour empê-
cher la mise en route du moteur tant que la re-
connaissance du code d'identification de la clé
de contact par le commutateur de démarrage
n'est pas établie.
*„Aucune action n'est nécessaire de la part du
conducteur car l'immobiliseur Keytronic est
activé dès que la clé est retirée du contact."*
Prospectus – FORD (Mondéo) p. 32
Rem. Normalisation: „blocage de démarrage".
Ling. Francisation de l'anglais „immobiliser".
Syn. Immobiliseur électronique.

Die Herausgeber Joly/Malique/van der Maazen nehmen bewusst in ihr Glossar vornehmlich
„calques" (inneres Lehngut), kaum dagegen äußeres Lehngut auf (und wenn, dann nur
ausdrucksseitig adaptiertes), wie sie im Vorwort wissen lassen: „Il ne nous paraît utile de
faire la promotion des autres. Cela serait même contraire à l'objet de notre institution"
(*LBM* 54 [1997], 5). Trotz des vorhandenen deskriptiven Vorgehens ist man sich seiner
sprachpflegerischen Aufgabe also durchaus bewusst.

Unter den Bildungsarten der Neologismen findet sich eine hohe Anzahl von Kompositionen (ca. 50%), häufig sind jedoch auch die eigentlich als „englisch" geltenden Verschmelzungen und Siglen.[24]

Die Herausgeber planen, ihre Wortlisten ebenfalls ins Internet zu geben. Damit hat sich
in der Geschichte der französischen Sprachpflege einiges verändert: Das Ziel, das Französische von fremden Einflüssen „rein" zu halten, ist konstant geblieben. Die Gegenstände aber
und die Methoden haben sich deutlich geändert. Eine erste Zäsur ist Anfang der 70er Jahre
festzustellen, indem man sich den traditionell verfemten Fachsprachen zuwendet und Neologismenbildung fördert, die einst gemieden wurden. Eine zweite Zäsur findet Ende der
90er Jahre statt, in denen durch die Nutzung des Internets die Neologismen nicht mehr „von
oben" und künstlich gebildet werden, sondern kooperativ unter Einbezug der Sprecher.

---

[24] Zu den Bildungsarten, cf. unten, Kap. 2.2.

2.2 Ersatzwörter für Anglizismen

Es ist verschiedentlich deutlich geworden, dass es in der gegenwärtigen französischen Sprachlegislative – zumindest was das offizielle Wörterbuch als Instrument dieser Sprachpflege angeht – vor allem um den Kampf gegen die englischen Wörter geht. Die Terminologiekommissionen wollen mit ihren Ersatzvorschlägen für proskribierte Anglizismen einen Bezeichnungswandel erreichen und man kann sich nun fragen, woher die neuen Ausdrücke kommen. Oder anders gefragt: welche Bildungsarten gibt es und welche Voraussetzungen muss ein offizieller Neologismus erfüllen, um von den Sprechern akzeptiert zu werden und um sich im Sprachgebrauch etablieren zu können. Ziel dieses Kapitels ist die Erstellung eines Rasters der Ersatzwörter.

2.2.1 Theoretische Grundlagen

Die Terminologiekommissionen erfüllen mit ihren Ersatzvorschlägen die gesetzliche Auflage, englische Wörter zu „französisieren". Sie erledigen damit sozusagen „Auftragsarbeit", bei deren Durchführung es ihnen oft nicht gelingt, sich von der englischen Vorlage zu lösen. Mit anderen Worten: Englisches „schleicht" sich wieder ein, und zwar nicht selten auf Ebenen, die Sprachpfleger eigentlich für noch perfider halten als das entlehnte Wort selbst. Die Verhinderung des Anglizismus „um jeden Preis" kann nach Pergnier (1989: 172) „aboutir à des solutions non seulement insatisfaisantes ou inefficaces, mais surtout à instaurer des types d'anglicismes plus perfides et plus dommageables à la santé de la langue française que l'emprunt pur et simple". Pergnier nennt hier die Beispiele *mercatique* (für *marketing*), *parrain* (für *sponsor*) und *parcage* (für *parking*). Um diese „noch perfideren Anglizismen" sprachwissenschaftlich zu analysieren (es handelt sich, wie wir sehen werden, vor allem um künstlich geschaffenes „inneres Lehngut"), bietet es sich an, auf das Instrumentarium der Lehnwort- und Neologismusforschung zurückzugreifen.

Ein wesentliches Kriterium (wenn nicht das wesentlichste) für die Akzeptanz eines offiziellen Äquivalentes beim Sprecher ist der *usage*, die Gebrauchsnorm, und zwar in zweierlei Hinsicht: sowohl was den proskribierten Anglizimus angeht, als auch das an dessen Stelle vorgeschlagene Ersatzwort. Während der erste Punkt, die Stellung des zu ersetzenden englischen Wortes in der Gebrauchsnorm, eindeutig ist (je etablierter und zentraler, desto unwahrscheinlicher die Akzeptanz des offiziellen Ersatzwortes), scheint der zweite Punkt in der Literatur und in den Reaktionen der Medien auf die Ersatzvorschläge vernachlässigt worden zu sein. Man spricht allenthalben von „monstruösen Kunstprodukten", übersieht dabei aber, dass die Kommissionen durchaus auch auf bereits in der Sprachnorm verfügbare Äquivalente zurückgreifen, wie z.B. auf das 1988 („Arrêté du sport") für offiziell erklärte *dopage*, das bereits seit 1921 im Französischen als Variante für *doping* verwendet wird.[25]

---

[25] Dies ist zugegebenermaßen nicht immer der Fall, wie das Verbot des bereits existierenden, spontanen Neologismus *alunissage* (für *landing*) und die Propagierung des künstliche geschaffenen *atterrisage* (vgl. oben Kap. 1.3.1) beweisen. Gleiches gilt für die spontanen Neologismen *tour-*

Es ist also auch bei den offiziellen Termen prinzipiell eine Zweiteilung vorzunehmen, die ebenfalls wie bei den durch sie zu ersetzenden Anglizismen aufgrund der Gebrauchsnorm entsteht: 1. bereits im Sprachgebrauch etablierte und 2. neue Ersatzwörter, oder, wenn man die Genese der Bildung berücksichtigt: 1. spontan gebildete und 2. künstlich geschaffene Ersatzwörter.[26] Der Unterschied zwischen beiden Typen ist, dass für spontane Ersatzwörter der Kontakt von zwei Sprachen (bilingualer Kontakt) Voraussetzung ist: zumindest der Sprecher, der das französische Wort *dopage* nach der englischen Vorlage *doping* als erster gebildet hat, musste über Französisch und Englisch verfügen. Dies trifft prinzipiell für jede sprachliche Entlehnung zu. Ein solcher Sprachkontakt ist nicht Bedingung für die Bildung von künstlich geschaffenen Ersatzwörtern, zumindest nicht, wenn es sich um den Ersatz eines zentralen, in der Gebrauchsnorm etablierten Anglizismus handelt: der Neologe arbeitet innerhalb einer Sprache, in unserem Fall des Französischen. Denn er ersetzt ein zentrales, bekanntes französisches Wort (das Herkunftskriterium ist dabei gegenstandslos, cf. dazu unten) durch ein anderes französisches Wort, wie etwa im Falle des Ersatzes von *disc-jockey* durch *animateur*. Das künstlich geschaffene neue Wort (bzw. die künstlich „untergeschobene" Bedeutung[27]) verdankt also – anders als das spontan entstandene (bzw. die Lehnbedeutung) – seine Herkunft einem monolingualen Prozess innerhalb der Einzelsprache.

Unser erster Unterscheidungsraster ist also folgendes:

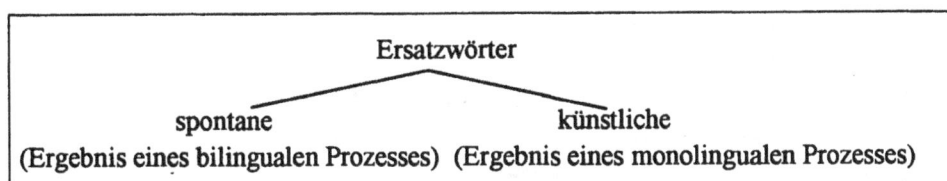

Ersatzwörter

spontane   künstliche

(Ergebnis eines bilingualen Prozesses) (Ergebnis eines monolingualen Prozesses)

Die Prozesse, die Mechanismen und die Ergebnisse, die durch die künstliche Schaffung ausgelöst werden, sind in vielen Fällen denen der spontan gebildeten ähnlich. Mit anderen Worten: Die Kommissionen machen sich – sowohl bei der Empfehlung von bereits im Französischen üblichen (spontanen) Äquivalenten als auch bei den zielgerichtet geschaffenen Neubildungen – ungewollt Prozesse der sprachlichen Entlehnung zunutze. Und genau aus diesem Grund „schleicht" sich Englisches wieder ein.

Bevor wir uns in den folgenden Kapiteln der Analyse der französischen Ersatzwörter zuwenden, wollen wir hier noch kurz die dazu notwendigen methodischen Grundlagen darstellen und die zugrundegelegten Terminologien abklären. Diese theoretischen Voraussetzungen sind in drei Hauptabschnitte zusammengefasst: A behandelt die Klassifikation

---

opérateur und *surbooking*, die für engl. *tour-operator* und *overbooking* gebildet wurden, und nun durch die künstlich gebildeten *voyagiste* und *surréservation* ersetzt werden sollen.

[26] Zwischen diesen beiden Typen ist ein dritter anzusiedeln, die kooperativen Ersatzwörter (vgl. hierzu oben, Kap. 2.1.2): die Sprachbenutzer werden *qua* Internet in die Terminologie-Findung miteinbezogen.

[27] Cf. hierzu unten, Kap. 2.2.4.

70

der Lehngutes (äußeres/inneres Lehngut) und die „Scheinentlehnung". Darauf aufbauend befassen sich die Abschnitte B und C mit der Klärung der Begriffe des „Ersatzwortes" und des „Neologismus".

A. Klassifikation des Lehnguts: Wir haben bisher vom Anglizismus (bzw. Angloamerikanismus) gesprochen. Dem Terminus *anglicisme* haftet seit seiner frühesten Verwendung an, dass er undifferenziert für diachronische Prozesse (Ergebnis eines Lehnvorganges, oder: innerfranzösische Neubildung, oder: semantische Erweiterung) wie für synchronische Gegebenheiten (Sprecherbewusstsein, z.B. mangelnde Integration) verwendet wird, was natürlich methodologische Konsequenzen nach sich zieht.[28] Dies ist bereits in der Wortgeschichte dieses Terms begründet und es verwundert darum nicht, dass er in der Literatur uneinheitlich, und zwar sowohl synchronisch als auch diachronisch verwendet wird; bisweilen werden sogar beide strikt zu trennenden Perspektiven miteinander vermischt.[29] Es bietet sich an, den Terminus *Anglizismus* wegen seiner Griffigkeit und Kürze zu verwenden, und zwar als Ergebnis eines Lehnvorganges aus dem Englischen: "mot emprunté à l'anglais". Der entsprechende wissenschaftliche Terminus ist *Entlehnung* (franz. *emprunt*), bzw. als allgemeiner Term *Lehngut*.

Mit Entlehnungen aus einer Sprache in eine aufnehmende Sprache befasst sich die Lehn- und Sprachkontaktforschung. Sie ist vor allem im lexikalischen Bereich in den letzten Jahren zu beachtlichen Ergebnissen gekommen.[30] Als sicherstes Kriterium für das Vorliegen einer sprachlichen Entlehnung gilt die damit verbundene Sachentlehnung, worunter sowohl die Entlehnung von Gegenständen als auch von Konzepten zu verstehen ist.[31] Unter diesem Aspekt gibt es prinzipiell drei Möglichkeiten: 1) Man importiert des fremde Wort (äußeres Lehngut). 2) Man substituiert das fremde Wort mit den Mitteln der eigenen Sprache mehr oder weniger vorlagentreu (inneres Lehngut). 3) Man wählt Bezeichnungen, die sprachlich unabhängig von der englischen Bezeichnung sind: „Ersatzwörter" oder: „Lehnschöpfungen"[32]. In den ersten beiden Fällen handelt es sich um eine Sach- und Sprachentlehnung, im letzten Fall nur um eine Sach- bzw. Begriffsentlehnung. Bei den Typen 1 und 2 ist, wie bereits erwähnt, Sprachkontakt Voraussetzung. Beim letzten Typ handelt es sich um einen Prozess, der monolingual ist und der darum allenthalben aus dem Bereich der sprachlichen Entlehnung ausgeschlossen wird.[33]

Das **äußere Lehngut** kann nun weiter differenziert werden nach dem Grad der Integration in die Strukturen der aufnehmenden Sprache, bzw. nach dem Grad des Abweichens von diesen normalparadigmatischen Gegebenheiten. Je größer die Abweichungen eines

---

[28] Höfler (1979: 562-579), (1990: 98ss.).
[29] Höfler (1976: 334-338).
[30] Cf. hier v.a. die Arbeiten von Höfler (1969/70, 1970, 1980, 1981, 1982, 1986, 1989, 1990); ferner: Cypionka (1994), Bäcker (1975), Braselmann (1981, 1997a).
[31] Vgl. Bäcker (1975: 96).
[32] Höfler (1981: 152).
[33] Zur Klassifikation des dritten Typs („Ersatzwort"/„Lehnschöpfung"), vgl. unten in diesem Kapitel Abschnitt B.

Anglizismus vom französischen Normalparadigma, um so deutlicher konnotiert dieser „Fremdheit", bzw. seine Nichtzugehörigkeit zum Französischen.[34] Arbeitshypothetisch können mindestens sechs sprachliche Ebenen (vgl. Höfler 1980) unterschieden werden (in der konkreten Rezeption wirken Fremdheitsstimuli gleichzeitig):

1. Graphische Ebene
2. Phonetische Ebene
3. Graphophonematische/phonographematische Relationsebene
4. Morphologische Ebene
5. Lexematische Ebene
6. Gebrauchsebene

Die ersten drei Ebenen sind rein ausdrucksseitig und betreffen solche Grapheme/Phoneme, Graphem-/Phonempositionen und -kombinationen, die gemessen an den entsprechenden französischen Normalparadigmen ungewöhnlich sind: z.B. die Grapheme *k* und *w* (*kleenex* und *sandwich*), der Laut [ŋ] in [mitiŋ] (*meeting*), das Graphem *h* in Endposition (*match*), der Laut [m] in Auslautposition ['om] (*home*), die Graphemkombination *oo* (*football*), die Phonemkombination [ɔj], wie bei [bɔj] (*boy*), etc. Ganz wichtig sind hier auch ungewöhnliche Realisationen graphophonematischer Art, wie z.B. *oo* → [u] bei (*bookmaker*) [bukmɛkœʀ], und ungewöhnliche Repräsentationen phonographematischer Art, wie z.B. [aj] → *y* [dʀaj] (*dry*).[35]

Die Ebenen 4 und 5 betreffen ungewöhnliche grammatische Flexionen, wie z.B. Pluralisierungen (*party, parties*), und ungewöhnliche Wortbildungsmuster, z.B. die im Französischen eher seltene Abfolge Determinant/Determiné bei *bridge-party* (statt etwa: *party de bridge)* oder die Voranstellung des attributiven Adjektivs wie in *franc-jeu.*

Auf der sechsten Ebene, der des Gebrauchs, sind die verschiedensten Aspekte soziolinguistischer Integration im Zusammenhang mit Fragen von Sprachgebrauch und Norm anzusiedeln. Als Kriterien zur Bestimmung der Integration müssen hier drucktechnische Merkmale (Kursivierung, Anführungszeichen, etc.) ebenso herangezogen werden wie eine differenzierte Berücksichtigung der Textsorte und des Anwendungsbereiches, in dem ein Anglizismus auftritt. Unerlässlich ist dabei auch die Unterscheidung von Augenblicksentlehnungen und der endgültigen Aufnahme eines Wortes in den zentralen Wortschatz (cf. Höfler 1980). Die Gebrauchsebene scheint die wichtigste Integrationsstufe zu sein, die in der Regel nicht die Integration auf den Ebenen 1 bis 5 voraussetzt. Für Sprachpfleger allerdings soll die Adaptation auf den ersten fünf Ebenen die Integration auf der sechsten Ebene implizieren. Ist ein Anglizismus auf allen diesen Ebenen adaptiert und integriert, so verhält er sich wie jedes andere einheimische Wort, sein „Englischsein" ist synchronisch nicht mehr feststellbar – ein Lehnelement bleibt es, historisch gesehen, dennoch.

Weicht ein Anglizismus von den entsprechenden Normalparadigmen ab, die wir mit Hilfe von Nachschlagewerken (z.B. Wörterbücher, Aussprachewörterbücher, Wortbil-

---

[34] Zum Begriff der „Fremdheit" unter diesen Aspekten und der dadurch ausgelösten Konnotation, cf. Braselmann (1981: 432ss.).

[35] Cf. hierzu Braselmann (1981: 241-352).

72

dungslehren, etc.) ermitteln können, ist damit noch nichts über die Wirkung des Anglizismus in der konkreten Kontaktsituation gesagt: *Wie* fremd ein Wort wirkt, ist im Einzelfall von individuellem Wissenstand, Bildungshintergrund, Englischkenntnissen, etc. des Einzelnen abhängig.

In den letzten Jahren scheinen der steigende Kontakt mit dem Englischen (Film, Schlager, Werbung, Gebrauchsanweisungen, wissenschaftlicher Diskurs, Computer) – Rey-Debove (1987: 258s.) spricht sogar von einem täglichen *discours anglais* in Frankreich – und vor allem die ständig zunehmenden Englischkenntnisse der Franzosen die sprachliche Assimilation der Anglizismen an die eigene Sprache zu bremsen und die Aufnahme eines Anglizismus im Sprachgebrauch in seiner „fremden Form" zu fördern.[36]

Als Folge davon ist bereits die Rede von graphophonematischen Subsystemen (wie z.B. *oo* [u], *ee* [i], etc.), die sich im Französischen etablieren und so die französischen Irregularitäten erhöhen.[37] Für Sprachpfleger sind dies Gefahren für die Strukturen des Französischen, denen sie durch die Spracherlasse entgegenwirken wollen, indem bestimmte Anglizismen dadurch französisiert werden, dass sie auf eben diesen Ebenen adaptiert werden.

Die Berücksichtigung der Ebene des Gebrauchs (sechste Ebene) erlaubt es nun, die in den Erlassen monierten angloamerikanischen Wörter in zumindest zwei Gruppen mit sicherlich fließenden Übergängen einzuteilen: Die eine Gruppe der zu ersetzenden Wörter gehört einem oft recht speziellen Fachvokabular an, ist gelegentlich wohl sogar unmittelbar aus entsprechenden englischen Fachtexten entnommen. Diese Wörter sind nicht Bestandteil des französischen Standardwortschatzes, sondern werden nur von einer kleinen Gruppe von Fachleuten als Internationalismen benutzt: z.B. *spreader/palonnier* oder *échangeur thermique intermédiaire/intercooler*, etc. Einige von ihnen stehen nicht nur außerhalb der französischen Gebrauchsnorm, sondern sind im eigentlichen Sinne keine Lehnwörter, da sie die Gebersprache Englisch (noch) gar nicht verlassen haben. Die Ersatzwörter sind damit Ergebnis einer „Präventiv-Maßnahme" und werden prophylaktisch eingesetzt. Gemessen am Standard füllen sie wirklich Lücken. Was die bessere Verständlichkeit und den kommunikativen Ertrag betrifft, ist festzuhalten, dass in aller Regel die Neuvorschläge dem Nicht-Fachmann (sofern er überhaupt mit ihnen konfrontiert wird) kaum von besonderem Nutzen sein werden, und die Fachleute werden ihre meist international ausgerichtete Kommunikation ebenfalls kaum mit den Französisierungen erleichtern können.

Die zweite Gruppe umfasst dagegen solche zu ersetzenden Wörter, die im zentralen Wortschatz völlig geläufig und damit auf der Gebrauchsebene etabliert sind, selbst wenn sie manchmal aus bestimmten, aber eben allgemeiner verbreiteten Fachgebieten stammen, wie

---

[36] Internationalismen werden ebenfalls bezüglich der Ebenen 1–5 unassimiliert in die aufnehmende Sprache aufgenommen (Schmidt-Radefeld 1995).

[37] Rey-Debove (1987: 259). – Beispiele für die Richtigkeit solcher Vermutungen sind etwa englische Aussprachen deutscher Namen im Französischen: *Peter* [pitœʀ], Uwe Seeler [uve sílœʀ], Walter Scheel [ʃil]. Solche Phänomene lassen Schlüsse auf die *Interlanguage* des Sprechers zu: Erste Fremdsprache ist in Frankreich Englisch. Als fremde Folie ist damit das englische Normalparadigma gespeichert, das auch dann aktiviert wird, wenn es sich um Fremdes handelt, das nicht Englisch ist. Dieser Mechanismus der Aktivierung englischer Realisationsmuster wird auch gezielt und suggestiv in der Werbung eingesetzt (cf. hierzu Braselmann 1998: 447).

etwa aus den Bereichen *Sport, Audiovisuell, Tourisme*: z.B. *palmarès/hit-parade, présono-risation/play-back*. Solche im *usage* verankerten Anglizismen fallen dem Gesetz nur aus sprachhistorischen Gründen zum Opfer.[38]

Einen Sonderfall stellt die sogenannte **„Scheinentlehnung"**, oder auch: „Pseudoanglizismus", „faux anglicisme", oder seit neuem: „Lehnformation" (Cypionka 1994), dar, denn sie ist historisch von der direkten Wortentlehnung zu unterscheiden. Es handelt sich hier um innerfranzösische Neubildungen, die auf entlehntem Material basieren. Dabei können prinzipiell drei Typen unterschieden werden: 1. Wortneubildung mit im Französischen produktiven Wortbildungselementen (franz. *record* + produktives Suffix *-man*). 2. Innerfranzösische Bedeutungsentwicklung, z.B. von *-ing* ‚Handlung' zu ‚Ort der Handlung' (engl. *dancing* ‚action de danser', franz. *dancing* ‚réunion où l'on danse' → franz. *dancing* ‚établissement public où l'on danse')[39]. 3. Verkürzung mit semantischer Veränderung, wie im Falle von franz. *smoking*, das zunächst als franz. *smoking-jacket* aus engl. *smoking-jacket* entlehnt wurde und dann im Französischen zu *smoking* verkürzt wurde. Die Verkürzung war gleichzeitig gekoppelt an eine semantische Verschiebung, die darin besteht, dass mit *smoking* nicht mehr nur das ‚Jacket', sondern der gesamte ‚Abendanzug' bezeichnet wird. Diese Form wurde dann wieder ins Englische rückentlehnt (Höfler 1990: 98) und findet sich entsprechend etwa auch im Spanischen.

Die drei Typen der Scheinentlehnungen können folgendermaßen im Diagramm festgehalten werden:

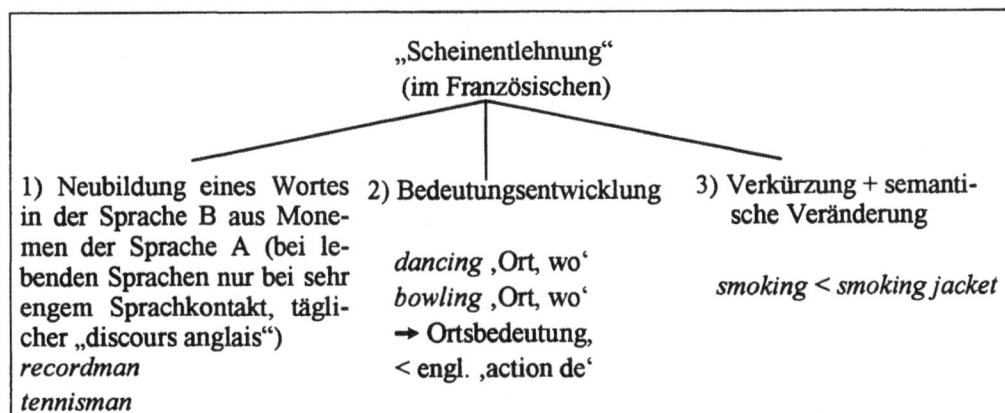

„Scheinentlehnung" (im Französischen)		
1) Neubildung eines Wortes in der Sprache B aus Monemen der Sprache A (bei lebenden Sprachen nur bei sehr engem Sprachkontakt, täglicher „discours anglais") *recordman* *tennisman*	2) Bedeutungsentwicklung *dancing* ‚Ort, wo' *bowling* ‚Ort, wo' → Ortsbedeutung, < engl. ‚action de'	3) Verkürzung + semantische Veränderung *smoking* < *smoking jacket*

Die spezifisch französische Bedeutungsentwicklung bei einigen Anglizismen auf *-ing* *(camping, bowling dancing)* zu ‚Ort der Handlung', die das Suffix im Englischen nicht hat, ist eigentlich als Integration auf semantischer Ebene zu deuten. Darum verwundert es, dass ausgerechnet diese Form der Integration von Sprachpuristen immer wieder aufs Korn ge-

---

[38] Vgl. auch Schmitt (1979b: 15ss.).

[39] Cf. Höfler (1982 s. *dancing*). Anders als Höfler annimmt, könnte es sich historisch allerdings auch um eine innerfranzösische Verkürzung des komplexen Lehnwortes *dancing-hall* handeln (Cypionka 1994: 187ss.).

nommen wird. Eine solche Bedeutungsentwicklung ist ein allgemein sprachliches Phänomen und findet sich nicht nur bei Lehnwörtern auf *-ing*, denken wir etwa an die Parallele der französischen Bildungen auf *-erie*, z.B. *brasserie*: 1. Verfahren ‚Brauen‘, 2. ‚Ort‘ (Höfler 1980: 80).[40]

Folgende „Scheinentlehnungen" werden von den Terminologiekommissionen im DO 94 proskribiert[41] und mit Äquivalenten versehen:

camping-car	autocaravane
silent-bloc	support élastique
couponing	couponnage
groupman	groupiste
perchman	perchiste
recordman/recordwoman	détenteur/détentrice d'un record
tennisman/tenniswoman	joueur/joueuse de tennis
comingman/comingwoman	espoir
mailing	publipostage
pressing	pression
speaker/speakerine	annonceur/annonceuse

Es fällt auf, dass alle Anglizismen (außer vielleicht *silent-bloc*) dem Standardwortschatz angehören und im Französischen etabliert sind. Innerfranzösische Bedeutungsentwicklungen liegen bei *mailing*, *pressing* und *speaker* vor, bei dem Rest handelt es sich um Neubildungen im Französischen aus Elementen des Englischen, die entweder für sich genommen im Französischen zentrale Lexien darstellen, wie z.B. *camping* und *car* (die ihrerseits entlehnt sind), oder Ableitungen von entlehntem Basislexem sind, wie z.B. *tennisman*. Dabei ist entweder das Basislexem im Französischen frei verfügbar (wie z.B. *tennis* und *perche*), oder es wird mit französischen, ähnlich klingenden Lexien assoziiert (*groupe*, *coupon*). Auf jeden Fall spielen entsprechende Analogiereihen (*sportsman*, *yachtman*, etc.) bei der Bildung eine entscheidende Rolle.

Interessant sind die Notierungen (*note*) der Terminologiekommissionen: die Markierung *franglais* erscheint einzig bei *recordman/recordwoman*, allerdings nicht unter dem Stichwort des Äquivalents (das als Artikel gar nicht geführt wird), sondern s. *record*: „on évitera le franglais *recordman, recordwoman*". *Camping-car*, *tennisman/tenniswoman* und *comingman/comingwoman* erhalten (unter ihren Äquivalenten) immerhin den Hinweis „n'existe(nt) pas en anglais". Unter dem Ersatzwort *annonceur/-euse* findet sich der Hinweis, dass *speaker/speakerine* zu vermeiden ist, und die Information, dass die eigentliche englische Quelle *announcer* darstellt. Dies spricht erstens dafür, dass *speaker/speakerine* sehr frequent im Französischen ist, und zweitens, dass die Kommission die innerfranzösische Bedeutungsentwicklung sehr wohl erkannt hat, da der französischen Bedeutung des (Pseudo-)Anglizismus *speaker* die Bedeutung des englischen *announcer* entspricht, das

---

[40] Vgl. auch die Studie von Spence (1991: 188-213) zu *-ing* als französisches Wortbildungsmorphem.

[41] Zur wortgeschichtlichen Einstufung dieser Beispiele als „Scheinentlehnungen", cf. Cypionka (1994: 136ss.).

dem offiziellen französischen Ersatzwort *annonceur* auch ausdrucksseitig ähnelt. Die übrigen oben genannten „Scheinentlehnungen" erhalten keine zusätzliche Markierung neben der Angabe der englischen Vorlage. Andere „Scheinentlehnungen", wie z.B. die sehr gebräuchlichen *bluesman, brushing, parking, popman* und *smoking* werden nicht moniert.

Werden „Scheinentlehnungen" von den Kommissionen erkannt, findet eine dezidierte Ablehnung statt. Eine nur ausdrucksseitige Integration kommt in keinem Fall in Frage, auch wenn das entsprechende Element sehr gebräuchlich und zentral ist. Suffixsubstitution unter Beibehaltung des Basislexems wird dann als Vorschlag gemacht, wenn das Basislexem entweder nicht moniert wird, wie z.B. *perche*[42], oder wenn das Basislexem auch französisch sein könnte, wie z.B. *coupon, groupe*.

Die Frage, ob es sich bei einem Element um eine Entlehnung oder eine „Scheinentlehnung" handelt, ist nur historisch, und zwar mit detaillierten wortgeschichtlichen Untersuchungen im Rahmen der Spender- und der Empfängersprache zu lösen, wie sie in den neuen Arbeiten von Höfler (1990) und der bei ihm entstandenen Dissertation von Cypionka (1994) geleistet sind. Rein synchronisch wirken die Bildungen englisch, was es erlaubt, die „Scheinentlehnungen" zusammen mit dem „äußeren Lehngut" abzuhandeln. Halten wir fest: Das innerfranzösische Operieren über entlehntem Material bezeugt die Zentralität des entlehnten Elementes. Dessen ungeachtet gelten „Scheinentlehnungen" bei Sprachpflegern als typische Vertreter der so oft beklagten „Anglomanie" und als Prototypen des *franglais*, die es folglich auszumerzen sind.

Das **innere Lehngut** kann unterschieden werden nach Lehnübersetzung oder Lehnübertragung (Teilübersetzung) und Lehnbedeutung (cf. hierzu unten, Kap. 2.2.3 und 2.2.4).

Es ergibt sich folgendes Schema:

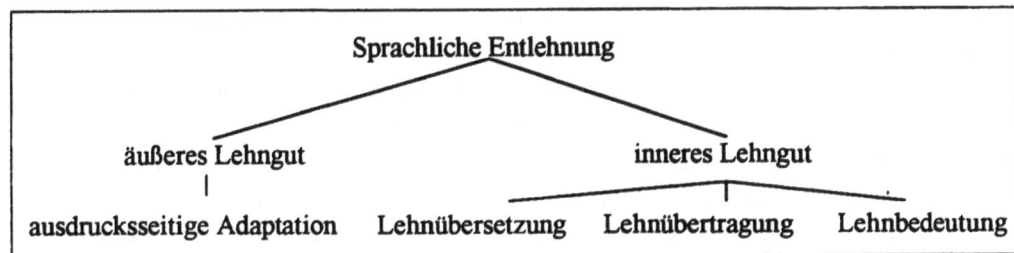

```
                    Sprachliche Entlehnung
                    /                    \
        äußeres Lehngut              inneres Lehngut
              |                    /        |        \
ausdrucksseitige Adaptation  Lehnübersetzung  Lehnübertragung  Lehnbedeutung
```

B. Klassifikation des Ersatzwortes: Der Begriff des „Ersatzwortes" (oder auch „Lehnschöpfung") als Ergebnis eines monolingualen Prozesses[43] bedarf einer weiteren Klärung: Für die Lehnwortforschung (z.B. bei Höfler und Bäcker) handelt es sich bei dem Ersatzwort um die Übernahme eines begrifflichen Inhaltes, die sprachlich unabhängig von der fremden

---

[42] Vgl. aber *joueur/-euse de tennis* für *tennisman/-woman*: obgleich *tennis* nicht moniert wird und zentral ist und *-man* häufig durch *-iste* ersetzt wird (cf. oben), ist *tenniste* nicht belegt; *tennisseur/-euse* (Cypionka 1994: 237) konnte sich nicht durchsetzen.

[43] Vgl. dazu oben in diesem Kapitel unter Abschnitt A. „Klassifikation des Lehnguts".

Vorlage ist. Wir weichen aufgrund unserer spezifischen Materiallage terminologisch davon ab:

1) „Lehnschöpfung" im Sinne Höflers ist nur die in Kap. 2.2.3 zu behandelnde *„néologie de forme* ohne Orientierung an der fremden Vorlage". Ferner die in Kap. 2.2.4 thematisierte *néologie de sens* („substituierende" Lehnbedeutungen). Nur bei diesen ist das französische Ergebnis unabhängig von der englischen Vorlage.
2) Dies ist nicht der Fall bei der *„néologie de forme* mit Orientierung an der fremden Vorlage". Hier werden Prozesse des inneren Lehngutes (Lehnübersetzung, -übertragung) imitiert. Die fremdsprachliche Vorlage spielt damit eine Rolle bei der Bildung.
3) „Ersatzwort" wird im Folgenden generell für die als offiziell erklärten französischen Äquivalente für Anglizismen verwendet.

C. Klassifikation des Neologismus: Die sprachliche Entlehnung gilt als eine der möglichen Erscheinungsformen von natürlich entstandenen Neologismen in der Sprache neben anderen (innerfranzösischen) wie: Komposition, Derivation, Siglen, Mischung, etc. (Helfrich 1993). Diki-Kidiri/Joly/Murcia (Joly ist Generalsekretär des *Conseil international de la langue française*) liefern mit ihrem *Guide de la néologie* (1981) einen „Leitfaden" für die Terminologiekommissionen und auch für die Gerichte, die die „Nationalitätsbescheinigung" für Französisches ausstellen müssen (Diki-Kidiri/Joly/Murcia 1981: 40ss.). Die Autoren halten dann Entlehnungen für annehmbar, wenn sie fremde Konzepte und Realitäten bezeichnen. Ebenso gelten als französisch internationale fremde Terme und „naturalisierte". Mittelmäßige Ergebnisse nennen sie Übersetzungen, bei denen sich der Neologe zu stark von der fremden Vorlage bestimmen läßt: „le terme d'origine étrangère enferme en quelque sorte le ‚neologue' dans une sorte de prison psychologique dont il a la plus grande peine à sortir" (*op.cit.*, p. 12). Für geplante Neologismen kommen folgende Bildungsarten in Frage: 1. Entlehnung, 2. neuer Sinn für ein bereits existierendes Wort, *néologie de sens*, und 3. Bildung einer neuen Form, *néologie de forme* (Komposition, Syntagma, Akronym u.a.).

Wenn sich der Neologe, wie eben moniert, bei der Bildung einer neuen Form zu sehr von der fremden Vorlage leiten lässt, produziert er nichts anderes als z.B. eine (Lehn-) Übersetzung. Dort, wo er eine Bedeutung an ein einheimisches, schon existierendes Wort knüpft, so etwas ähnliches wie eine „Lehnbedeutung". Dabei sind aus sprachwissenschaftlicher Perspektive solche Fälle zu unterscheiden, in denen die Kommissionen auf bereits im Französischen übliche Bildungen (*gardien de but* als Ersatz für *goal keeper*) oder Lehnbedeutungen (*but* für *goal*) rekurrieren und sich damit (ungewollt) Ergebnisse der sprachlichen Entlehnung zunutze machen,[44] oder ob sie künstlich solche Prozesse im Rahmen einer monolingualen Situation imitieren. Hilfreich für eine solche Differenzierung in Einzelfällen sind dabei Studien der Lehnwortforschung,[45] besonders zum inneren Lehngut, Anglizismenwörterbücher[46] sowie Sprachwörterbücher wie z.B. (*Nouveau*) *Petit Robert*, die auch

---

[44] Höfler (1970).
[45] Wie z.B. Bäcker (1975), Becker (1970), Seibold (1975), Cypionka (1994).
[46] Cf. z.B. Höfler (1982), Rey-Debove/Gagnon (1980).

die historische Auskunft liefern, seit wann ein Wort im Französischen belegt ist. Ist ein offiziell empfohlenes Ersatzwort schon lange vor dem entsprechenden Erlass im Französischen üblich, kann man daraus schließen, dass die Kommissionen mit ihrer Empfehlung auf ein bereits im Sprachgebrauch existierendes, spontan entstandenes Äquivalent zurückgreifen und nicht künstlich gebildet haben.

2.2.2 Französisierung durch Adaptation

In den Bereich der Lexemimportation (Höfler 1979),[47] und zwar speziell den der kompletten Wortentlehnung, gehört naturgemäß dasjenige Sprachmaterial, dessen Verwendung von den Kommissionen ausdrücklich zurückgewiesen und mit französischen Entsprechungen versehen wird. Interesse verdienen nun aber gerade auch diejenigen Entlehnungen, die im DO 94 nicht thematisiert werden. Einige von ihnen sind auch in früheren Erlassen nie kritisiert worden (*bar, club, cowboy, football, golf, rugby,* etc.), andere waren nur vorübergehend proskribiert, erscheinen jetzt aber nicht mehr im DO 94 und müssen deshalb als nachträglich akzeptiert gelten (*charter, dressing, fair play, shopping, show-business*).[48] Auf die Bündel von Faktoren, die hierfür verantwortlich sein könnten und die wohl des öfteren über den engen Bereich der Linguistik hinausgehen dürften, kann hier nicht näher eingegangen werden. Nur soviel hierzu:

Folgende Faktoren scheinen die Kommissionen davon abzuhalten, die Anglizismen zu ersetzen, bzw. doch wieder zuzulassen:

1. Die Anglizismen sind seit langem im Französischen belegt (*bar*: seit 1857, *club*: seit 1733, *cowboy*: seit 1884, *golf*: seit 1776, *rugby*: seit 1889, *football*: seit 1698).[49]
2. Mit dem Wort werden Konzepte übernommen, die als kulturspezifische Phänomene schwer ersetzbar sind (*club, bar, cowboy*).
3. Mit dem Wort sind spezifisch angloamerikanische Sportarten übernommen worden (*football, golf, rugby*).
4. Einmal vorgeschlagene französische Neologismen konnten sich nicht durchsetzen, die Anglizismen sind als Internationalismen anzusehen (*charter, dressing, fair play, shopping, show-business*).

Diese Kriterien finden jedoch nicht durchgängig Anwendung, denn es werden etwa durchaus auch sehr gebräuchliche Anglizismen, die seit langem im Standardwortschatz belegt sind, ersetzt, was nicht zuletzt auch an der Heterogenität der einzelnen Kommissionen liegt, die untereinander kaum Absprachen treffen. Eine solche Absprache soll seit 1996 durch den Einsatz der *commission générale* gewährleistet sein, deren Aufgabe die Koordination der einzelnen Arbeitsgruppen darstellt (cf. hierzu oben, Kap. 1.3.3).

---

[47] Bei der Lexemimportation (äußeres Lehngut) ist mindestens ein Lexem entlehnt, bei der Lexemsubstitution (inneres Lehngut) sind alle Lexeme und Morpheme französisch.

[48] Vgl. oben, Kap. 2.1.1, Analyse 1.

[49] Datierung der Erstbelege nach Höfler (1982).

Es gibt aber auch Wortentlehnungen, die – aus welchen Gründen auch immer – bisweilen explizit zugelassen werden, unter der Voraussetzung, dass man ihnen ihr „Englischsein" rein äußerlich nicht mehr ansieht. Der „Entlehntheits"-Aspekt (Cypionka 1994) ist dann für den normalen Sprachbenutzer nicht mehr wahrnehmbar. Einige Anglizismen werden auch ohne ausdrucksseitige Adaptation offiziell für französisch erklärt: z.B. *hall, interface, translocation* und *posture*. Es finden sich in den jeweiligen Artikeln keine Hinweise für eine französische Aussprache, wie in anderen Fällen.

Ausdrucksseitige Adaptationen: Viele Französisierungen finden durch Adaptationen an die Strukturen des Französischen auf den rein ausdrucksseitigen Ebenen statt, die methodisch getrennt werden können in die phonetische, graphische Ebene und graphophonematische/phonographematische Relationsebene.[50] In der Praxis greifen die Ebenen ineinander. Die Verfahrensweisen der Kommissionen können in folgenden Haupttypen zusammengefasst werden:[51]

1. *b, d, g, h, q, v, x, y, z* werden im Französischen so gut wie nie gedoppelt. Diesem Typ entsprechen die Adaptationen *drible* (statt: *dribbling*) mit den Ableitungen *dribler, dribleur, dribleuse* und *adresse* (statt: *address*).

2. Der Buchstabe *e*, realisiert als „geschlossenes e" in einer graphischen Silbe, erhält einen *accent aigu*. Diesem Typ entsprechen z.B. die Französisierungen *média* (statt: *media*), *cafétéria* (statt: *cafeteria*), *opérateur* (statt: *operator*), *vidéo* (statt: *video*) *radiotéléphone* (statt: *radiotelephone*), *aérospatial* (statt: *aerospatial*; ferner alle Bildungen mit dem Präfix *aéro-*), *héliport* (statt: *heliport*), *dose létal* (statt: *lethal dose*), *marqueur génétique* (statt: *genetic marker*), *corépresseur* (statt: *corepressor*), *coïntégrat* (*cointegrate*), *intégration* (statt: *integration*), *délétion* (statt: *deletion*).

3. Der Buchstabe *e,* realisiert als „offenes e" in einer graphischen Silbe, erhält einen *accent grave*, wie z.B. bei *gène* (statt: *gene*) und *aquifère* (statt: *aquifer*).

4. Der Graph *t* in Endstellung wird normalerweise im Französischen nicht gesprochen (Ausnahme: *brut, huit, net*), der Laut [t] in Endstellung wird in der Regel graphisch repräsentiert durch *t + e-muet*.[52] Diese normalparadigmatische Gegebenheit wird Vorbild bei den Adaptationen *scripte* (statt: *script*), *styliste* (statt: *stylist*).

5. Die typisch englische Relation [u] → *oo* wird französisch phonographematisch normalisiert in [u] → *ou*: für *spoole* wird die adaptierte Form *spoule* gesetzt. *Boom* wird durch *boum* adaptiert, wogegen *boomer* inkonsequenterweise durch das eher umständliche *haut-parleur de graves* ersetzt wird. Die ungewöhnliche Repräsentation [k] → *ck* bei *tackling* wird phonographematisch angepasst in [k] → *c: tacle* mit den Ableitungen *tacler, tacleur, tacleuse*.

---

[50] Vgl. hierzu auch oben, Kap. 2.2.1. Ferner: Höfler (1980), Braselmann (1981: 238-352).
[51] Vgl. hierzu auch die Regeln des *Conseil international de la langue française* für die Bildung von Neologismen im Französischen (Diki-Kidiri/Joly/Murcia 1981: 20s.).
[52] Cf. hierzu Braselmann (1981: 287s.).

Die bisher genannten Adaptationen betreffen die graphische und die phonographematische Relationsebene. Es gibt aber auch vereinzelt explizite Anweisungen zur rein phonetischen bzw. graphophonematischen Normalisierungen: *management* etwa wird graphisch unverändert übernommen, erhält aber, ebenso wie die Ableitungen *manager, manageur, manageuse* und *managérat*, den Zusatz „prononcé à la française".

Eine Ausspracheanweisung erhält auch *drugstore*: „Prononciation: dreugstore", die aber durchaus nicht die französische normalparadigmatische Relation von *u* → [y] wiedergibt. Interessanterweise notieren die Wörterbücher der 20/30er Jahre für entsprechende Entlehnungen wie z.B. *club* (oder: *puzzle, bluff, nurse, trust, homespun*) die Normalaussprache *u* → [y] [klyb] neben der seltener belegten fremden Realisierung *u* → [œ] [klœb][53]. Die nicht integrierte Aussprache hat sich heute bei den genannten Anglizismen durchgesetzt (cf. NPRob 94) und wird nun, wie bei *drugstore*, auch für die „offizielle" erklärt. Dies ergibt mit den übrigen genannten Anglizismen ein eigenes Paradigma, das allerdings nicht den französischen Normalgegebenheiten entspricht. Das französische [œ] wird normalerweise durch die Graphemkombinationen *oeu* (*coeur*), *eu* (*peur*) mit den Allographen *eus, eut, eux, eud*, und durch *uei* (*cueillir*), *oei* (*oeil*) wiedergegeben. Dieses schon nicht ökonomische System wird nun um die Realisierung *u* [œ] erweitert,[54] die der angloamerikanischen Relation entspricht. D.h. mit anderen Worten: die Kommissionen forcieren angloamerikanische Aussprachenormen und erklären diese als offiziell verpflichtend. Ob dies wohl beabsichtigt war?

Hinweise zur Aussprache und zur Graphie erhält *chalenge* mit den Ableitungen *chalengeur, chalengeuse*: „*Note*: 1. Ce terme se prononce à la française. 2. L'orthographie de l'ancien français est recommendée en place de celle de l'anglais challenge." Die Französisierung findet hier statt durch den Hinweis auf eine französische Aussprache und Schreibung, und zwar durch Rückbindung an historisches Material.

Oben genanntem Typ 2 (geschlossenes *e* erhält *accent aigu*) entsprechend ist die spontane Teiladaptation *tour-opérateur* des Anglizismus *tour operator*, eine Form, die dem von den Kommissionen als verpflichtend erklärten *opérateur* für *operator* entspräche. Trotz dieser Analogie verbieten die Kommissionen *expressis verbis* die teiladaptierte Form *tour-opérateur*, die im Gebrauch seit 1973 frequent ist und setzen definitiv *voyagiste* entgegen. Es findet sich im entsprechenden Artikel des DO 94 unter der Rubrik *note* (die übrigens eine wichtige Funktion hat) der Kommentar: „Le terme *tour-opérateur* ne doit pas être employé". Man entscheidet sich gegen den Sprachgebrauch (allein die Tatsache, dass *tour-opérateur* explizit proskribiert wird, spricht für die Zentralität des Ausdruckes), benutzt nicht etwa die auch lexematisch integrierte Lehnübersetzung *opérateur de tour*, sondern setzt eine Neuschöpfung (denn *voyagiste* gab es vorher nicht, es ist neu gebildet worden) dagegen. Entprechendes gilt für *allotement* (für engl. *allotment*), das explizit verboten wird und für das *contingent* verpflichtend gesetzt wird.

---

[53] Cf. Braselmann (1981: 278, 329s.) und die dort angegebene Literatur.
[54] Cf. auch Schmitt (1977a: 97).

Eine graphische bzw. phonographematische Adaptation ist umso leichter durchzusetzen, je unbekannter der betreffende Anglizismus ist.[55] Ist er bereits in seiner fremden Form dem zentralen Wortschatz zuzurechnen, ist die Durchsetzung seiner adaptierten Form sehr unwahrscheinlich.[56] Vielleicht ist dies auch mit ein Grund, warum etwa ein Anglizismus wie *hall*, dessen „unfranzösische" Aussprache ['ol] (nach NPRob 94) ist, unadaptiert für französisch erklärt wird.

Partielle Lexemimportation: Mit einigen der genannten Beispiele (etwa *operator* → *opérateur*) haben wir ein weiteres Adaptationsverfahren der Terminologiekommissionen angesprochen, das der partiellen Monemsubstitution, die einen höheren Integrationsgrad darstellt als die rein ausdrucksseitige Französisierung. Die Adaptation durch Suffixsubstitution (in geringerem Maße auch Präfixsubstitution) stellt geradezu eines der bevorzugten Verfahren in den Erlassen für die Integration von Anglizismen dar.

Die häufigste morphologische Adaptation dieser Art ist *-er* → *-eur*: *manageur, performeur, scanneur, merchandiseur, supporteur* (statt *manager, performer, scanner, merchandiser, supporter*). Rein phonetisch, bzw. phonomorphologisch fand diese Adaptation bei vielen Entlehnungen schon sehr viel früher statt (*speaker* [spikœR]). Die Terminologiekommission integriert in allen in Frage kommenden Fällen nun auch auf graphischer Ebene und normalisiert damit die graphophonematische Relation gemäß den normalparadigmatischen Regeln.

Als weitere frequente Suffixsubstitutionen können z.B. genannt werden:[57]

-man → *-iste*:	*perchman* → *perchiste, groupman* → *groupiste*	
-ing → 1. *-age*:	*doping* → *dopage, striping* → *stripage, caravaning* → *caravanage,*	
	nursing → *nursage, couponing* → *couponnage, aquaplaning* →	
	aquaplanage	
→ 2. Ø:	*pretesting* → *pré-test, dribbling* → *drible*	
→ 3. *-ion*:	*pressing* → *pression*	
-lity → *-lité*:	*accessibility* → *accessibilité*	
-ery → *-erie*:	*nursery* → *nurserie*	

Auch bei den Adaptationen der Ausdrucksseite bzw. den partiellen Lexemimportationen muss unterschieden werden, ob die Kommissionen auf bereits im Sprachgebrauch verfügbare Varianten zurückgreifen (wie z.B. *supporteur* für *supporter*, oder *dopage* für *doping*[58]) oder ob sie die Formen künstlich den französischen Strukturen anpassen.

Es läge nun nahe, nur dann „von oben" französisierte Formen anzubieten, wenn keine spontan adaptierten Varianten im Sprachgebrauch greifbar sind, wie dies z.B. bei *carava-*

---

[55] Cf. Diki-Kidiri/Joly/Murcia (1981: 22).

[56] In unseren empirischen Untersuchungen (cf. Kap. 3.2 und 3.3) zeigt sich, dass sich in der Tat z.B. die künstlichen ausdrucksseitigen Adaptationen von *challenge* und *dribble* nicht durchsetzen können.

[57] Zwischen Entlehnung und „Scheinentlehnung" wird hier aus den o.g. Gründen nicht mehr unterschieden (cf. dazu oben, Kap 2.2.1)

[58] *Dopage* ist laut Höfler (1982: s. *dopage*) seit 1921, *supporteur* (s. *supporter*) seit 1933 belegt.

nage (für *caravaning*) und *chalenge* (für *challenge*) der Fall ist. Ein solcher Schluss hieße aber, den Kommissionsentscheidungen homogene Kriterien zu unterstellen. *De facto* wird nicht einheitlich verfahren. Während etwa bei *drugstore* die im *usage* bestehende „unfranzösische" Aussprache empfohlen wird (und damit gerade die nicht adaptierte), wird *chalenge* künstlich französisiert: im *usage* etabliert ist die englische Schreibweise *challenge*. Verboten werden ebenfalls die spontanen ausdrucksseitigen Adaptationen wie *allotement* (für *allotment*), *tour-opérateur* (für *tour operator*), die partielle (natürliche entstandene) Lexemsubstitution *surbooking* (für *overbooking*) und durch den semantischen Neologismus *contingent* und die formalen Neologismen *voyagiste* und *surréservation* ersetzt.[59] Dennoch gilt festzuhalten, dass nicht einfach schematisch naturalisiert wird, sondern bisweilen auch Gegebenheiten des Sprachgebrauchs berücksichtigt werden. Die normative Kraft des *usage* wird besonders deutlich bei der Empfehlung der völlig unfranzösischen Aussprache zu *drugstore*.

Eine systematische Analyse aller Fälle, bei denen die Kommissionen auf im Sprachgebrauch bereits existierende Formen zurückgreifen, steht noch aus und kann im Rahmen dieser Studie nicht geleistet werden. Wir müssen uns hier auf die exemplarische Nennung einiger Beispiele und auf die Betonung beschränken, dass solche Fälle nur historisch identifiziert werden können. Das Heranziehen von Wörterbüchern, allen voran *(Nouveau) Petit Robert*, kann dabei eine erste Orientierungshilfe sein. Wenn z.B. eine Schreibweise oder eine Ausspracheangabe in einer Version dieses Wörterbuchs **vor** dessen Überarbeitungen von 1977 und v.a. 1993 vorhanden ist und diese als offizielle Empfehlung in einem später verfassten Erlass erscheint, so ist davon auszugehen, dass auf etablierte Adaptationen zurückgegriffen wurde. Differenziertere Anhaltspunkte bieten ältere Wörterbücher mit Ausspracheangaben, ältere phonetische Wörterbücher oder phonetische Untersuchungen.[60]

Halten wir abschließend die Ergebnisse dieses Kapitels in einem Diagramm fest:

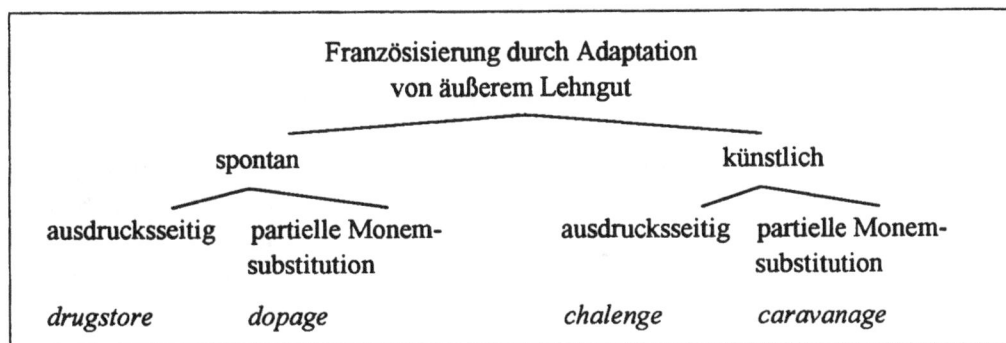

Französisierung durch Adaptation von äußerem Lehngut			
spontan		künstlich	
ausdrucksseitig	partielle Monem-substitution	ausdrucksseitig	partielle Monem-substitution
drugstore	*dopage*	*chalenge*	*caravanage*

---

[59] Cf. dazu unten, Kap. 2.2.3 und 2.2.4.
[60] Cf. z.B. *Petit Larousse* von 1925, Barbeau/Rodhe (1930), Michaelis/Passy ([2]1914), Fouché ([2]1959), Martinon (1913). Vgl. ferner die Titel in Fußnoten 45 und 46.

2.2.3 Französisierung durch *néologie de forme*

Die bevorzugte Verfahrensweise für die Bildung von Ersatzwörtern ist der vollständige Ersatz des Anglizismus durch französische Bildungselemente, bzw. die Lexemsubstitution. Wie bereits erwähnt, bieten sich hier zwei Möglichkeiten: 1. Den durch den Anglizismus ausgedrückten Sinn auf ein bereits im Französischen existierendes Wort zu übertragen, wie etwa im Falle von *animateur* statt *disc-jockey* („néologie de sens") 2. Eine neue Form mit französischem Material zu bilden, wie bei *logiciel* statt *software* („néologie de forme"). Bei diesem letzten Typ, den wir hier zunächst behandeln wollen, wird in der Regel vom „echten" Neologismus gesprochen. Bei beiden Verfahrensweisen erkennt der Sprachbenutzer von den Lexemen her in der Regel keinen „Entlehntheits"charakter mehr.

Als Faustregel für den Erfolg einer Neubildung gilt: vom Konzept, von der Definition der englischen Vorlage auszugehen (wie z.B. bei *logiciel*), sich nicht zu stark am fremden Wortkörper zu orientieren und somit keinen *calque*, keine Übersetzung zu produzieren (wie z.B. bei *billet ouvert* statt *open ticket*).[61] Der „calque" oder die „simple traduction" scheinen also keine guten Lösungen zu sein, obgleich sich *de facto* dieses Verfahren bei den offiziellen Vorschlägen zur Vermeidung der ungeliebten Anglizismen äußerst häufig findet.[62]

Mit anderen Worten: der Neologe geht von einem Konzept aus, das an ein englisches Wort geknüpft ist, und „überträgt" dies in französische Einheiten. Beim Ersatz von zentralen, auf der Gebrauchsebene integrierten Anglizismen findet der Transfer intralingual bzw. monolingual statt. Abgesehen von der Übernahme des Konzeptes, schleicht sich (ungewollt) auch formal „Englisches" ein, nämlich dann, wenn das Ersatzwort die englische Vorlage durchscheinen lässt. Am sprachlichen Material kann dann der Benutzer unter Umständen erkennen, dass es sich um eine Übersetzung handelt, was nicht gerade die Akzeptanz fördert. Nicht zuletzt aus diesem Grunde wird vor dem *calque* gewarnt.

Die Neubildungen können folglich unterschieden werden in solche, bei denen eine Orientierung an der fremden Vorlage vorliegt, und solche, wo diese Orientierung nicht gegeben ist.

Néologie de forme **mit Orientierung an der englischen Vorlage:**

Bei diesem Typ imitieren die Neologen im Grunde Phänomene des natürlichen Sprachkontaktes, und zwar des inneren Lehngutes: Lehnübersetzung („Glied-für-Glied-Nachbildung") und Lehnübertragung („Teilübersetzung"). In einigen wenigen Fällen allerdings bilden die Kommissionen nicht künstlich neu, sondern greifen bei ihren Vorschlägen auch auf bereits im *usage* verfügbare, spontan entstandene, echte Lehnübersetzungen (wie z.B.

---

[61] Diki-Kidiri/Joly/Murcia (1981: 12).

[62] „Calque" wird in der Literatur uneinheitlich benutzt und findet sich fast für alle Phänomene des „inneren Lehngutes", cf. unsere Typologie in Kap. 2.2.1. – Bécherel (1981: 125ss.) ermittelt in einer empirischen Untersuchung anhand eines Korpus von 583 offiziellen Äquivalenten einen Prozentsatz von ca. 11% an „calques" (Lehnübersetzung, Lehnübertragung) und ca. 33% „équivalences" („Lehnschöpfungen"). Fugger (1982: 290) stellt in seinem Material 7% Übersetzungen fest.

gardien de but für *goal keeper* oder *bloc de départ* für *starting block*) und Lehnübertragungen (wie z.B. *coup du chapeau* für *hat trick* oder *coup [de pied] de coin* für *corner kick*) zurück.[63]

Unabhängig davon, ob es sich bei den offiziellen Vorschlägen um eine (im Rahmen einer bilingualen Kontaktsituation) spontan entstandene Lehnübersetzung/-übertragung oder um eine (im Rahmen einer monolingualen Situation) gezielt geschaffene Übersetzung/ Übertragung handelt, kann bei plurilexematischen („mehrgliedrigen") Bildungen rein synchronisch danach differenziert werden, ob das Sequenzmuster der aufnehmenden, in unserem Falle: der französischen, Sprache eingesetzt wird, oder ob das der gebenden, bzw. englischen, Sprache übernommen wird.

Beschreiben wir zunächst die normalparadigmatischen Bildungsregeln: Bei den Kompositionen ist das Französische (wie auch das Spanische und Italienische) durch eine progressive Determinationsabfolge gekennzeichnet, d.h. durch die Abfolge Determiné-Determinant (z.B. *café-filtre*), das Englische (und Deutsche) dagegen durch eine regressive Struktur, d.h. durch die Abfolge Determinant-Determiné (z.B. *Filterkaffee*). Ferner bildet das Französische, wie überhaupt die romanischen Sprachen, Kompositionen in der Regel mit Präposition (meist *de* und *à*).

Verschiedene Untersuchungen zeigen (bzw. beklagen, je nach ideologischem Standpunkt)[64] die stetige Zunahme der als englisch geltenden präpositionslosen („asyndetischen") Zusammensetzungen (z.B. *groupe média*), die darüber hinaus auch oft in regressiver Abfolge (z.B. *drogue-party*) gebildet werden.[65] Dieses Muster wird zunehmend von den Sprechern nicht nur als „französisch" akzeptiert, sondern sogar bei Wettbewerben, in denen die Kandidaten aufgefordert werden, französische Ersatzwörter vorzuschlagen, als Bildungsmuster eingesetzt.[66] Helfrich (1993: 198ss.) stellt in ihrer empirischen Untersuchung einen diesbezüglichen Einstellungswandel fest, der sich in einem zunehmenden Produktionsoutput solcher asyndetischen Komposita und deren positiven Akzeptanzwerten äußert. Durch die bewusst reaktionäre Neubildungspraxis der Terminologiekommissionen, die N+N-Komposita mit Vorliebe durch für „französischer" gehaltene Präpositionalkonstruktionen ersetzen, wird diese durch die Sprecher bereits gebilligte Sprachwandeltendenz totgeschwiegen bzw. künstlich verzögert, wie z.B. in folgenden offiziellen „übersetzten" Ersatzwörtern, die die normalfranzösische Wortbildungsabfolge beachten:

Déterminé + Präposition + Déterminant:

base de lancement	launching base
équipement de survie	survival kit
moteur d'inférence	inference engine
radio de poche	pocket radio

---

[63] Zur Identifikation dieser Beispiele als „inneres Lehngut", cf. Bäcker (1975): zu *bloc de départ* p. 164-166, zu *gardien de but* p. 252-256, zu *coup (de pied) de coin* p. 186-189.

[64] Fugger (1982: 290), Zeidler (1993: 126), Rey-Debove (1987: 258ss.).

[65] Die Beliebtheit dieses Musters beweisen etwa auch Bildungen wie *France Telecom* und *France Télévision*, statt wie früher üblich: *Radio-Télévision française*.

[66] Helfrich (1993: 229), Miannay (1972: 11).

simulateur de vol	flight simulator
vol de réception	acceptance flight

Déterminé + Déterminant:

ballon-sonde	sounding balloon
plan média	media planning
mot clé	keyword
magasin discompte	discount shop

Bei Komposita aus Nomen + Adjektiv kennt das Französische normalerweise die Postposition des attributiven Adjektivs (cf. *billet ouvert*). Komposita aus vorangestelltem Adjektiv + Nomen sind zwar seit dem Altfranzösischen bekannt, heute aber kaum produktiv und existieren nur noch als Archaismen (*prud'homme*). Aus diesem Grund kann die englische Morphologie Ursache für die Voranstellung des Adjektivs sein,[67] wie z.B. bei der Übersetzung von *free trade* durch *libre échange*. In folgenden Vorschlägen wird die normalparadigmatische Abfolge beachtet:

Nomen + Adjektiv (Déterminé + Déterminant):

billet ouvert	open ticket
bouclier thérmique	thermal shield
bouclier biologique	biological shield
dose létale	lethal dose
marqueur génétique	genetic marker
marché gris	grey market
orbite circulaire	circular orbit
service mobile	mobile service
télévision payante	pay TV

Eine weitere Möglichkeit der Bildung einer *néologie de forme* ist die **Teilübersetzung** („Übertragung"), die insofern noch an der Vorlage orientiert ist, als dass mindestens ein Element übersetzt ist, das andere mehr oder weniger sinngemäß wiedergegeben ist. Unter diesem Aspekt ist bei den Äquivalenten *gros-porteur* (*jumbo jet*) und *franc-jeu* (*fair play*)[68] das Muster der englischen Vorlage übernommen worden. Der normalfranzösischen Konstituentenabfolge entsprechen dagegen folgende Ersatzwörter:

détenteur d'un récord	recordman
haut de gamme	high standing
maître d'oeuvre	project manager
voyage à forfait	inclusive tour
voyage de stimulation	incentive-tour
voyage de motivation	incentive-travel

---

[67] Cf. Thiele (1981: 81). – Dennoch kann noch nicht von einer Produktivität dieses englischen Musters geredet werden, solange es nämlich noch an die englische Vorlage gebunden bleibt und nicht innerfranzösisch produktiv wird.

[68] *Franc-jeu* wird 1973 für *fair play* gesetzt. Seit 1983, so auch im DO 94, taucht es nicht wieder auf, d.h. der Anglizismus wird nicht mehr moniert, er wird geduldet (vgl. oben, Kap. 2.1.1).

Wie das Ersatzwort zu der „Scheinentlehnung"[69] *recordman* zeigt, geht man mit dem engl. Suffix *-man* nicht einheitlich um, das in vielen Fällen unter der Beibehaltung des Basislexems auch durch *-iste* ersetzt wird: *perchiste, groupiste* (vgl. oben).

Im Französischen eher seltene Muster weisen auch die Übertragung von *cash and carry* durch *payer-prendre* und *savoir-faire* für *know how* auf. *Savoir-faire* allerdings ist seit langem im Französischen belegt (vgl. auch *savoir-vivre*) und bekommt die Bedeutung von engl. *know-how* durch den *Arrêté du pétrol* vom 18. Jan. 1973 (und 1987 durch den *Arrêté de l'économie et des finances*) „untergeschoben".

Ferner können hier Derivationen, bei denen ein Lexem übersetzt wird, genannt werden: *jardinerie* (statt *garden center*), *voyagiste* (statt *tour-operator*), *baladeur* (statt *walkman*). Festzuhalten gilt auch hier, dass die Suffixe *-ing* und *-man* (ebenso wie das Präfix *self-*) im Französischen produktiv sind und bei einer großen Anzahl von spontanen (nicht geplanten!) Neubildungen eingesetzt werden, was die zahlreichen „Scheinentlehnungen" beweisen. Diese Elemente werden bereits als integrale Bestandteile des Inventars französischer Wortbildungsmorpheme betrachtet und sind somit als französische Wortbildungsaffixe einzustufen.[70] Durch empirische Untersuchungen zeigt sich, dass für einen Großteil der Informanten Bildungen *-ing* durchsichtig, „einfach", somit „normal" sind.[71] Auch dieser Sprachwandeltendenz wirkt die in diesem Punkt sicher konservative Praxis der Terminologiekommissionen entgegen.

Die bis hierhin erarbeiteten Kategorien kann man folgendermaßen darstellen:

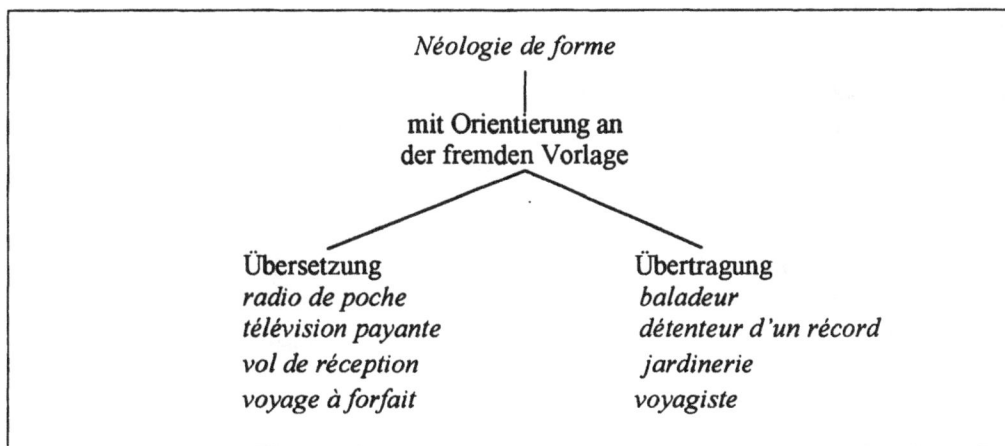

Néologie de forme

mit Orientierung an
der fremden Vorlage

Übersetzung	Übertragung
radio de poche	*baladeur*
télévision payante	*détenteur d'un récord*
vol de réception	*jardinerie*
voyage à forfait	*voyagiste*

---

[69] Zur „Scheinentlehnung", cf. oben Kap. 2.2.1, Abschnitt A.
[70] Cf. Rey-Debove (1987: 260), Zeidler (1993: 126).
[71] Helfrich (1993: 228).

86

Néologie de forme ohne Orientierung an der fremden Vorlage:

Die formalen Neubildungen, die unabhängig von der englischen Vorlage wiedergegeben werden, sind bisweilen nicht eindeutig zu interpretieren. Wenn sie künstlich im Rahmen einer monolingualen Situation entstanden sind, um einen in der Gebrauchsnorm geläufigen Anglizismus normativ zu ersetzen (wie z.B. *stylique* für *design*), kann man sie als Lehnschöpfung deuten. Die Abgrenzung zur (fremd-)sprachlich unabhängigen Wortbildung ist jedoch im Einzelfall manchmal problematisch und kann nur mit historisch begründeten Wortanalysen entschieden werden.[72]

Mindestens vier verschiedene Typen können bei den von der sprachlichen Gestaltung der fremden Vorlage unabhängigen *néologies de forme* differenziert werden:

1. Neubildung durch **Verschmelzung** („mots valises"[73], oder: Wortmischung): *publipostage* statt *mailing*, *logiciel* für *software*, *restovite* für *fast food restaurant*. Die Wortmischung ist ein Wortbildungsverfahren, das man auf den ersten Blick als eine Art Komposition mit gleichzeitiger Kürzung eines oder beider Konstituenten charakterisieren könnte. Mischwörter sind seit der Antike belegt, besonders beliebt waren sie in der Barockzeit. Stark produktiv ist dieses Verfahren erst im 20. Jahrhundert geworden, vor allem im Englischen, von dem ein nicht unbeträchtlicher Einfluss auf die übrigen europäischen Sprachen ausgegangen sein dürfte. Das Verfahren der Wortmischung geht stufenlos in andere Wortbildungsverfahren über. So kann z.B. eine Wortmischung Ausgangspunkt für die Entstehung eines neuen Affixes werden, indem eine gekürzte Konstituente als Affix interpretiert wird: z.B. *publi-*, *ciné-*, *télé-*.

Allerdings ist dieses Wortbildungsverfahren des öfteren Gegenstand puristischer Kritik. Rey-Debove (1987: 262ss.) spricht bei solchen Fällen von einer „morphologie sauvage" und beklagt, dass diese geradezu Modell für die französische Neologie werde. Es handele sich um „falsche" Morpheme, weil hier remotiviert wird, wo historisch und innersprachlich keine Motivation vorliege. Für besonders gefährlich hält sie dabei auch den Rückgriff auf griech.-lat. Bildungselemente, wie *mono-*, das die Produktivität von *uni-* blockiere: man bilde man statt *unilingue* den Anglizismus *monolingue*. Diki-Kidiri/Joly/Murcia (1981: 14ss.) empfehlen jedoch in ihrem *Guide de la néologie*, solchen wohl bekannten Ablehnungen zum Trotz, den Rückgriff gerade auf diese Elemente. Die staatlich verordneten Wortmischungen wie *publipostage* (für *mailing*), *préventologue* und *vapocraquage* allerdings finden nicht ihre Zustimmung: diese Bildungen halten sie für „brutale" Abkürzungen des Determinanten, und plädieren für *publicitopostage*, *préventionologue* und *vaporocraquage* (*op.cit.*, p. 18).

Auch diese Bildungsform, der man traditionell eher ablehnend gegenübersteht, wird häufig genutzt, wie frequente Bildungen mit *mono-*, *télé-*, etc. im DO 94 beweisen. Die Verschmelzung *logiciel* (für *software*) ist nach Diki-Kidiri/Joly/Murcia (1981: 12) das Paradebeispiel für ihre Forderung, bei der Neologismenbildung von der Definition und

---

[72] Bäcker (1975: 81s.).
[73] Vgl. hierzu Grésillon (1984). Cf. dazu die Besprechung von Braselmann (1986b: 314-318).

nicht von der Form auszugehen. Die Informatikkommission habe nach Durchsicht der Definitionen von *software* in den Wörterbüchern die semantischen Inhalte ‚programme‘, ‚grammaire‘, ‚mental‘ und ‚logique‘ ermittelt. Unter diesen verschiedenen Anknüpfungsmöglichkeiten fiel die Entscheidung auf *logique*, das mit dem Suffix *-iel* zusammengefügt wurde.[74] Das Ergebnis *logiciel* stellt eine Analogie zu *matériel* her, das seit langem für *hardware* eingesetzt wird. Nach der Vorlage *logiciel* sind analog auch die offiziellen Ersatzwörter *progiciel*, *didacticiel* und das kanadische *courriel* für *e-mail* gebildet worden. *Progiciel* wird allerdings von Rey-Debove (1987: 263) aufgrund des „falschen" Morphems *-giciel* (pro[gramme] + [lo]giciel) als „morphologie sauvage" moniert.

Hier wird deutlich, dass die Autoren von unterschiedlichen Ansätzen und Ideologien ausgehen, die mit den Begriffen traditionell-konservative und dynamisch-innovative Sprachpflege beschrieben werden können (vgl. hierzu auch oben, Kap. 1.3). Die Autoren des *Guide de la néologie*, publiziert von CILF, propagieren mit ihrem Leitfaden die geplante Neologismusbildung, sie *müssen* sich auf neue Wege einlassen. Dazu gehört auch, kommunikative Kriterien wie Kürze, Nützlichkeit, etc. zu beachten, damit die Ersatzwörter die Chance haben, sich durchzusetzen und akzeptiert zu werden. Rey-Debove dagegen, Mit-Autorin eines streckenweise recht puristischen *Dictionnaire des anglicismes*, kann sich damit begnügen, mahnend den Finger zu heben angesichts des ständig wachsenden Einflusses des Englischen bei spontanen, d.h. nicht-geplanten Neologismen. Ihre Ziele sind jedoch letztlich identisch: möglichst Vermeidung von Anglizismen.

2. Auch die **Siglenbildung** (wie z.B. *v.t.t* für *vélo tout terrain* statt *mountain bike*) ist unter konservativer Perspektive nicht unproblematisch: die Verwendung von Siglen und Akronymen zur Bildung neuer Namen und Wörter ist als Massenphänomen eine Erscheinung des 20. Jahrhunderts und wird von Sprachpflegern in der Regel moniert. Bei den Siglen handelt es sich um Kurzformen, die nur aus den Anfangsbuchstaben der Wörter der verkürzten Wortfolge bestehen: FM = *Frequency Modulation*. Sie sind Ergebnis eines bewusst durchgeführten Problemlösungsprozesses (ein Verfahren, das bei der geplanten Wortbildung auch vorliegt), bei dem man unter Einsatz bestimmter Strategien ein optimales Resultat erzielen will, geleitet von Faktoren wie: Aussprechbarkeit, Merkbarkeit, positive Assoziationen, optische und/oder akustische Effekte.

Diki-Kidiri/Joly/Murcia (1981: 53s.) empfehlen solche Bildungen unter der Voraussetzung, dass die Kommissionen nur diejenigen in Betracht ziehen, die von den Sprechern dekodiert werden können, wie dies der Fall bei *t.g.v.* (*train à grande vitesse*) und *d.t.s.* (*droit de tirage spécial*) sei, nicht dagegen bei *v.h.r.* (*variété à haut rendement*) und *p.s.g.* (*petit système de gestion*), die abgelehnt werden.

Dieser Regel folgt etwa das offizielle L.O.A. als vorgeschlagene Kurzform für die – gemessen am kurzen, zu vermeidenden engl. *leasing* – eher umständliche Ersatzkonstruktion *location avec option d'achat*.

---

[74] Diskutiert wurden dafür etwa auch *programmoïde*, *programmerie*, *immatériel*, *logistique*, *basogramme*, etc. (Diki-Kidiri/Joly/Murcia 1981: 23-24).

Entsprechend ist auch *parc relais* gebildet: man entschied sich für dieses Äquivalent (wie unter dem Stichwort explizit vermerkt), da die Abkürzung *p.r.* den internationalen Gepflogenheiten entspricht (P.R. ist auch Abkürzung von *park and ride*). Gleiches gilt für *coût et fret*, dessen vorgeschlagenes Kürzel C.F. international auch für das zu ersetzende engl. *coast and freight* geläufig ist. Trotz allem sicherlich zugrundeliegenden Sprachnationalismus nimmt man Rücksicht auf Europa im Sinne einer internationalen Kommunikation, die ja an sich durch die Französisierungen erschwert wird.

3. Wenn eine Siglenbildung silbisch ausgesprochen wird, wie bei *aviv* (*aliment végétal imitant la viande*) oder *facob* (*traité facultatif obligatoire*) für *open-cover*, nennt man dies auch ein **Akronym**. Da von Akronymen leichter Ableitungen gebildet werden können (*onu, onusien*), empfehlen Diki-Kidiri/Joly/Murcia (1981: 53), diese den Siglen vorzuziehen. Französische Akronyme wie *ovni* (*objet volant non identifié*) seien dabei gegenüber den englischen wie *ufo* (*unidentified flying object*) zu präferieren und die Ableitungen von der französischen Basis ausgehend zu bilden, woran sich die Kommissionen bei ihren Vorschlägen auch halten (cf. z.B. die empfohlene französische Abkürzung *image* MIC statt engl. PCM). In seltenen Fällen wird, wie etwa bei *lidar*, die im Englischen gebildete Kurzform (zu *light detection and ranging*) für „französisch" erklärt und man versucht gar nicht mehr, wahrscheinlich aufgrund der nicht mehr zu verhindernden Gebrauchsfrequenz dieser Kurzform in der Technik der Flug- und Weltraumforschung, ein französisches Äquivalent vorzuschlagen.[75] Festzuhalten gilt jedoch, dass in der Regel Abkürzungen zu Formen vorgeschlagen werden, die ihrerseits selbst Übersetzungen oder Übertragungen der englischen Langform sind.

Es zeigt sich, dass eigentlich traditionell abgelehnte Bildungsweisen nun von staatlicher Seite propagiert werden, und zwar, weil sie Erfolg haben. Dies bemerken auch die Autoren des *Nouveau Petit Robert*, Rey-Debove/Rey: „Il faut signaler ... – et les commissions [de terminologie] ne s'en préoccupent pas – que les emprunts récents à l'anglais ont fortement amplifié le phénomène de l'acronymie, ou formation d'un mot avec certaines syllabes extraites de plusieurs mots" (NPRob 1993, p. XVI). Unter „Akronym" verstehen sie also die o.a. Wortverschmelzung, dies beweisen auch ihre Beispiele *logiciel, brunch,* etc. Eine solche „formation sauvage", wie sie die Bildungen nennen, habe zwar den Vorteil der Kürze, gehe aber auf Kosten der morphologischen Analysierbarkeit und damit der Verständlichkeit. Wie wir gesehen haben, bieten die Kommissionen einer solchen Sprachwandeltendenz – die zudem noch englisch beeinflusst ist – nicht nur keinen Einhalt, sondern fördern sie geradezu. Das Kriterium der kommunikativen Notwendigkeiten scheint bei den Entscheidungen über die Kriterien der Analysierbarkeit, damit der Systemkonformität, und der Verständlichlichkeit zu dominieren.

---

[75] Landick (1998: 1-7) weist darauf hin, dass die Vorherrschaft des Englischen in der internationalen Flugsprache unumstritten ist, was sogar von den offiziellen Stellen – anders als für andere Fachbereiche – akzeptiert werde.

4. Bleibt ein letzter Typ der Bildung formaler Neologismen ohne Orientierung am fremden Vorbild, der eine Art Umschreibung liefert, die einer **Definition** des fremden Terms nahekommt. Solche Bildungen können kurz sein, bzw. monolexematisch,[76] oder länger, bzw. plurilexematisch. Kommen wir zunächst zu den plurilexematischen Ausdrücken, die oft Paraphrasen ähneln:

tir de réparation (penalty), jeu décisif/échange décisif/manche décisive (tie-break), arrêt de jeu (time out), dépanneuse lourde (wrecker), démarchage téléphonique (phoning), audition publique (hearing), workshop (bourse professionnelle/rencontre interprofessionnelle), distribution automatique (vending), distributeur automatique de produits (vending machine), bande photographique/bande d'atterrissage (strip), message publicitaire (spot), bande vidéo promotionnelle/band promo/promo (video-clip), syndicat de prise ferme/tour de table (pool), location avec option d'achat (leasing), manche à balai/manche (joystick), fonds commercial/écart d'acquisition/survaleur (goodwill), droit de jeu (green fee), intendant de terrain (greenkeeper), combat simulé (shadow boxing).

Die Ersatzwörter sind schwerfällig und im Verhältnis zu den durch sie zu ersetzenden Anglizismen deutlich länger. In vielen Fällen sind mehrere Ausdrücke notwendig, um einen einzigen proskribierten Anglizismus zu ersetzen. Solche Äquivalente haben wenig Chance, sich im Sprachgebrauch durchzusetzen, da sie dem Prinzip der Sprachökonomie nicht entsprechen. Hier handelt es sich um solche in der Literatur immer wieder monierten „monströsen Kunstwörter". Manchmal scheint dies den Kommissionen auch klar zu sein, schlagen sie doch selbst Abkürzungen (z.B. *manche, promo*) und Siglen (L.O.A. für *leasing*) vor.

Erfolgversprechender scheinen dagegen die kürzeren Ersatzwörter zu sein: *dehors (out), départage (play-off), reprise (time),*[77] *stylique (design), stylicien (designer).* Auch *logiciel (software), progiciel (package)* und *matériel (hardware)* können hier genannt werden.

Ein interessantes Ersatzwort ist die vorgreifende Bildung *le stadier* für *steward.*[78] Im Vorfeld der Fußballweltmeisterschaft 1998 erschien in *Le Monde* (19/9/1997, 24) ein Artikel („Les ,stadiers', arme secrète de Dominique Spinosi"), in dem *stadier* als präventiver Ersatz für engl. *steward* vorgeschlagen wurde, der in England für die Sicherheit in den Stadien sorgt:

- Les Anglais on peut-être inventé le poison du hooliganisme dans les stades, mais ils ont aussi inventé le contre-poison ... Les ,stewards' du Mondial 98 s'appelleront des stadiers.

---

[76] „Monolexematische" Bildungen meinen solche, die nur ein freies Lexem aufweisen, das kombiniert sein kann mit Lexomorphemen (z.B. Affixe).

[77] *Dehors* und *reprise* können auch als „substituierende" Lehnbedeutung interpretiert werden, da eine neue Bedeutung an ein bereits existierendes Wort geknüpft wird.

[78] Den Hinweis auf diesen Beleg verdanke ich Christina Antenhofer und Patrizia Leimer.

Steward ist im Französischen seit langem belegt in der Bedeutung ‚maître d'hôtel', garçon à bord des paquebots, des avions'.[79] Anstatt nun die (auch im Englischen) neue Bedeutung (‚Sicherheitsmann im Fußballstadion') an das im Französischen verfügbare Lehnwort *steward* anzuknüpfen, zog der kreative Journalist eine sehr gelungene Neubildung vor, die sich während der WM 98 in der französischen Berichterstattung auch durchgesetzt hat, wie folgende Belege zeigen:

- A l'intérieur des stades, la responsabilité de l'ordre et de la sécurité relève du Comité français d'organisation (CFO). Inspirés du modèle anglais des „stewards", les stadiers, chargés de contrôler la validité du billet, de placer les spectateurs et de veiller à la tranquillité des tribunes, sont en première ligne. (*Le Monde* 16/6/98, 4)

- Dans un premier temps, les „stadiers" officiant dans les tribunes ont tenté de séparer les supporteurs, puis un groupe de CRS, le casque à la ceinture, a pénétré dans les gradins situés dans un virage du stade et a rétabli le calme avant la reprise du jeu. (*Le Monde* 1/7/98, 8)

Im ersten und zweiten Beleg wird die englische Vorlage *steward* noch genannt, worauf im dritten Beleg bereits verzichtet wird. Die Anführungszeichen markieren den noch etwas ungewöhnlichen Status von *stadier* in der französischen Gebrauchsnorm.[80] Es bleibt abzuwarten, wann auch diese Hervorhebung verschwindet und die Neubildung im Französischen als völlig integriert angesehen wird. Auf jeden Fall ist dies als ein eindrückliches Zeichen für eine neu erwachte (und letztlich staatlich auch geförderte) sprachliche Kreativität in Frankreich zu werten. Solche von Sprechern geschaffenen, im bilingualen Kontext spontan gebildeten *néologies de forme* werden sich leichter durchsetzen als die künstlich, von oben verordneten Konstruktionen.

Fassen wir im Überblick die vier Typen der „*néologie de forme* ohne Orientierung an der fremden Vorlage" in einem Schema zusammen:

---

[79] Cf. Höfler (1982, s. *steward*).

[80] Zu verschiedenen Aspekten soziolinguistischer Integration, z.B. durch drucktechnische Markierungen vgl. oben, p. 71s.

Néologie de forme

|
ohne Orientierung an
der fremden Vorlage

definitionsähnlich   Verschmelzung   Siglen   Akronyme
               progiciel   *C.F.*   *aviv*
               publipostage   *L.O.A.*   *facob*
               restovite   *p.r.*

monolexematisch   plurilexematisch + Paraphrase
départage (play-off)   *combat simulé (shadow boxing)*
logiciel (software)   *distribution automatique (vending)*
matériel (hardware)   *fonds commercial (goodwill)*
stadier (steward)   *message publicitaire (spot)*
stylique (design)   *syndicat de prise ferme (pool)*

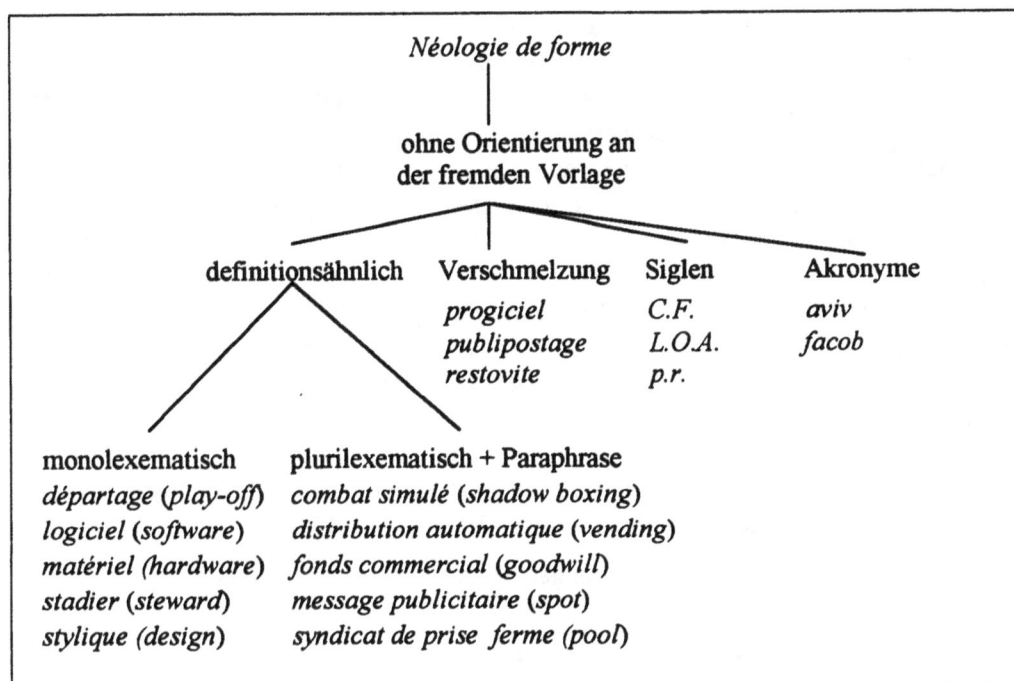

2.2.4 Französisierung durch *néologie de sens*

Ein anderer Haupttyp ist, wie wir oben sagten, die Übertragung des an den fremden Ausdruck gekoppelten Konzeptes auf ein schon im Französischen existierendes Wort. Charakteristisch für dieses Verfahren ist grundsätzlich der Versuch, an bestehende Lexien neue Bedeutungsnuancen zu knüpfen, die die Sprecher ausschließlich mit dem inkriminierten Anglizismus verbinden bzw. verbunden haben. Es kann nicht übersehen werden, dass mit den Anglizismen auch Teile der angloamerikanischen Kultur transportiert werden, die bei den vorgeschlagenen Ersatzwörtern in aller Regel nicht – oder noch nicht – assoziiert werden. Dies erklärt, weshalb sich in vielen Fällen die entsprechenden Vorschläge schwer durchsetzen.

Die *néologie de sens* ist mit dem Terminus der „Lehnbedeutung" aus der Lehnwortforschung vergleichbar. Unter Lehnbedeutung ist zu verstehen: eine bereits existierende Lexie erhält eine zusätzliche Bedeutung einer Lexie aus einer fremden Sprache, und zwar aufgrund einer Berührung auf Ausdrucks- und/oder Inhaltsebene. Als typische Beispiele werden in der Literatur *réaliser* und *papillon* genannt: So übernimmt z.B. franz. *papillon* („Schmetterling') unter dem Einfluß des englischen *butterfly* (1. ‚Schmetterling', 2. ‚Schwimmstil') die entsprechende zusätzliche Bedeutung.

Mit den vorgeschlagenen Ersatzwörtern wird etwas Ähnliches intendiert: Die Kommissionen greifen französische Lexien auf (wie z.B. das oft diskutierte *animateur*), ersetzen damit Anglizismen (wie z.B. *disc-jockey*) und ordnen diesen französischen Wörtern zusätzlich zu ihrer bisherigen Normalbedeutung (‚qui anime, insuffle la vie'; meist als Adjektiv), die des Anglizismus (‚'Personne qui passe de la musique de variétés à la radio, dans les discothèques') zu. Der Unterschied zu den normalerweise als Lehnbedeutungen eingestuften Beispielen wie *papillon* und *réaliser* besteht darin, dass die Kommissionen hier zwar auch die Übernahme von Bedeutungsnuancen praktizieren; diese stammen jedoch nicht direkt aus der englischen Gebersprache als Ergebnis eines bilingualen Kontaktes, sondern eben von dem jetzt zu bekämpfenden, aber durchaus im Französischen geläufigen Anglizismus. Die Bedeutungsübertragung findet also innerfranzösisch statt, weshalb man statt von Lehnbedeutung von „untergeschobener", „substituierender" Lehnbedeutung spricht.[81] Eine solche offizielle Bedeutungsfestlegung im Rahmen einer normativen Semantik[82] ist durch eine gewisse Willkür geprägt und wird aus dem Prozess der sprachlichen Entlehnung ausgeschlossen und dem Bereich des Übersetzens zugewiesen (Bäcker 1975: 51). Für Höfler handelt es sich bei der „substituierenden Lehnbedeutung" um eine „Übernahme eines begrifflichen Inhalts aus einem fremden Kultur- oder Sprachkreis, doch fehlt dabei die sprachliche Bindung an einzelsprachliche Moneme, wie sie etwa Voraussetzung für Lehnübersetzung oder auch Lehnbedeutung ist" (Höfler 1981: 150).

Folgende „substituierende" Lehnbedeutungen werden z.B. offiziell vorgeschlagen:

agrafe	clip
animateur	disc-jockey
attente	stand-by
boucle	loop
chariot	trolley
enjambement	crossing-over
épreuve	rush
équipage	crew
exclusivité	scoop
out	dehors
palmarès	hit-parade
retour	comeback
usager[83]	user

Dieses Verfahren birgt eine Vielzahl von Problemen in sich und ist nicht umsonst jenes, an dem sich die Diskussionen vor allem entzünden.[84] Der Sprachbenutzer knüpft an ein ihm vertrautes Wort wie etwa *animateur* einen ihm vertrauten Bedeutungsumfang. Per Gesetz wird nun diesem Ausdruck eine weitere Bedeutung „untergeschoben", nämlich die, die das dem Sprecher ebenso vertraute *disc-jockey* trägt. Will er also das Konzept ‚personne qui passe de la musique de variétés à la radio, dans les discothèques' (NPRob 93) ausdrücken, stehen ihm nunmehr zwei Synonyme zur Verfügung, die zumindest im symptom- und ap-

---

[81] Bäcker (1975: 50ss.), Höfler (1981: 150ss.).

[82] Kalverkämper (1987: 323).

[83] Bei *usager* findet sich im DO 94 ausnahmsweise keine feminine Form. *Usagère* scheint laut NPRob 93 selten zu sein.

[84] Bécherel (1981: 128s.), Goudaillier (1982).

pellfunktionalen Bereich nicht deckungsgleich sind: der Anglizismus spricht die Jugend affektiv ganz anders an als das Ersatzwort.

Das semantische Feld des existierenden französischen Wortes, an das die neue Bedeutung geknüpft wird, kann je nachdem entweder erweitert werden, wie im Fall von *parrainer* für *to sponsor*, das auf den wirtschaftlichen Sektor verlagert wird, oder verengt werden, wie im Fall von *déborder* für *to overshoot* (für die Astronautik).[85] Ein Wechsel der Fachsprache findet etwa auch bei *enjambement* für *crossing-over* statt, das nunmehr nicht nur in der Metrik, sondern auch in der Biologie verwendet wird. An das in der Standardsprache geläufige *boucle* wird die fachsprachliche Bedeutung von engl. *loop* geknüpft. Empirische Untersuchungen zeigen, dass in vielen Fällen den Sprechern das französische Ersatzwort unbekannt ist[86] und dass der allgemeinere Bedeutungsumfang des Ersatzwortes statt des präziseren Anglizismus als äußerst negativ empfunden wird.[87]

Von offizieller Seite wird gerade die *néologie de sens* besonders befürwortet, da es sich hier um ein altes Verfahren handele. Es liege immer dann vor, wenn ein Term der Standardsprache in eine Fachsprache oder wenn ein Ausdruck von einer Fachsprache in eine andere übergegangen sei.[88] Dies sei ein bewährtes Verfahren und damit auch für die Terminologiekommissionen gutzuheißen. Man darf aber nicht vergessen, dass es sich hier nicht um „selbstregulierende" Prozesse handelt, sondern um künstliche Bedeutungszuweisungen im Rahmen einer normativen Semantik. Ferner ist zu betonen, dass gerade die Lehnbedeutung von französischen Sprachpuristen als besonders gefährliche Form sprachlicher Überfremdung immer wieder bekämpft wird (Höfler 1981: 152).

Die Blockierung beim Sprecher, das verordnete Synonym zu verwenden, tritt natürlich nur ein, wenn der proskribierte Anglizismus geläufig, bekannt und zentral ist, wie dies bei *disc-jockey* der Fall ist. Ist dagegen ein englisches Wort wie *mouse* („Computermaus') im Standard noch nicht etabliert, scheint der verordnete Rückgriff auf *souris* – eine gelungene Lösung, da in beiden sprachlichen Versionen dasselbe Bild genutzt wird (vgl. span. *ratón*) – von diesen Bedenken nicht betroffen. Der Vorgang als solcher ist aber derselbe: Um dieses an den englischen Term geknüpfte Konzept französisch auszudrücken, wird die Bedeutung an einen standardsprachlichen Term geknüpft, der in die Fachsprache der Informatik übergeht. Insofern sind die Gesetzgeber gut beraten, wenn sie „prophylaktisch" z.B. *via* Internet vorgehen, indem sie Ersatzwörter vorschlagen, bevor die entsprechenden englischen überhaupt ins Französische entlehnt werden, bzw. bevor sie in den Standard gelangen.

Wenn die Kommissionen im Sprachgebrauch Lehnbedeutungen identifizieren, werden sie dezidiert ausgemerzt, wie etwa im Fall von franz. *contrôle*, das durch *régulation* zu ersetzen ist, und zwar explizit durch die *note*: „terme à proscrire: *contrôle*". Dem entsprechend werden vorgeschlagen: *régulation thermique* (statt *thermal control*) und *régulation*

---

[85] Sarter (1990: 212).
[86] Goudailler (1982: 28-51) zeigt dies durch Informantenbefragung an den sieben Paaren *bouteur/bulldozer, transbordeur/ferry-boat, perchiste/perchman, surjeu/play-back, cuisinette/kitchenette, stalle/box, cadreur/cameraman*.
[87] Fugger (1979/1983).
[88] Diki-Kidiri/Joly/Murcia (1981: 50).

d'orientation (statt *attitude control*). Andererseits greift man bei den Ersatzvorschlägen durchaus auch auf bereits geläufige, spontan und ungeplant entstandene Lehnbedeutungen zurück und erklärt sie für „offiziell": z.B. *but* (*goal*), *arbitre* (*referee/umpire*), *sonné* (*groggy*), *au tapis* (*knockdown*), *cadet* (*caddie*), *trou* (*hole*), *équipe* (*team*), *as* (*ace*), *paquet* (*pack*)?[89]

Wie kann nun dieser gegensätzliche, sich widersprechende Umgang mit den Lehnbedeutungen gedeutet werden? Diese Frage kann zweifach beantwortet werden: entweder werden die empfolenen Lehnbedeutungen gar nicht von den Neologen erkannt (es sind ja kaum Linguisten in den Kommissionen beteiligt) oder aber – dies ist sicher die freundliche Interpretation – man beugt sich bisweilen dem Sprachgebrauch. Definitiv kann dieses Problem jedoch nicht gelöst werden, denn dies würde auch bedeuten, den Kommissionen homogene Prinzipien unterstellen.

2.2.5 Zusammenfassung

Die bisherigen Ergebnisse zusammenfassend können wir folgenden Raster für die offiziellen Ersatzwörter aufstellen. Es sei an dieser Stelle betont, dass damit nicht behauptet wird, dass wirklich alle Typen der offiziellen Terme erfasst sind. Dieser Anspruch auf Vollständigkeit kann nicht zuletzt darum nicht erhoben werden, da die einzelnen Arbeitsgruppen zu heterogen zusammengesetzt sind, um die Ergebnisse in einem noch so komplexen Raster vollumfänglich erfassen zu können. Es war lediglich das Ziel, einen Eindruck einiger, wichtiger Verfahrensweisen zu geben.

---

[89] Die Hilfsmittel, um „innere Lehngut" zu identifizieren, sind englische und französische Wörterbücher, auch ältere Ausgaben, ferner Einzelstudien. Zu den Sporttermini, cf. v.a. Bäcker (1975).

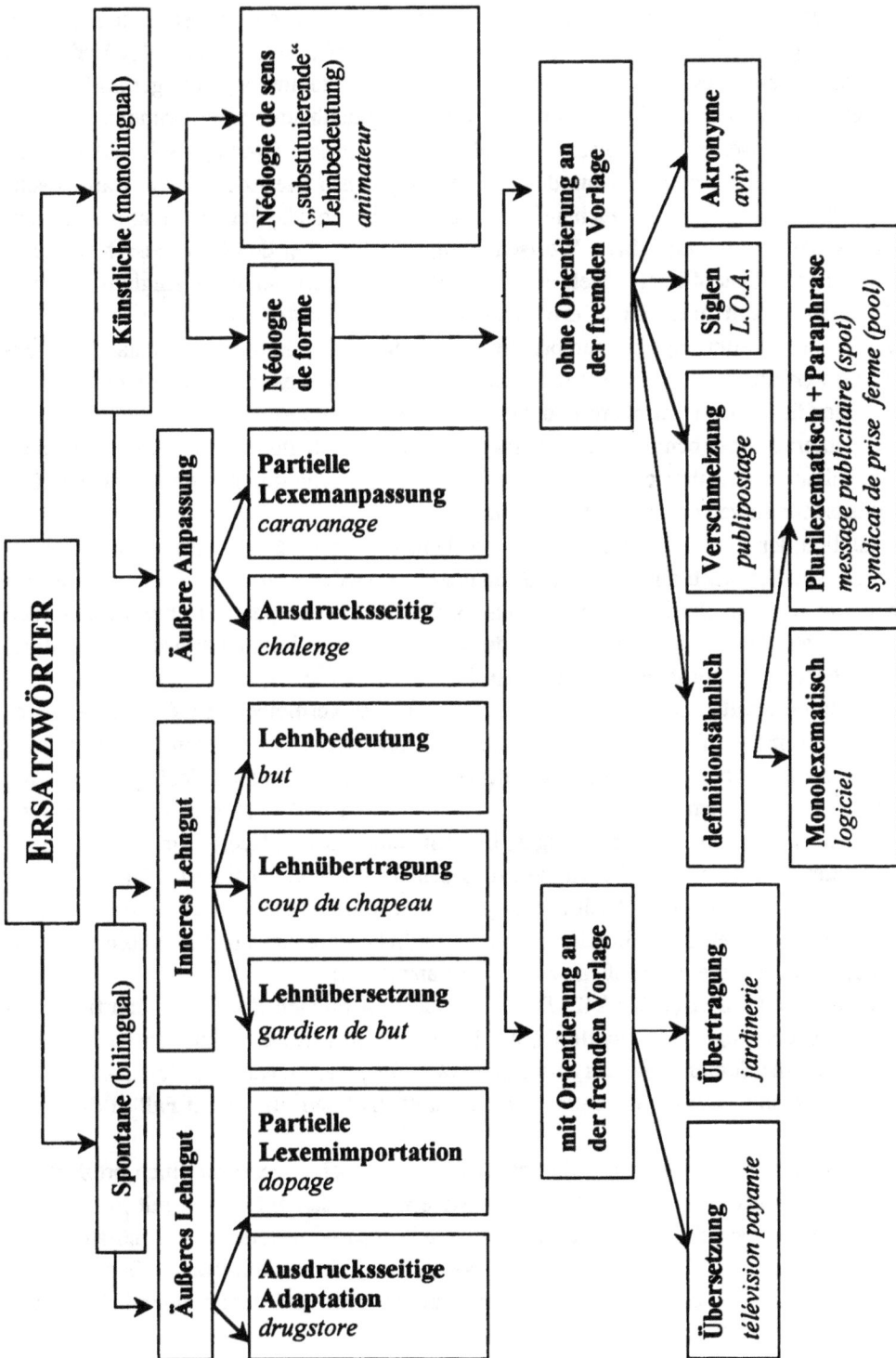

ERSATZWÖRTER

Künstliche (monolingual)

- **Néologie de sens** („substituierende" Lehnbedeutung) *animateur*
- **Néologie de forme**

Äußere Anpassung
- **Partielle Lexemanpassung** *caravanage*
- **Ausdrucksseitig** *chalenge*

Spontane (bilingual)

Inneres Lehngut
- **Lehnbedeutung** *but*
- **Lehnübertragung** *coup du chapeau*
- **Lehnübersetzung** *gardien de but*

Äußeres Lehngut
- **Partielle Lexemimportation** *dopage*
- **Ausdrucksseitige Adaptation** *drugstore*

ohne Orientierung an der fremden Vorlage
- **Akronyme** *aviv*
- **Siglen** *L.O.A.*
- **Verschmelzung** *publipostage*
- **definitionsähnlich**
- **Plurilexematisch + Paraphrase** *message publicitaire (spot) syndicat de prise ferme (pool)*
- **Monolexematisch** *logiciel*

mit Orientierung an der fremden Vorlage
- **Übertragung** *jardinerie*
- **Übersetzung** *télévision payante*

An der Wurzel der Spracherlasse und der daraus folgenden offiziellen Ersatzwörter mit französischen Mitteln lag der Wunsch nach „enrichissement" des Französischen, nach Förderung der eigenen Kreativität zur Auffüllung der „Lücken", die allerdings das Verbot der Anglizismen, zumindest der im Sprachgebrauch längst etablierten, erst geschaffen hat. Solche englischen Wörter fallen dem Gesetz nur aus sprachhistorischen Gründen zum Opfer, nämlich nur, weil sie irgendwann einmal entlehnt wurden. Synchronisch verhalten sie sich zumindest unter dem Kriterium des Gebrauchs genauso wie jedes andere französische Wort. In vielen Fällen sind sie auch auf den anderen Ebenen adaptiert und damit integriert. Deren Ersetzung durch künstliche Wortschöpfungen schafft bei den Sprechern Kommunikationsbarrieren. Das offizielle Ziel, durch französische Äquivalente für Anglizismen bessere Verständlichkeit zu erreichen, erweist sich hier als *contradictio in adiecto*.

Dieses Ziel ist allerdings bei den prophylaktischen und den kooperativ entstandenen Ersatzwörtern erfüllt, bei Äquivalenten, die vorsorglich für noch gar nicht entlehnte englische Wörter oder für äußerst periphere Fachwörter gebildet werden und beide denen die Sprecher *via* Internet mitarbeiten. Diese Aussage betrifft jedoch nur die normalen Sprecher, denn Fachleuten wird ihre oft international ausgerichtete Kommunikation durch französische Wortschöpfungen sicher nicht erleichtert.

Bezüglich der Ersatzwörter haben wir gesehen, dass sich „Englisches" nicht nur konzeptionell, sondern auch ausdrucks- und inhaltsseitig wieder „einschleicht", und zwar auf Ebenen, die von Sprachpflegern für weitaus „gefährlicher" und perfider eingestuft werden als die lexikalischen Anglizismen, da sie die innere Struktur des Französischen beeinflussen: die Ebenen der Morphologie und Semantik.

In ihrem oft blinden Eifer, „englisch Aussehendes" zu vermeiden, greifen die Terminologiekommissionen auf – von ihnen bekämpfte – Phänomene des inneren Lehngutes, wie Lehnübersetzung, -übertragung und -bedeutung zurück. Beim formalen Neologismus lassen sie sich in vielen Fällen von der fremden Vorlage leiten und schöpfen damit künstliche „Lehn"übersetzungen und -übertragungen, bei den semantischen Neologismen schaffen sie „substituierende" Bedeutungsübertragungen. Lösen sie sich von der fremden Vorlage, dann propagieren sie bislang als englisch zurückgewiesene Muster (z.B. Verschmelzung, Siglen, Akronyme) oder geben definitionsähnliche umständliche Paraphrasen, deren kommunikativer Ertrag von vornherein als äußerst zweifelhaft anzusehen ist.

Man muss mit Sarter (1990: 212) fragen, ob die sprachlichen Ergebnisse den finanziellen Aufwand der Regierung rechtfertigen: „Insgesamt erinnern die erzielten sprachlichen Ergebnisse an die Schlußszene des Films *Tanz der Vampire*: diejenigen, die auszogen, das Übel zu bekämpfen, werden ihr Opfer und tragen es ins Land, in diesem Fall in die Sprache."

Und wie steht es mit der *clarté* der französischen Sprache, wenn für einen proskribierten Anglizismus bis zu zwölf Ersatzformen, wie etwa bei den Bildungen mit *ground*, gefunden werden müssen? Dem *génie de la langue française* widersprechen müssten nunmehr vorgeschriebene Bildungen wie *couper sec* (für *cut*), dessen adverbialer Gebrauch des Adjektivs normalerweise englischem Einfluss zugeschrieben und darum eigentlich moniert wird.[90] Bislang abgelehnte Siglen, Akronyme und Mischungen wie *v.t.t.*, *facob* und *publi-postage*, die üblicherweise dem englischen Einfluss zugesprochen werden, werden zur *norme nationale* erhoben.[91] Die englischen Vorlagen widersprechen häufig den französischen Bildungsregeln: warum hätte das durchaus übliche *payé d'avance* nicht den ungeliebten Anglizismus *prepaid* ersetzen können, statt der wörtlichen Übersetzung *prépayé*?[92] Auch *payer-prendre* entspricht nicht den innerfranzösischen normalparadigmatischen Bildungsregeln und lässt die englische Vorlage *cash and carry* durchscheinen. Nur vor dem Hintergrund der englischen Quelle konnte *jardinerie* für *garden-center* gebildet werden, was nicht dasselbe ist.[93] Warum greift man nicht zurück auf *pépinières*?

Ferner begegnet man inkonsequenten Entscheidungen, die die Logik der Sprache betreffen: *pipeline* (mit franz. Aussprache) ist, mit einem Verweis auf die Existenz von *oléoduc* und *gazoduc*, erlaubt. Betrachtet man weitere Neologismen auf dieser Basis, wie *oléoprise*, *oléoreseau*, *oléoserveur*, wäre eine Ersetzung von *pipeline* durch *oléoduc* zwingend gewesen.[94] Genauso wenig nachvollziehbar erweist sich die offizielle Adaptation von *opérateur* einerseits, und die Ablehnung der spontan entstandenen Adaptation *tour-opérateur* andererseits, an dessen Stelle man die Kunstbildung *voyagiste* vorschreibt. Wie steht es mit dem erklärten Ziel der besseren Verständlichkeit bei Bildungen wie *carburéacteur*, das von den Sprechern gemäß der normalfranzösischen Determinationsabfolge unzutreffend als „réacteur pour carburant" interpretiert wird statt der implizierten Lesart „carburant pour réacteur"?[95]

Allerdings muss man den Terminologiekommissionen zugute halten, dass sie bisher unkoordiniert arbeiteten, dass in den seltensten Fällen Linguisten und Linguistinnen beteiligt waren (öffnet sich hier wohl ein neues Arbeitsfeld?) und dass sie bisweilen durchaus den *usage* im Blick haben, z.B. wenn einmal verbotene Anglizismen wieder erlaubt sind (z.B. *charter*), wenn sie auf in der Gebrauchsnorm verfügbare Varianten zurückgreifen, wenn sie „fremde" Aussprache für die offizielle erklären (z.B. *drugstore*), – überhaupt, wenn sie äußeres Lehngut zulassen. Auch der kommunikative Ertrag siegt bisweilen über traditionelle sprachpflegerische Normen, wie z.B. bei der Propagierung von Abkürzungen, Siglen und Wortmischungen. Es wäre nicht legitim, ständig traditionelle Normen zugrunde zu legen und nicht zu bedenken, dass die aktuelle Sprachpolitik innovative Züge aufweist, die manches Althergebrachte in Frage stellt, die Nutzung des Internets, die ständige Überarbeitung der Wortlisten sind nur zwei Beispiele dafür.

In einem Punkt kann man ihre Arbeitsweise (die ihnen allerdings gesetzlich vorgegeben ist) allerdings nicht entschuldigen, in der Behandlung von Internationalismen. Die Ausmer-

---

[90] Beinke (1995: 85).
[91] Vgl. auch Beinke (1995: 85).
[92] Sarter (1990: 212).
[93] Nicht umsonst wird auch in der Definition zu dem offiziellen *jardinerie* im DO 94 darauf hingewiesen, dass 1. ein Parkplatz, 2. ein großes Ausstellungsgelände und 3. eine Baumschule vorhanden ist. Cf. auch Pergnier (1989: 186).
[94] Beinke (1990: 233).
[95] Diki-Kidiri/Joly/Murcia (1981: 17).

zung international verwendeter Anglizismen schneidet Frankreich, trotz aller gegenteiliger Behauptungen von offizieller Seite, von Europa ab, erschwert den internationalen Tourismus- und Warenverkehr. Man kann es dahingehend zusammenfassen: Der Hauptfehler liegt in dem Verbot von Anglizismen, die im Sprachgebrauch etabliert sind, und von Internationalismen, die völkerverbindenden Charakter haben. Dass diese aber gesamthaft gesehen nur einen verschwindend geringen Anteil ausmachen, wird uns Kap. 3 zeigen.

2.3   „Politisch korrekte" Ersatzformen

Untersuchungen zur französischen Sprachpolitik konzentrieren sich vor allem auf den Kampf gegen die Anglizismen. Dies ist insofern berechtigt, da die Hauptstoßrichtung wirklich in diese Richtung geht, wofür schon allein die Frequenz des Anglizismenanteils im DO 94 spricht. Es darf dennoch nicht übersehen werden, dass sich die französische Sprachpolitik in ihren Empfehlungen und Erlassen auch der Revision ganz anderer Bereiche widmet (wie z.B. *féminisation, personnes âgées* und *vocabulaire juridicaire*), in denen Anglizismen keine Rolle spielen. Es wird damit internationalen Konzepten Rechnung getragen, die unter dem Begriff der *political correctness* zusammengefasst werden können, ein Begriff, der pikanterweise ebenfalls im angloamerikanischen Raum seinen Ursprung hat. Dabei geht es um das Auffinden von „politisch unkorrekten" Formen und Bezeichnungen, die einen bestimmten Teil der Bevölkerung sprachlich diskriminieren und ausgrenzen: Angeklagte vor Gericht, indem sie unhöflich angeredet werden oder indem man eine für sie unverständliche Sprache verwendet; Senioren, indem man sie mit dem abwertenden Wort „Alte" bezeichnet; Frauen, indem man sie in Berufen und Tätigkeiten nicht explizit und „verschweigt". Je nachdem spielen das offizielle (moderne) „Verständlichkeitsargument" (das z.B. auch in der Desambiguierung bei Personenbezeichnungen zum Tragen kommt) und das Argument des „Verbraucherschutzes" (im weitesten Sinne) ebenso eine Rolle wie etwa (historische) Überlegungen nach der Vermeidung des Lateins in der Rechtssprache.

2.3.1   Frauen

Die entsprechende *Circulaire* vom 11. März 1986 *relative à la féminisation des noms de métier, fonction, grade ou titre* beinhaltet keine terminologischen Neuerungen, sondern eine Aufstellung von morphologischen Regeln.[96]

Die feministische Kommission erfuhr schon vor der Aufnahme ihrer Arbeit polemische Attacken durch die Akademie und die Medien: Sprachveränderung werde betrieben, Sprachwandel eingeleitet, Neologismen würden vorgeschlagen – Vorgehensweisen, die der konservativen Ideologie suspekt erscheinen mussten. Der Erziehungsminister, der in dieser Funktion einige Spracherlasse unterzeichnet hatte, sah durch die Gründung der Kommission gar den Auftrag der Akademie gefährdet (*Le Figaro* 23/6/84). Die Akademie weigerte

---

[96]   Vgl. den Text im Dossier, Kap. 5.

sich, einen Repräsentanten zu entsenden. Die Kommission erhielt als einzige eine Verwarnung durch die Akademie, sie war der Grund für eine Aufforderung zur Intervention der *Assemblée Nationale*.[97]

Es stellt sich die Frage, warum diese Kommission derartig heftige Reaktionen auslöste. Ihr Status war ebenso legal war wie der der übrigen Kommissionen. Deren sprachliche Neuerungen entsprachen durchaus nicht immer, wie wir sahen, der *clarté* des Französischen, noch waren sie durchwegs der Kommunikationserleichterung förderlich, wie die Ersatzwörter zur Ausmerzung von geläufigen Angloamerikanismen *parking, hit-parade* und *bulldozer* zeigen, deren französische Äquivalente unbekannt und missverständlich sind.

Die Kommission wurde im November 1983 durch Yvette Roudy gegründet.[98] Im Unterschied zu den anderen Kommissionen, nahmen an dieser auffallend viele Linguisten und Linguistinnen teil,[99] die das Unternehmen sehr professionell angingen: sie veranlassten empirische Umfragen bei den einzelnen Berufsinnungen, um Bezeichnungslücken und entsprechende Vorschläge deskriptiv zu erfassen. Waren vielleicht die Vorschläge zur Feminisierung derart „unfranzösisch", utopisch innovativ und systemverletzend, dass sie deshalb solche Reaktionen hervorriefen? Schauen wir uns Vorschläge an:[100]

Die Verordnung beginnt mit der Begründung:

> L'accession des femmes de plus en plus nombreuses à des fonctions de plus en plus diverses est une réalité qui doit trouver sa traduction dans le vocabulaire.

Die Sprache muss den gesellschaftlichen Veränderungen angepasst werden, denn sie weist Lücken auf, und zwar in der Bezeichnung von Berufen und Funktionen, die Frauen heute innehaben. Insofern lässt sich diese Verordnung in die allgemeinen Prinzipien der aktuellen Sprachpolitik einreihen: „enrichissement" durch Auffüllen von Lücken im Vokabular zur Bezeichnung von „réalités nouvelles" (*Décret* 1986, Art. 4).

Die erste Regel schlägt den Gebrauch der femininen Determinanten (Artikel, Possessivum, Demonstrativum) vor: *une, la, cette* unabhängig davon, wie die maskuline Form endet (Bsp. *la professeur*). Die minimale Form der Feminisierung hat verschiedene Nachteile:

---

[97] Cf. Houdebine-Gravaud (1989: 97s.). – Die *mise en garde* der Akademie verwies die Kommission auf die Tatsache, dass 1. Genus nicht gleich Sexus sei, und dass 2. das maskuline Genus im Französischen auch generisch verwendet werde. Cf. hierzu Fischer (1985). – Vgl. auch das fingierte Interview von Georges Dumezil, Mitglied der Akademie, in *Le Monde* 17/7/84 (cf. *Términologie et traduction* 2/1985: 285-289).

[98] Fantapié (1985).

[99] Mitglieder der Arbeitsgruppe waren – neben den Repräsentanten der Ministerien – u.a.: Benoîte Groult, Michèle Coquillat, Anne-Marie Houdebine-Gravaud, Alain Fantapié, Michèle Bourgoin, Josette Rey-Debove, Jackie Schön, Nina Catach, André Martinet, Edwige Khaznadar. Cf. Houdebine-Gravaud (1989: N 7).

[100] Die Feminisierungsvorschläge sind im Dossier, Kap. 5 abgedruckt.

1. Sie erweitert das französische Nominalparadigma der Objektbezeichnungen (*la couleur, une odeur*, etc., Wörter, die aus lat. *-or* kommen) um belebte Nomen.

2. Im Plural (*les professeurs*) ergibt sie die gleiche semantische Ambiguität wie bei den maskulinen generischen Formen, eine Ambiguität bzw. „männerorientierte Vagheit bei den Personenbezeichnungen" in Worten von Peter von Polenz,[101] die darin besteht, dass das natürliche Geschlecht, der Sexus, nicht eindeutig bestimmbar ist. Dies ist ein spezifisch französisches Problem (*le/la-les*), das etwa in diesem Punkt das Spanische nicht hat, da diese Sprache auch im Plural feminine und maskuline Wörter differenziert: sp. *el/la-los/las*.

3. Schließlich hat die minimale Feminisierung durch den Artikel und artikelähnliche Determinanten noch den Nachteil, dass Regeln des *accord*, der Übereinstimmung von Adjektiv und Nomen verletzt werden: *les professeurs absentes*.

Die zweite Regel behandelt in fünf Untergruppen ausschließlich Ableitungsphänomene. Dabei wird – ganz in der Tradition des „bon usage" Vaugelas' stehend – der „usage actuel" zum Richter über den Sprachgebrauch: archaische Bildungen auf *-esse* (*poétesse, demanderesse*) werden ausgeschlossen, da sie im gegenwärtigen Französisch nicht mehr produktiv sind. Gleiches gilt für bestimmte Wörter auf *-trice*: **une autrice*, aber: *une éditrice*. Die Bildungsregeln richten sich nach der Endung der maskulinen Form, nach dem zugrunde liegenden Basisverb, vermeiden in ihren Ausnahmen Homophonien (*une médecin-*une médecine*; *une ingénieur-*une ingénieuse*) und unterscheiden nach gesprochener und geschriebener Sprache (a, b, c). Es handelt sich um traditionelle innerfranzösische Bildungsregeln, die an der jeweiligen Wortgeschichte orientiert sind, bzw. an den Regeln der Zeit, in der sie gebildet wurden: So konnte *professeur* im 18. Jhdt. zu *professeuse* werden (wie bei Voltaire belegt), obgleich im allgemeinen Wörter auf *-eur* ohne zugrundeliegendes Basisverb nicht als *-euse* abgeleitet werden („un professeur enseigne et ne professe pas") wie etwa solche, bei denen ein entsprechendes Verb vorhanden ist: *vendre-vendeur-vendeuse*.[102]

Kommen wir zu den einzelnen Untergruppen der zweiten Regel:

2.a. Nomina, die in ihrer schriftlichen Form auf *e-muet* (*une architecte*) enden, sind ambigen, d.h. geschlechtsneutral, und können sowohl feminin als auch maskulin verwendet werden. Die hier früher übliche Suffigierung durch *-esse* (*poétesse*) wird als veraltet markiert.

2.b. Nomina, die in der maskulinen Form auf einen anderen Vokal enden als auf *e-muet*, erhalten in der femininen Form ein *-e*: *une déléguée*.

2.c. Maskuline Nomina, die auf einen Konsonanten enden (außer *-eur*), sind entweder als ambigene Nomina anzusehen (*une médecin*) oder erhalten im Femininum ein *-e*

---

[101] Polenz (1985: 151ss.).

[102] Zu *-eure*, cf. Di-Lillo (1983: 3ss.): Die von Chomsky u.a. für das Englische entwickelten Wortbildungsregeln der Tiefenstruktur, wonach Suffixe nur entweder an eine nominale oder verbale Basis angefügt werden können, gilt im Französischen bei x+*-eur* nicht. Es handelt sich also nicht um einen Universalismus.

(*l'agente*). Dieses Verfahren kann je nachdem zu einem Akzent auf dem letzten Vokal führen (*une huissière*) oder zur Verdoppelung des letzten Konsonanten (*une mécanicienne*).

2.d. Auf *-teur* endende maskuline Nomina bilden das Femininum auf *-teuse* (*une acheteuse*), wenn das *-t-* zum Basisverb gehört, auf *-trice* (*une animatrice*), sofern dies nicht der Fall ist. Diese Regel erfährt zwei Zusätze: 1. im *usage* wird demgegenüber das Suffix *-trice* auch dann gesetzt, wenn das *-t-* zum Basisverb gehört (*une éditrice*). 2. In einigen Fällen wird dieses Suffix nicht akzeptiert; man behandelt das entsprechende Nomen dann als ambigen (*une auteur*).

2.e. Alle anderen Nomina, die in der maskulinen Form auf *-eur* enden, werden durch *-euse* feminisiert, sofern das Basisverb erkennbar ist (*une vendeuse*). Ist das Basisverb im Hinblick auf die Form oder die Bedeutung nicht erkennbar, wird in Ermangelung einer allgemein akzeptierten Regel das Nomen als ambigenes konzipiert (*une professeur*).

Folgende normalparadigmatischen Suffixe werden also empfohlen: *-e*, *-ière*, *-trice*, *-ienne*, *-euse*. Daneben wird mit der ersten Regel die minimale Form der Feminisierung „femininer Determinant + maskulines Nomen" favorisiert. Es zeigt sich, dass die Vorschläge absolut system-, ja sogar normkonform sind. Die Polemik gegen diese Kommission kann sich also wahrlich nicht auf die Ergebnisse beziehen.

Es fällt auf, dass hier die Bildungen mit *femme* (*femme-auteur*) oder *Madame* (*Madame le président*) nicht erwähnt werden; sie gehören aber im europäischen Französisch noch zu den zentralen Bildungen, wohingegen sie in Kanada im entsprechenden Erlass als Archaismen bezeichnet werden. Im jüngsten Erlass von Premierminister Lionel Jospin am internationalen Frauentag (8.3.1998) müssen in allen amtlichen Mitteilungen Frauen in Führungspositionen feminisiert werden (*la directrice*). Zugleich gab Jospin der entsprechenden Kommission einen Bericht in Auftrag, der bei zukünftigen Streitfragen helfen soll. Mit den Ministerinnen der Linksregierung ist die Akademie uneins: Sie wollen sich nicht mehr *Madame le ministre* nennen, sondern bestehen auf *Madame la ministre*, und weichen damit von der hier zu diskutierenden *Circulaire* ab.[103]

Wie die abschließende Bemerkung der *Circulaire*, der zufolge das Pendant zu *le professeur* die Form *la professeur* sein soll, ahnen lässt, herrscht in diesem Punkt keine Einigkeit. Kanada nimmt diesbezüglich eine andere Haltung ein: In Quebec (wie auch in der Frankophonie der Schweiz und Belgiens) setzt sich zunehmende das Suffix *-eure* durch: *la professeure*, das den Vorteil hat, neben der minimalen Feminisierung durch den Artikel auch graphisch die Feminisierung deutlich zu machen[104] (oft aber auch schon phonetisch[105]).

Zum Status dieses Suffixes kann Folgendes gesagt werden: Die Form wird seit Anfang des Jahrhunderts, z.B. von Nyrop, später von Brunot und Dauzat, sporadisch vorgeschla-

---

[103] Zu *Madame la ministre*, cf. auch den Kommentar von Tatilon (1998: 107-112).
[104] Cf. Maas-Chavau (1989: 164s.).
[105] Wie die Aussprache von *la vainqueure*, *la commissaire* (France-Inter) zeigt, cf. Barrera-Vidal (1983: 12-21).

gen.[106] Man kann sie unterschiedlich interpretieren: 1. In Analogie zu *supérieure* und *prieure*; 2. historisch durch den mittelalterlichen, v.a. normannischen Gebrauch der Feminisierung z.B. *intercesseure, inventeure*; 3. synchronisch durch eine Hypergeneralisierung der Feminisierungsregel 2b (Anhängung eines *e-muet* an die maskuline Form), oder 4. in Analogie zur Feminisierung von Adjektiven auf *-eur*: *inférieure*.

Folgende Probleme können sich bei Anwendung der vorgeschlagenen Feminisierungsregeln aufgrund sprachstruktureller Blockierungen ergeben (bleiben aber bis auf die Homonymie **la médecine* in der *Circulaire* unausgesprochen):[107]

1. Homonymie: *la médecine, l'ingénieuse*
2. Pejorative Konnotationen: *chefeuse, chefesse*
3. Matrimonielle statt sexuelle Movierung, v.a. bei Prestige-Berufen: *la maire* ‚Frau des Bürgermeisters'
4. Prestigeverlust: *la secrétaire* ‚Sekretärin' vs. *Madame le secrétaire* ‚Staatssekretärin'

Vergleicht man die kanadischen Empfehlungen mit den französischen, so fallen beträchtliche Unterschiede auf: in der französischen *Circulaire* wird versäumt, auf die pejorative Konnotation von Ableitungen auf *-euse* zu verweisen. Das Suffixe *-esse* dagegen wird in Frankreich als Archaismus markiert, in Kanada dagegen sind solche Formen durchaus üblich (*mairesse*). Stellt man diese Fälle neben die genannten kanadischen Varianten *-eure* und die Bildungen mit *femme*, bzw. *madame*, dann zeigt dies, dass die kanadischen Feminisierungsvorschläge eine größere Bandbreite beinhalten.

Eine empirische Umfrage von 1992 bezüglich der Akzeptanz bestimmter Feminisierungsvarianten in Frankreich und Quebec kommt zu interessanten Ergebnissen (Schafroth 1992: 109-125):

- Maskuline Bezeichnungen für Frauen: lehnen 64% Quebecer ab und nur 41% Franzosen;
- „*Madame le* + männliche Bezeichnung": 57% der Quebecer Befragten akzeptieren diese Form nicht, während dies bei den französischen Testpersonen nur zu 9,8% der Fall ist;
- „*femme* + männliche Bezeichnung": gehört in Frankreich zu den beliebtesten Formen, Quebec lehnt diese ab;
- *Le/la* + geschlechtsneutraler Ausdruck: in Frankreich noch sehr vertreten, in Kanada hat dieses Muster einen äußerst marginalen Status;
- Bildungen mit *-eure* sind in Frankreich *quasi* inexistent (obgleich sie in der Kommission diskutiert wurden) und werden von den Sprechern abgelehnt, in Quebec dagegen werden sie bei allen auf *-teur* endenden Formen eingesetzt, auch auf Kosten von *-euse* und *-trice*. Die kanadischen Bildungen auf *-eure* schließen damit die Lücken im Bereich der Wortbildung, die durch die Blockierungen bestimmter Suffixe (durch ihre pejorative

---

[106] Nyrop (1902: 318), Brunot (1926: 90), Dauzat (1954: 107). Brunot plädiert für *professeure* und *ingénieure*, verurteilt aber *docteure* (statt: *doctoresse*). – Vgl. hierzu auch Yaguello (1989: 32).

[107] Cf. hierzu und zu einem kontrastiven Vergleich zwischen den französischen und spanischen Feminisierungsmöglichkeiten auch Braselmann (1997a: 451ss.).

Konnotation z.B.) entstanden sind. Darum werden sie auch bevorzugt eingesetzt bei der Bezeichnung von Berufen mit hohem Prestige.

Aus diesen Ergebnissen kann man Verschiedenes folgern: Quebec geht einen eigenen, von Frankreich unabhängigen Weg. Die französische Innovations-Unbeweglichkeit bezüglich der eingeschränkteren Feminisierungsvariationen ist in deutlichem Zusammenhang mit der historischen Sprachpflege in Verbindung zu sehen, die auch die Kreativität bezüglich der Bezeichnung von neuen Sachverhalten und Konzepten blockte (und die Franzosen leichter zum Lehnwort greifen ließ). Rein sprachstrukturell hat in Kanada im Vergleich zu Frankreich eine historische Normverschiebung stattgefunden (z.B. bezüglich der Verwendung von *-esse*, „*femme/madame* + maskuline Bezeichnung", „*le/la* + geschlechtsneutraler Ausdruck", *-eure*). Die Quebecer Sprachpolitik (ebenso wie auch die der anderen frankophonen Länder[108]) erweist sich als bedeutend liberaler und progressiver als die Frankreichs. Das „Mutterland" hat im Grunde die Chance verpasst, dem Regierungsauftrag gerecht zu werden (der darin besteht, mit dem vom System her gegebenen Möglichkeiten Lücken zu füllen), indem es *-eure* ablehnt, und zwar sowohl von offizieller als auch von Sprecherseite. Wie wir sahen, ist *-eure* vom System her möglich und historisch realisiert.

Bleiben wir kurz bei den Ebenen der Sprache (*parole*, Norm, System). Die semantische Ambiguität zwischen Genus und Sexus aufzulösen, ist das Kernziel der Kommission und entspricht durchaus dem Geist der allgemeinen Spracherlasse in ihrem Streben nach Vermeidung von Missverständnissen. Ich möchte darum kurz diesen Punkt weiter vertiefen, der auch die Basis für die erarbeiteten Feminisierungsvorschläge ist:

Die Genus/Sexus-Diskussion, die Frage, ob bei belebten Nomen das grammatische Geschlecht den außersprachlichen Sexus impliziert oder nicht, hat eine lange Tradition in der Sprachwissenschaft und speziell in der feministischen Linguistik. Es geht um die kontrovers, oft geradezu polemisch diskutierte Frage, ob dieses Verhältnis „motiviert" oder „arbiträr" ist. Ich möchte hier kurz die zwei konträren Positionen der traditionellen und der feministischen Linguistik nennen und aufzeigen, dass sie darum nicht kompatibel miteinander scheinen, weil sie auf unterschiedlichen Ebenen argumentieren:

– Im Französischen (wie in den meisten europäischen Sprachen) hat das maskuline Genus zwei Funktionen: 1. männlicher Sexus (markiert); 2. generischer Status, d.h. es besteht Unmarkiertheit in Bezug auf das natürliche Geschlecht. Bsp: *l'homme*: 1. der Mann, 2. der Mensch. Dasselbe gilt für den Plural (es gibt natürlich auch Gegenbeispiele, nämlich für generisches Femininum: *La personne/die Katze*, vgl. Kalverkämper/Pusch Kontroverse).[109] Geht man also vom generischen Status aus, so würden sich logischerweise Feminisierungen erübrigen, denn wenn es nicht auf eine Personenmarkierung ankommt (dafür hat die Sprache entsprechende Mittel), sind Frauen im unmarkiert generi-

---

[108] Zu den Feminisierungen in den Ländern der Frankophonie, cf. auch Gladischefski/Lieber (1998: 275-292).
[109] Kalverkämper (1979), Pusch (1979).

schen Gebrauch ja immer „mitgemeint". Dies ist die Haltung der Akademie und der „traditionellen" strukturalistischen Linguistik.

– Die feministische Linguistik stellt den „generischen" Status von maskulinem Genus dagegen in Frage (setzt darum die Anführungszeichen). Dass im Sprachbewusstsein das maskuline Genus – so die Gegenposition – eben nicht „generisch", d.h. unmarkiert, verwendet wird und nicht konsistent auf beide Geschlechter verweist, sondern sehr wohl mit dem männlichen Sexus assoziiert wird, beweisen verschiedene Fakten.

Umfragen in Frankreich (und in anderen Ländern) haben ergeben, daß 80% der Befragten maskuline Berufs- und Personenbezeichnungen im Singular, aber auch im Plural, mit männlichen Referenten identifizieren.[110] Mit dem Gebrauch des maskulinen Genus ist offensichtlich doch männlichen Sexus und nicht unmarkiert Generisches gemeint. Die Beispiele hierfür sind zahlreich. Der Europäische Gerichtshof urteilt 1983 (Rs. 79/83)[111] über folgenden Fall: eine Diplom-Kauffrau bewarb sich auf eine Stellenanzeige in der Zeitung *Die Welt*, in der man „einem leistungsbereiten Hochschulabsolventen der Wirtschaftswissenschaften das Sprungbrett für eine Managerkarriere" bot. Die Bewerberin wurde abgelehnt mit der Begründung, dass für diese Position nur männliche Kandidaten in Frage kämen. Aufgrund der Formulierung „sont électeurs tous les Français" wurde den Frauen Frankreichs 1848 das Wahlrecht verweigert. Ähnliches gilt für die Schweiz durch die Formulierung „Tous les Suisses sont égaux devant la loi". Bis 1971 waren damit nur die männlichen Schweizer gemeint. Der generische Charakter wurde dadurch negiert.

Solche Beispiele sind keine Einzelfälle. Die Benachteiligung der Frau im „generischen" Maskulinum ist keine „feministische Schimäre", sondern „psycholinguistische Realität".[112] Wie sind sie linguistisch zu erklären? Nun, strukturalistisch sicher nicht. Die strukturalistische Linguistik weist hier auf die Arbitrarietät des sprachlichen Zeichens hin, auf die Zufälligkeit des Zusammenfalls von Genus und Sexus, in unserem Fall: auf die Neutralisierung durch *les*, auf den generischen Charakter des Maskulinums im Singular und im Plural. Die kognitive Wahrnehmung bei den Sprachbenutzern kommt aber zu ganz anderen Einschätzungen. Das maskuline Genus scheint zumindest bei Personenbezeichnungen doch etwas mit dem Sexus zu tun zu haben und zwar insofern, als das maskuline Genus eine Prototypenstruktur aufweist, die in der Regel auch den männlichen Sexus assoziieren läßt.[113] Bei einem Satz wie „der Professor ... ist schwanger" schafft das vermeintlich „generisch" verwendete maskuline Genus eine Erwartungshaltung für einen männlichen Sexus, die durch den Kontext („ist schwanger") enttäuscht wird. Diese Enttäuschung ist Zeichen dafür, dass das „generische" Maskulinum bei Personenbezeichnungen sehr wohl männlichen Sexus assoziieren lässt, dies besonders in einer Gesellschaft, in der weibliche Professoren sowieso eher die Ausnahme sind.

---

[110] Cf. Houdebine (1989: 45) und die zitierte Literatur in Bußmann (1995: 139ss.).
[111] Gerichtshof der Europäischen Gemeinschaften (Slg. 1984/II, p. 1921ss.).
[112] Bußmann (1995: 140), Klein (1988: 310-319).
[113] Vgl. auch die Beispiele bei Frank (1992); cf. hierzu auch Houdebine (1989: 39-71).

Ein letztes eindrückliches Beispiel, das in feministischen Arbeiten kursiert:[114]

> Un enfant et son père sont gravement blessés dans un accident ... Pendant leur transfert à l'hôpital, le père meurt. L'enfant blessé arrive en salle d'opération. Le chirurgien refuse de l'opérer en déclarant qu'il ne peut le faire parce que cet enfant est son fils.

In einer Gesellschaft, in der traditionell frequenzmäßig mehr Männer den chirurgischen Beruf ausüben als Frauen, wird *le chirurgien* spontan mit dem männlichen Sexus assoziiert. Die im System angelegte „Neutralisierbarkeit" des maskulinen Genus findet in bestimmten Kontexten, auf *parole*-Ebene, nicht statt. Und genau darin besteht der „Rätselcharakter" des Beispiels.[115]

Der Unterschied zwischen der traditionellen und der feministischen Linguistik besteht unter anderem darin, dass sie auf verschiedenen Ebenen der Sprache operieren. Die strukturelle Linguistik macht Aussagen über das Sprachsystem, die feministische Linguistik untersucht Sprachverwendungsweisen auf *parole*- und Normebene (und zwar auch die feministische Sprachplanung, wie wir oben bereits sagten). Ferner will die strukturalistische Linguistik wertfrei beschreiben, wie ein Sprachsystem funktioniert. Die feministische Linguistik dagegen setzt sich zum Ziel, den Sprachgebrauch zu verändern, um die gesellschaftliche Wahrnehmung zu ändern. Dadurch ist ihr Anspruch ein völlig anderer: ihr geht es nicht um die isolierte Betrachtung sprachlicher Fakten, sondern sie bezieht sich explizit auf die durch Sprechen gestaltete Auffassung von Wirklichkeit. Damit schließt sie sich an Auffassungen von der Interaktion von Sprache, Wahrnehmung, Denken und Gesellschaft an, wie sie etwa bei Humboldt, Weisgerber, Sapir, Whorf vertreten sind.

Die Bewertung seitens der traditionellen Linguistik, die feministische Linguistik sei „unlinguistisch", sie verwechsle außersprachlichen Sexus mit sprachlichem Genus, etc.,[116] basiert auf der Grundannahme, dass der Strukturalismus als der einzig mögliche Ansatz aller sprachwissenschaftlichen Konzepte angesehen wird. Es geht der feministischen Linguistik vor allem um Assoziationen, die die Sprecher mit dem grammatischen Maskulinum verbinden, und dies bringt natürlich den männlichen Sexus ins Spiel – ungeachtet der vom Strukturalismus eingeforderten Arbitrarietät und Zufälligkeit der sprachlichen Zeichen. Es gilt allerdings zu betonen, dass auch der Strukturalismus eine „relative Arbitrarietät" kennt, nämlich genau bei den Motionssuffixen, bei den Ableitungen: *Lehrer* ist als sprachliches Zeichen unmotiviert, *Lehrer-in* ist relativ motiviert. Dies gilt auch für andere Bildungen, die sogenannten motivierten Wortbildungen, wie z.B. die Ableitung *pommier* von *pomme*.

Wir haben gesehen, dass die Möglichkeiten der französischen Sprachstruktur vielfältig sind, um Feminisierungen vorzunehmen (vgl. dagegen das Deutsche v.a. *-in*, aber auch *-frau*). Die Kommission versucht, ihren Auftrag der Modernisierung, der Anpassung der Sprache an neue außersprachliche Realitäten, der höheren kommunikativen Effizienz, dem

---

[114] Z.B. bei Houdebine-Gravaud (1989: 113).
[115] Selbst Sprecher und Sprecherinnen, die für feministische Argumente sensibilisiert sind, kommen bei diesem Beispiel erst nach langer Überlegung auf die Lösung, wie Umfragen in entsprechenden Gruppen beweisen.
[116] Wie z.B. Kalverkämper (1979), Ulrich (1988). Vgl. dazu Kubzak (1991).

106

Schutz vor Missverständnissen zu erfüllen, und bleibt dabei im Rahmen der traditionellen Möglichkeiten des französischen Systems. In ihrer Arbeitsweise zeigt die Kommission Lücken auf Normebene auf, um sie mit den vom System bereitgestellten Mechanismen zu füllen, ganz im Sinne des „enrichissement de la langue française".

Einzig in der Ablehnung der von der Akademie weiter propagierten Verwendung der maskulinen Form als generischer, unmarkierter Verwendungsweise weicht sie vom traditionellen Gebrauch ab. Die öffentliche Erregung und Polemik kann also nicht zurückzuführen sein auf ihre sprachlichen Vorschläge, sondern hat ideologische Gründe.[117] Die konservative Kritik erklärt sich durch die allgemein gesellschaftliche Relevanz des Problems, das sprachübergreifend ist und nicht auf einen kleinen fachsprachlichen Bereich begrenzt bleibt.

Um noch etwas zu dem linguistischen Interesse an dem Bereich der Feminisierungen zu sagen: er bietet sich förmlich dazu an, Strukturunterschiede zwischen den romanischen Sprachen aufzudecken und auch die unterschiedlichen Einstellungen in den frankophonen Gebieten zu verdeutlichen. Nicht zuletzt lassen sich in diesem Rahmen auch die Grenzen der strukturellen Linguistik in Richtung auf kognitive Fragestellungen erweitern, insofern man beide Ansätze als komplementär betrachtet. Wissenschaftstheoretische Grundlagen der feministischen Argumentation bilden die Prototypen-Theorie, die Zusammenhänge zwischen Sprachsystem und Wahrnehmungsystem thematisiert, und die Stereotypen-Theorie, die solche zwischen Sprachsystem und Systemen kulturellen Wissens annimmt.[118]

2.3.2 Senioren

Im *Arrêté* vom 13. März 1985 *relatif à l'enrichissement du vocabulaire relatif aux personnes âgées, à la retraite et au vieillissement* wird einer anderen internationalen Entwicklung der *political correctness* Rechnung getragen: der Nicht-Diskriminierung einer bestimmten Generation durch die Sprache. Dieses internationale Konzept wird von den Einzelsprachen unterschiedlich realisiert, vgl. etwa dt. *Seniorenwohnheim* statt *Altersheim*. Lücken werden nur insofern gefüllt, als es Lücken sind für Bezeichnungen, die diskriminierend sind. Das Verständlichkeitsargument spielt hier keine Rolle. Ging es bei der Revision der Fachsprachen darum, Lücken in Bezug auf außersprachliche Realitäten und bei der Revision einer „Frauen-nur-mitmeinenden" Sprache Lücken in Bezug auf feminine Berufs- und Funktionsbezeichnungen aufzufüllen und damit einer gesellschaftlichen Veränderung Rechnung zu tragen, handelt es sich hier um das Auffinden nicht-diskriminierender Bezeichnungen für eine andere, noch nicht bezeichnete Weltsicht. Dies wird deutlich in den einzelnen Vorschlägen und ihren Begründungen: *personne âgée* soll gesetzt werden für *vieux, vieilles, vieillard*, um deren abwertende, pejorative Konnotationen zu vermeiden; *âgisme* wird als Terminus gebildet in expliziter Analogie zu *racisme*, um eine Haltung zu

---

[117] Im Mittelalter, vor Gründung der Akademie, sind Feminisierungen durchaus üblich gewesen, cf. dazu Cotarelo (1925). Yaguello (1987) unterscheidet diesbezüglich zwischen der *langue pré-académique* und der *langue post-académique*.

[118] Vgl. auch Klein (1988: 311).

benennen, die Menschen nicht aufgrund ihrer Hautfarbe oder ihres Geschlechtes, sondern aufgrund ihres Lebensalters diskriminieren:

personne âgée, n.f. *Domaine*: Vie sociale/Gérontologie/Personnes âgées. *Définition*: Personne plus âgée que la moyenne des autres personnes de la population dans laquelle elle vit. *Note*: 1. Dans l'opinion courante, ce concept sous-entend souvent que cette personne n'a plus d'activité rémunérée et qu'elle a des capacités diminuées. 2. Il est parfois employé de manière imprécise et inadéquate. 3. L'expression personne âgée est cependant commode pour remplacer celles de vieux, vieilles, vieillards car le mot vieux a souvent des connotations négatives de déclin, de déchéance, d'obsolescence ou d'incapacité: on peut être âgé, au sens défini plus haut, sans être vieux en ce sens-là. 4. Plus récemment on associe les personnes âgées et les retraités parce qu'en France, en ce dernier quart du XXe siècle, on peut être encore vieux ou âgé sans être retraité, et plus souvent on peut être retraité bien avant d'être vieux au sens de diminué. *Source*: Arrêté des personnes âgées du 13 mars 1985. *J.O.* du 4 juillet 1985.

âgisme, n.m. *Domaine*: Vie sociale. *Définition*: Attitude ou comportement visant à déprécier les individus du fait de leur âge. *Note*: Ce terme est formé par analogie avec racisme. Il s'emploie plus particulièrement pour désigner la discrimination dont sont victimes les *personnes âgées. *Voir aussi*: discrimination sociale, inégalité sociale, ségrégation sociale. *Source*: Arrêté des personnes âgées du 13 mars 1985. *J.O.* du 4 juillet 1985.

Die jeweiligen Kommissionsvorschläge gehen in der neuesten Ausgabe des DO 94 (neben den Ersatzvorschlägen zu den Anglizismen) in den alphabetischen Wortteil ein, so dass eine ältere Ausgabe, wie z.B. die von 1991, konsultiert werden muss, um eine Zusammenstellung der Vorschläge zu finden. Dies ist in diesem Falle ohne Probleme möglich, da der „Senioren"-Erlass von 1985 nicht wieder überarbeitet wurde und der einzig gültige bleibt.

Die ursprüngliche Einteilung der Kommissionsvorschläge in Liste 1 („Les expressions et termes figurant sur la liste n° 1 ... sont approuvés") und Liste 2 („L'emploi des expressions et termes figurant sur la liste n° 2 ... est recommandé") fällt bei dem Verfahren der Alphabetisierung natürlich weg.[119] Es handelt sich im Ganzen um 42 Termini (davon befinden sich vier, nämlich *gérescence*, *gérité*, *nursage* und *retraitologie*, in Liste 2). Einzig *nursage* ersetzt explizit („Le terme *nursing* ne doit pas être employé en français") einen unerwünschten Anglizismus, *nursing*, und zwar durch die beliebte Suffixsubstitution *-age* für *-ing*.[120] Hier steht – anders als in den restlichen Vorschlägen – weniger der Wunsch nach nicht-diskriminierenden Ausdrücken im Vordergrund als vielmehr der Kampf gegen die Anglizismen.

Die übrigen Ersetzungen sind häufig als Neologismen gekennzeichnet und in der Regel erscheint das zu ersetzende (diskriminierende) Wort nicht. Es wird nur Wert darauf gelegt, sämtliche Bildungen mit *vieux, vieilles, vieillard* zu vermeiden (z.B. *maison de retraite, club de personnes âgées, gériatrie*, etc.); eine Ausnahme bildet hier der offizielle Term *vieillissement*.

---

[119] Cf. dazu oben, Kap. 2.1.1.
[120] Cf. dazu oben, p. 80.

Neben dem Artikel *nursage* verweist ein einziger anderer auf das zu vermeidende Wort: *logement-foyer* erhält die Bemerkung: „Le terme *foyer-logement* ne doit pas être employé". Die Abfolge der Konstituenten wird also moniert, die allerdings bei den Bildungen *foyer-restaurant* und *foyer-soleil* als offizielle Terminologie vorgeschlagen wird.

2.3.3 Juristen

In der *Circulaire* vom 15. Sept. 1977 *relative au vocabulaire judiciaire* wird ähnlich wie bei den *personnes âgées* nicht außersprachlichen neuen Realitäten Rechnung getragen, sondern die Sprache soll einem veränderten „Zeitgeist" angepasst werden:

> ... la commission s'efforce de faciliter la compréhension par les justiciables du langage employé par les praticiens du droit. A cette fin, elle propose, d'une part, la formulation française de certaines expressions latines ou étrangères, d'autre part, la modernisation de locutions archaïques, surannées, devenues parfois discourtoises ... La commission de modernisation du langage judiciaire s'est attachée à rechercher les moyens de rendre le langage judiciaire plus clair, plus moderne, plus intelligible et plus français. Il importe en effet que la justice se fasse mieux comprendre de ceux pour qui elle est faite ... Moderniser le langage, c'est aussi l'adapter à l'esprit du temps ...[121]

Das eigentlich Innovative dieser *Circulaire* liegt darin, eine Fachsprache, die traditionell stark vom Latein geprägt ist, unter kommunikativem Aspekt einer Prüfung zu unterziehen, Abstand von fachsprachlichen, schwer verständlichen Formulierungen zu nehmen und einem gesamtgesellschaftlichen Phänomen Rechnung zu tragen, das darin besteht, eine Randgruppe, etwa Angeklagte, nicht zu diskriminieren.

Andererseits wird etwas Historisches wiederaufgenommen. Im ersten Sprachgesetz von 1539 („*Ordonnance de Villers-Cotterêts* édictée par François Ier, prescrivant l'emploi du français au lieu du latin dans les ordonnances et les jugements des tribunaux") über die Rechtssprache wird in den Artikeln 110 und 111 das Latein ebenfalls aus kommunikativen Gründen abgelehnt:

> (110) Et afin qu'il n'y ait cause de douter sur l'intelligence desdits arrests, nous voulons et ordonnons qu'ils soient faits et écrits si clairement, qu'il n'y ait ni puisse avoir aucune ambiguité ou incertitude ni lieu à demander interprétation. – (111) Et pour ce que telles choses sont souvent advenues sur l'intelligence des mots latins contenus esdits arrests, nous voulons d'oresnavant que tous arrests, ensemble toutes autres procédures ... soient prononcés, enregistrés et delivrés aux parties en langage maternel françois et non autrement.[122]

Verständlichkeit und Vermeidung von Ambiguitäten stehen hier im Vordergrund für das Verbot von Latein als Amts- und Gerichtssprache. Getragen wird diese Sprachgesetzgebung jedoch durch machtpolitische Intentionen, deren vorläufiger Schlusseffekt eben diese *Ordonnance* war.[123] Es ging neben der Verdrängung des Lateins ebenfalls, wenn auch nicht so explizit wie in dem zweiten historischen Sprachgesetz, um die Abgrenzung des Franzö-

---

[121] *Circulaire* abgedruckt im DO 94, p. 315-321.
[122] Wolf (1969: 52).
[123] Cf. hierzu Gossen (1976: 7ss.), Schmitt (1977b: 107s.), Gebhardt (1981: 23ss.).

sischen von den anderen romanischen und nicht-romanischen Sprachen auf französischem Boden: um die sprachliche Assimilierung der Oberitaliener, bzw. um das Okzitanische aus dem öffentlichen Sprachgebrauch zu verdrängen.[124] Dahinter steht der alte, oft sprachimperialistisch interpretierte Topos *cuius regio eius lingua*.[125]

Das zweite Sprachgesetz des Konvents vom 2. Themidor des Jahres II in der Französischen Revolution (= 20.7.1793) („N. 118: Loi portant qu'à compter du jour de sa publication, nul acte public ne pourra, dans quelque partie que ce soit du territoire de la République, être écrit qu'en langue française") richtet sich vor allem gegen die Minderheitssprachen[126] und droht jedem Beamten, der eine öffentliche Urkunde in einer anderen Sprache als in Französisch abfasst, mit sechs Monaten Gefängnis:

> Tout fonctionnaire ou officier public, tout agent de gouvernement qui ... dressera, écrira ou souscrira, dans l'exercice de ses fonctions des procès-verbaux, jugements, contrats ou autres actes généralement quelconques, conçus en idiomes ou langues autres que la française, sera traduit devant le tribunal de police correctionnelle de sa résidence, condamné à six mois d'emprisonnement, et destitué.[127]

Während hier mit den Worten Trabants (1981: 87) den „inneren Feinden" des Französischen der Kampf angesagt wird, den Minderheitssprachen, haben die neuen Sprachgesetze von 1975/1994 den „äußeren Feind", vor allem das Englische, im Visier.

Gegen welche Gegner richtet sich nun die hier zu behandelnde *Circulaire*? Die Empfehlungen bestehen aus sechs Teilen. Teil 1 („Expressions latines") überträgt schwer verständliche lateinische Ausdrücke ins Französische, statt: *nulla poena sine lege* nun: *pas de peine sans loi*. Bestimmte Formen, wie z.B. *ad hoc, alibi, pro forma*, werden für „französisch" erklärt und folglich nicht ersetzt. Entsprechendes gilt auch – erinnern wir uns daran – für einige Anglizismen in anderen Fachsprachen. Teil 2 behandelt die *expressions étrangères*, bzw. explizit *anglaises*. Die Kommission rekurriert hier auf die Wortlisten von zehn Kommissionen und selektiert daraus 52 Anglizismen mit ihren offiziellen französischen Äquivalenten, die in der Regel dem Standard angehören (wie z.B. *hit parade, kitchenette, bulldozer*) und offensichtlich häufig in juristischen Texten verwendet werden.

Die Kommission fügt abschließend hinzu, dass alle anderen Anglizismen, die in dieser Liste nicht erscheinen, verwendet werden können, jedoch mit einer Übersetzung zu versehen seien (DO 94, p. 319). Dabei sei das übersetzte englische Wort in Klammern hinter dem französischen Äquivalent zu vermerken. Dies ist ein Zusatz, der sehr umsichtig und realistisch scheint und den man bei den anderen Kommissionsempfehlungen vermisst. Die Verantwortlichen scheinen sich im Klaren darüber zu sein, dass der Sprecher oft die franzö-

---

[124] Cf. Trabant (1995b: 11).

[125] Zur Geschichte dieses Topos, cf. Braselmann (1991: 416-434). Er ist demnach nicht, wie Gebhardt (1981: 23) annimmt, zum ersten Mal in Frankreich am Anfang des 16. Jahrhunderts formuliert.

[126] Cf. hierzu Brumme/Bochmann (1993: 63ss.) und die Besprechung von Braselmann (1997b: 344-348). Zur Stellung der Minderheitssprachen, cf. auch: Brun-Trigaut (1990), Kattenbusch (1995).

[127] Gesetzestext abgedruckt in Schmitt (1977b: 118).

sischen Äquivalente nicht versteht, wenn das verbotene, im Sprachgebrauch viel etabliertere englische Wort nicht genannt wird.

Archaische und veraltete Ausdrücke werden in Teil 3 („Archaïsmes et locutions surannées") ersetzt; es wird etwa empfohlen, statt: „le sieur X..." nunmehr: „M. X...," oder statt: „la veuve N..." nunmehr: „Mme veuve N..." zu sagen. – Teil 4 („Expressions discourtoises") eliminiert unhöfliche, diskriminierende Formulierungen, wie etwa an Stelle von: „le nommé X...", „la femme Z..." oder „Dupont René" soll gesetzt werden: „M. X...", „Mme Z..." und „M. René Dupont". Es handelt sich hier um die Aufarbeitung abwertender Benennungen in der Rechtssprache, die man sich auch für die deutsche Gerichtssprache wünschen würde.

Im 5. Teil („Locutions inutiles ou creuses") der Vorschläge ist es das Ziel, sich in einer auch dem Laien verständlichen Weise („facile à comprendre pour les profanes") auszudrücken und unnötige, schwerfällige Formulierungen zu vermeiden: statt des umständlichen „Relaxe X... des fins de la poursuite sans peine ni dépens" reiche es, „Relax M. X..." zu sagen. – In ähnliche Richtung gehen auch die Bemerkungen zu Teil 6 („Expressions peu intelligibles ou ambiguës"): Vermeidung von Ausdrücken, mit denen der normale Sprecher nicht vertraut ist. So wird z.B. empfohlen, die Prozessbeteiligten nicht nach ihrer Funktion im Prozess zu benennen, wie etwa „l'appelant" oder „le réquérant", sondern einfach die Parteien beim Namen zu nennen.

Es wird deutlich, dass bei dieser *Circulaire* der von staatlicher Seite so oft beschworene (und bezüglich der offiziellen Ersatzvorschläge der Anglizismen selten eingelöste) „Verbraucherschutz" wirklich greift und ernst genommen wird. Das Verständlichkeitsargument steht bei den Entscheidungen deutlich im Vordergrund. Lateinische Ausdrücke – ein Spezifikum der Rechtssprache – sollen ebenso eliminiert werden, wie umständliche, ambige und für den Normalsprecher nicht verständliche juristische (französische) Ausdrücke, Syntagmen und Formulierungen. Bei englischen Wörtern greift man auf die Gesetzeslage, bzw. auf Vorschläge anderer Kommissionen zurück.

Ähnlich wie bei dem Erlass zu den *personnes âgées* geht es auch hier nicht um referenzsemantische Probleme, sondern um die Eliminierung diskriminierender Elemente in der Sprache zur Bezeichnung einer bestimmten gesellschaftlichen Gruppe – eine Diskriminierung, die sich auch in einer arroganten, weil für den eigentlich Betroffenen nicht verständlichen, Rechtssprache äußert. Alle drei hier behandelten Verordnungen stellen innereinzelsprachliche Ausgestaltungen und Reaktionen von allgemeingesellschaftlichen, nicht nur an Frankreich gekoppelten Konzepten dar, die die Nicht-Diskriminierung bestimmter Gruppen zum Inhalt haben.

Die Frage nach den „Feinden" stellt sich hier also nicht. Wenn überhaupt, dann handelt es sich um einen jeder Sprache inhärenten Zug, der darin besteht, dass die Sprache den modernen gesellschaftlichen Entwicklungen oft nachhinkt. Sie (bzw. der Sprecher) bezeichnet manchmal noch nicht, was bereits gesellschaftliche Realität ist. Dieses retardierende Moment wird durch die Verordnungen ausgeglichen, indem die Sprache den Entwicklungen angepasst wird.

2.4   Arbeitsanleitung

a) Prüfen Sie im DO 94 unter dem Buchstaben *p*: welche proskribierten Anglizismen gehören dem Standardwortschatz an. Benutzen Sie als Informationsquellen gängige Wörterbücher (PRob, PLar) und Anglizismenwörterbücher (Höfler 1982, Rey-Debove/Gagnon 1980)?

b) Welche Ersetzungen sind „prophylaktischer" Natur, d.h. der zu vermeidende Anglizismus ist noch nicht ins Französische entlehnt, und welche Anglizismen finden sich nur in der Peripherie (Fachsprachen)?

c) Analysieren Sie die Abkürzungen, die sich im DO 94 unter *image* finden, und stellen Sie sie ihren englischen Äquivalenten gegenüber.

d) Ordnen Sie die karikaturistischen Beispiele von Chiflet (1994; vgl. Textauszug in Kap. 5) in die Typologie der offiziellen Äquivalente ein (z.B. Übersetzung, Übertragung, „substituierende" Lehnbedeutung).

e) Prüfen Sie, welche der Anglizismen bei Chiflet (1994; vgl. Textauszug in Kap. 5) im DO 94 wirklich proskribiert sind und welche dem Standardwortschatz angehören (z.B. anhand von PRob, PLar).

f) Analysieren Sie die in Kap. 2.1.2 vorgestellten kooperativen Neologismen aufgrund des in Kap. 2.2 entwickelten Rasters.

g) Diskutieren Sie folgenden Zeitungstext (*Revue de la Presse* 5/1994), vergleichen Sie die Anglizismen mit ihren Ersatzwörtern anhand der in diesem Kap. 2 entwickelten Kriterien (z.B. Verständlichkeit, Gebrauchsnorm, Bildungsweise der Ersatzwörter, etc.):

Antoine a mis ses *brodequins à guêtre*. Il a filé dans sa *cuisinette*, meublée *en lot* avant d'inviter sa petite amie au *restovite*. Ensuite, sortant son *autocaravane* de son *compartiment*, il l'a conduite au *ciné-parc*. Au retour, une panne d'essence l'a obligé à se servir de sa *nourrice*. Du pur *charabia*? Non, du „vrai" français.
Antoine a mis ses rangers. Il a filé dans sa kitchnette, meublée en kit avant d'inviter sa petite amie au fast-food. Ensuite, sortant son camping-car de son box, il l'a conduite au drive-in. Au retour, une panne d'essence l'a obligé à se servir de son jerrican.

3. Akzeptanz der Ersatzwörter: Empirisches

3.1 Akzeptanzbedingungen

Um die Frage zu beantworten, ob die offiziellen Ersatzwörter eine Überlebenschance haben, sind mindestens drei Aspekte zu berücksichtigen: 1. Art und Weise der Bildungen (cf. Kap. 2.2), 2. Bedingungen der Akzeptanz und 3. ihre Verbreitung: „Le néologisme n'a de vie que le temps de l'élocution du créateur s'il ne répond pas à certaines exigences de la communauté linguistique. L'étude des conditions d'acceptabilité du néologisme et de sa diffusion est donc l'aspect complémentaire nécessaire de celle de sa création" (Guilbert 1973: 24). Diese drei Punkte sind aber nicht unabhängig voneinander zu sehen: Rein systemlinguistische Aussagen etwa bezüglich der Systemkonformität der Äquivalente sagen nichts über deren mögliche Akzeptanz aus, wenn man nicht die Stellung der durch sie zu ersetzenden Anglizismen im Sprachgebrauch im Auge hat: Je zentraler ein proskribierter Anglizismus ist, desto unwahrscheinlicher ist die Akzeptanz seines Ersatzwortes durch die Sprecher – und zwar unabhängig von der sprachlichen Bildungsweise. Helfrich (1993) kommt in ihrer empirischen Studie zu dem Ergebnis, dass der Bildungstyp für die Frage der Akzeptanz von Neologismen nur eine mittelbare Rolle spielt. Viel wichtiger als produktive sind rezeptive Faktoren wie Gebräuchlichkeit, Einfachheit und Benutzbarkeit.

Damit kommen die Bildungsweisen wieder ins Spiel, allerdings unter kommunikativem Aspekt: ein Ersatzwort ist leicht zu handhaben, wenn es kurz ist, zumindest nicht länger als das zu ersetzende.[1] Plurilexematische und definitionsähnliche Ersetzungen für monosyllabische Anglizismen haben darum wenig Aussicht auf Erfolg, wie auch die empirische Untersuchung von Bécherel (1981: 129ss.) bestätigt. Außerdem muss das Ersatzwort rechtzeitig „auf den Markt" kommen, bevor der unerwünschte Anglizismus sich in den Sprachgewohnheiten implantiert hat (Bengtsson 1968: 197). Die Kommissionen schlagen also mit ihren präventiven und kooperativen Äquivalenten (zum Teil unter Zuhilfenahme des Internets) den richtigen Weg ein.

Kontrovers diskutiert wird in der Literatur die Bildungsart der „Übersetzung" und der „Bedeutungsübertragung" als Akzeptanzfaktor: Während etwa Diki-Kidiri/Joly/Murcia (1981: 12) die Übersetzung als „Gefängnis des Neologen" ablehnen, die „néologie de sens" dagegen befürworten, spricht Bengtsson (1968: 131s.) beiden Verfahren höchste Erfolgsaussichten zu.[2] Aufgrund unserer Ergebnisse können wir hier konkretisieren: Ersatzwörter, die ihre Existenz einem „normalen" Sprachkontakt verdanken und schon im Sprachgebrauch existierten, bevor die Kommissionen sie für offizielle erklärten, haben logischerweise die beste Chance „weiter"zuleben, weiter akzeptiert zu werden – unabhängig davon, ob es sich um äußeres oder inneres Lehngut handelt. Dies verdanken sie nicht ihrer Bil-

---

[1] Martinet (1994: 70).
[2] So auch Bécherel (1981: 131s.)

dungsweise (Lehnübersetzung, Lehnbedeutung etc.), sondern allein der Tatsache, dass sie bereits zum Sprachgebrauch gehören.

Anders die Situation bei den künstlich geschaffenen Ersatzwörtern. Eine untergeschobene, „substituierende" Lehnbedeutung kollidiert mit den Sprachgewohnheiten, denn das Wort, an das die neue Bedeutung normierend geknüpft wird, ist den Sprechern mit dem gewohnten Bedeutungsumfang vertrauter. Vorlagengetreue Übertragungen von geläufigen Internationalismen, wie z.B. *gros-porteur* für *jumbo jet* oder *cadreur* für *cameraman*, lassen die viel bekanntere englische Vorlage durchscheinen, die der Sprachbenutzer ständig mitassoziiert. Bisweilen kann dann der französische Ausdruck als Variante im Gebrauch die Konnotation der *political correctness* oder – je nach ideologischem Standpunkt – des politischen Effektes der Demonstrierung der Unabhängigkeit Frankreichs von den USA bekommen.[3]

Wollen wir eine Prognose zum zielgerichteten Sprachwandel anstellen, dann scheinen die definitionsähnlichen, monolexematischen Ersatzformen ohne Orientierung an der fremden Vorlage (*logiciel*), gefolgt von bestimmten Verschmelzungen, Siglen und Akronymen, die Bildungen zu sein, die die meiste Aussicht auf Erfolg unter den künstlich geschaffenen Termini haben. Unschlagbar erfolgreicher werden aber demgegenüber prinzipiell die Ersatzwörter sein, die nicht zielgerichtet, sondern spontan in der Sprechergemeinschaft entstanden sind.

Der *usage* erweist sich als das wesentlichste Kriterium für die Akzeptanz, und zwar sowohl im Hinblick auf den zu ersetzenden Anglizismus als auch hinsichtlich des Ersatzwortes: je fester der verbotene Anglizismus im Sprachgebrauch verankert ist, umso weniger ist die Akzeptanz seines Ersatzwortes zu erwarten. Wird ein spontan entstandenes, bereits verfügbares Ersatzwort zum offiziellen erklärt, ist sein Status im *usage* sowieso gesichert. Ein künstlich geschaffenes Äquivalent hat – neben den eben genannten akzeptanzfördernden Bildungsweisen – dann die besten Aussichten angenommen zu werden, wenn es im Sprachgebrauch leicht zu handhaben ist: Ableitungsmöglichkeiten (wie *logiciel, progiciel*), ökonomische Kürze, Aussprechbarkeit und die Berücksichtigung von Sach- und Interessensbereichen der Sprecher-Erwartungen. Schmitt (1979b: 15ss.) hat diesen Punkt als eines seiner Postulate hervorgehoben: die neuen Einheiten müssen bezüglich ihres semantischen Wertes den Erwartungen der Benutzer entsprechen, d.h. auch symptom- und appellfunktionalen Ansprüchen genügen, was etwa bei *palmarès* und *show-business* nicht der Fall ist. Solche semantischen „Fehlgriffe" entstehen, wie wir gesehen haben, vor allem bei dem Bildungstyp der substituierenden Lehnbedeutungen.

Alle diese Erfolgsbedingungen hängen letztlich von dem alles entscheidenden *usage* ab – und noch mehr: Weinrich (1995: 172s.) hält das ganze Unternehmen der Wortlisten für einen Beweis eines „wenig entwickelten Sprachbewusstseins": die Vorstellung, man könne dieser „rasanten Sprachentwicklung" (das Französische nimmt seiner Einschätzung nach jährlich ca. 5.000 Neuwörter auf und eben soviele Altwörter scheiden auch wieder aus)

---

[3]   Beinke (1990: 236ss.) führt die ideologischen Effekte als 4. Sprachplanungsregel neben den drei von Schmitt (1979b: 15ss.) übernommenen: 1. kommunikativer Ertrag, 2. Systemkonformität, 3. ästhetische Regeln.

durch eine „Standardliste von 3.600 Substantiven" Einhalt gebieten, scheint ihm „abenteu-erlich". Es ist in der Tat so, dass die Normierungsinstanzen mit der Entwicklung der Spra-che kaum Schritt halten können, die Terminologie des Internets ist nur ein Beispiel dafür. Die Normierung erfolgt oft erst dann, wenn das monierte Wort schon längst außer Ge-brauch gekommen ist: *hit-parade* wird umständlich durch *palmarès* ersetzt, zu einem Zeit-punkt, an dem dieser Anglizismus im Sprachgebrauch längst von *top ten* (Beinke 1995: 87) bzw. *charts* abgelöst wurde.

Wenn wir also davon ausgehen, dass insbesondere Ersatzwörter zu proskribierten Anglizismen, die im *usage* bereits etabliert sind, wenig Chance haben, von den Sprechern angenommen zu werden, dann stellt sich unweigerlich die Frage, in welchem Maße und in welchen Bereichen überhaupt der Sprachgebrauch durch die staatlichen Verbote betroffen ist. Die quantitative Feststellung über das Ausmaß der staatlichen Eingriffe ist auch darum von besonderem Interesse, da das Ergebnis die Kritik an der *Loi Toubon* relativieren könnte. Übereinstimmend werden in der Literatur und in den Medien gerade solche Über-griffe in den *usage* moniert, oft werden ausschließlich solche Beispiele diskutiert. – Fol-gende Zahlen sollen ermittelt werden:

1. Prozentualer Anteil aller proskribierten Anglizismen am zentralen Wortschatz.
2. Verteilung dieser zentralen Anglizismen auf die einzelnen Fachbereiche.

Als Informationsquelle wird NPRob 93 herangezogen.[4] In den früheren Versionen sind deutlich weniger Anglizismen vermerkt. Ein Anglizismus gilt als zum Standard gehörig, wenn er in diesem Wörterbuch erfasst ist. Ein solches Unternehmen könnte man leicht noch auf andere Wörterbücher ausdehnen.

Im DO 94 sind insgesamt 2.458 Anglizismen proskribiert. 294 von ihnen gehören dem zentralen Wortschatz an. Dieses Ergebnis kann in Prozenten umgerechnet folgendermaßen graphisch dargestellt werden, wobei ab- bzw. aufgerundet wird:

---

[4]   PRob erfährt 1977 eine Überarbeitung und trägt nach 1993 den Titel *Nouveau Petit Robert* (NPRob).

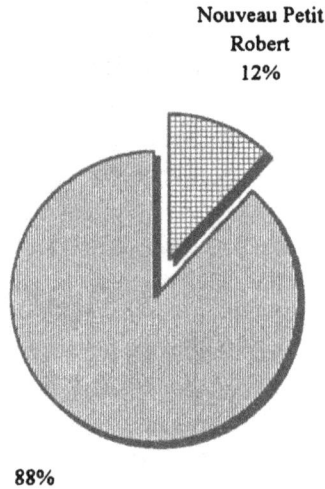

Der Anteil von 12% ist eigentlich recht gering, in 88% der Fälle handelt es sich also wirklich um einen peripheren Fachwortschatz, in den die Kommissionen korrigierend eingreifen. Der *usage* ist nur in Ausnahmefällen betroffen – dies auch zur Rechtfertigung der Kommissionsarbeit. In der nächsten Graphiken wird aufgezeigt, auf welche Fachbereiche sich diese 12% (=294) proskribierten Anglizismen, die zum zentralen Wortschatz gehören, verteilen:

Kategorien	Wörter
Sport	45
Défense	42
Audiovisuel et publicité	37
Économie et finances	30
Urbanisme et logement	30
Agriculture	18
Pétrole	15
Techniques spatiales	14
Informatique	13
Transports	12
Télécommunications	11
Santé	6
Tourisme	6
Composants électroniques	4
Télédétection aérospatiale	4
Nucléaire	3
Mer	2
Personnes âgées	1

Die prozentuale Verteilung dieser 294 Anglizismen auf die einzelnen Fachbereiche sieht folgendermaßen aus:

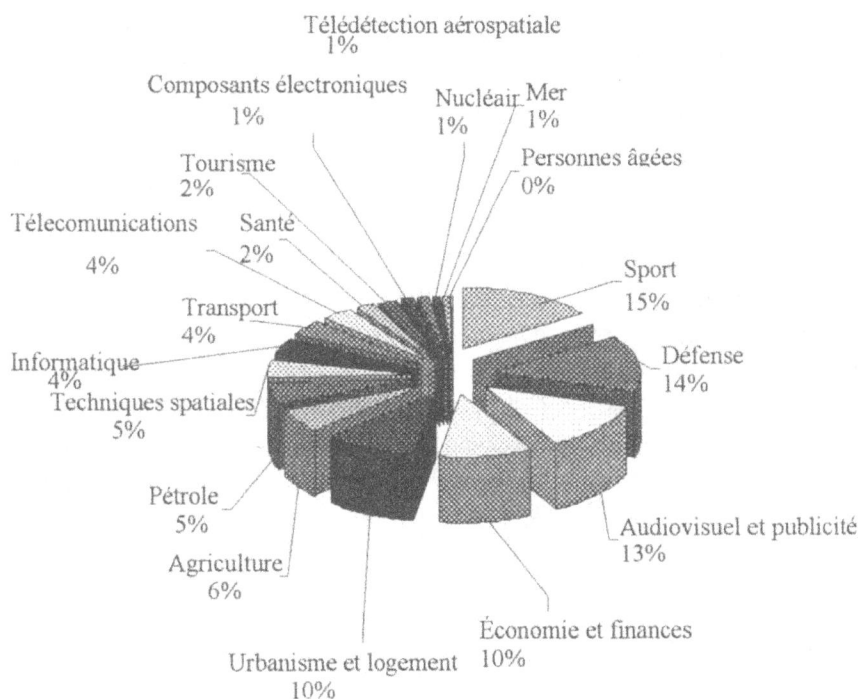

Télédétection aérospatiale 1%
Composants électroniques 1%
Nucléair 1% Mer 1%
Tourisme 2%
Personnes âgées 0%
Télecomunications 4% Santé 2%
Sport 15%
Transport 4%
Défense 14%
Informatique 4%
Techniques spatiales 5%
Pétrole 5%
Audiovisuel et publicité 13%
Agriculture 6%
Urbanisme et logement 10%
Économie et finances 10%

Es zeigt sich, dass der Bereich *sport*, gefolgt von *défense* und *audiovisuel et publicité*, am stärksten von den Verboten betroffen ist.

3.2 Akzeptanz in den Medien

Um die Frage nach der faktischen Durchsetzung der ministeriellen Maßnahmen in den Medien zu beantworten,[5] konzentrieren wir uns exemplarisch auf den Bereich *sport*. Die Sportsprache ist, wie wir gesehen haben, insbesondere von den Erlassen betroffen. Mit der Sportterminologie liegt ein sprachliches Material vor, das den rein fachsprachlichen Be-

---

[5] Vgl. hierzu auch die empirischen Studien von Thody (1995) und Fugger (1979/1983), die allerdings eine etwas andere Fragestellung haben.

reich in vielen Fällen bereits verlassen hat und im Standard geläufig ist: 15% der im Standard gebräuchlichen, aber dennoch verbotenen Anglizismen entstammen diesem Bereich.

Es soll in diesem Kapitel der Frage nachgegangen werden, wie sich die Printmedien gegenüber den in den gegenwärtig gültigen drei Sporterlassen (19.2.1988, 21.12.1990, 11.12.1992) monierten Anglizismen und ihren offiziellen Ersatzwörtern verhalten. Das Korpus bilden 250 Sportberichte aus Tageszeitungen (*Le Figaro*, *Le Monde*, *France-Soir*, *Libération*) und aus Sportzeitungen (*L'Equipe*, *France-Football*) im Jahrgang 1995.

Die Analyse ergibt, dass von 119 proskribierten Sportanglizismen und ihren Ersetzungen 55 der in den drei Erlassen thematisierten Wörter und Wendungen belegt sind: entweder ein monierter Anglizismus, ein offizielles Äquivalent oder ein verbotener Anglizismus gleichzeitig mit seiner französischen Ersetzung. Dass nur ca. die Hälfte der Wörter vorkommt, liegt einerseits daran, dass es sich bei den in den drei Erlassen proskribierten Anglizismen auch um peripheres Fachvokabular von Sportarten handelt, die in Frankreich nicht sehr populär sind (z.B. Golf),[6] andererseits daran, dass einige verbotene englische Wörter „prophylaktisch" proskribiert werden, d.h. dass sie noch gar nicht im Französischen belegt sind, wie z.B. engl. *toss*, für das das Äquivalent *tirage au sort* vorgeschlagen wird.

Die Auswertungen zeigen, dass von den 55 untersuchten Wörtern und Wendungen in ca. 45% der Fälle der proskribierte Sportanglizismus weiter verwendet wird, in ca. 27% wird sowohl der Anglizismus wie auch alternierend das Ersatzwort gesetzt und nur in ca. 28% der Fälle verfahren die Journalisten, wie vom Staat gewünscht, indem sie nur das vorgeschlagene französische Äquivalent benutzen. Dieses Ergebnis kann folgendermaßen graphisch dargestellt werden.

Einfluss der Erlasse auf die Printmedien (Beispiel Sport)

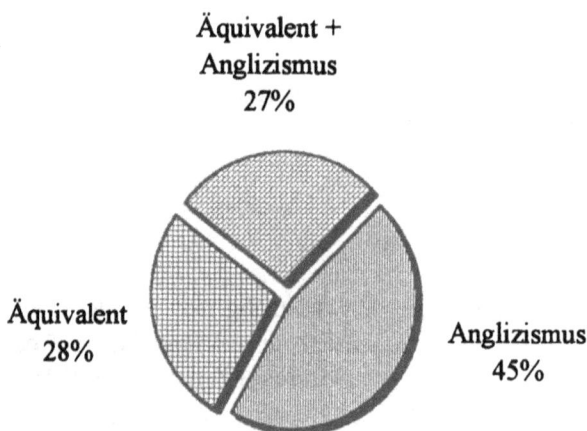

Äquivalent +
Anglizismus
27%

Äquivalent
28%

Anglizismus
45%

---

[6] Anders als in den Erlassen von 1988 und 1990, die Termini aus verschiedenen Bereichen des Sports behandeln, beschränkt sich der Erlass von 1992 ausschließlich auf den Sektor Golf.

Allein aus diesen Zahlen kann geschlossen werden, dass die ministeriellen Maßnahmen nur sehr eingeschränkte Durchsetzung in den Printmedien erfahren haben. Addiert man die Fälle, in denen die proskribierten Anglizismen allein (45%) und in Kombination mit ihren Äquivalenten (27%) weiter verwendet werden, dann kommt man auf die beträchtliche Zahl von 72%. Mit anderen Worten werden also in ca. ¾ der Verwendungen Sportanglizismen in den Medien ungeachtet der staatlichen Vorgaben weiter benutzt. Dabei sind allerdings Unterschiede zwischen den Zeitungen zu beobachten: *Le Figaro* erweist sich als puristischer und regierungstreuer als andere Zeitungen. Anglizismen werden häufiger ersetzt oder drucktechnisch hervorgehoben, z.B. durch Anführungszeichen oder Kursivierungen, ein Verfahren, das ihren „unfranzösischen" Status und ihre Nicht-Zugehörigkeit zum Französischen signalisiert. Die anderen Zeitungen sind liberaler und benutzen die untersagten Anglizismen. Ersetzungen werden eher als stilistische Varianten eingesetzt. Dies scheint ein wichtiger (wenn auch unerwünschter) Nebeneffekt des Anglizismenverbotes zu sein: Die unliebsamen Wörter werden weiter verwendet, die Ersatzformen nur zur stilistischen Varianz eingesetzt.

Im einzelnen zeigt die Analyse, dass folgende proskribierte Sportanglizismen (statt ihrer offiziellen Ersatzwörter) besonders häufig verwendet werden:[7] *break, challenge, challenger, corner, dribble*[8]*, indoor, leader, manager, meeting, open, penalty, play-off, score, sprint, tie-break*[9]*, time.* Demgegenüber erscheinen folgende Ersatzwörter mit hohen Okkurrenzen: *arbitre, as, but, dopage, entraînement, entraîner, entraîneur/-euse, espoir, filet, gardien de but, hors-jeu, joueur de tennis, tir, trou.* Eine etwa identische Verteilung von Anglizismus und dem entsprechenden Ersatzwort zeigt sich bei: *comeback-retour, forcing/pressing-pression, marque-score, supporter-supporteur* und *team-équipe.*

Schaut man sich diese Beispiele an, so wird Verschiedenes deutlich:

1. Es setzen sich, wie erwartet, im Sprachgebrauch spontan entstandene Adaptationen von Anglizismen durch, wie z.B. *dopage*, nicht dagegen künstliche Adaptationen wie *chalenge, manageur* und *drible.*
2. Das Gleiche gilt für durch Sprachkontakt natürlich entstandene Ersatzwörter des inneren Lehngutes: *arbitre, as, but, gardien de but, tir, trou.*
3. Umständliche, lange Übertragungen werden nicht akzeptiert, wie die frequente Weiterverwendung der Anglizismen *corner (coup de pied de coin)* und *penalty (tir de réparation)* zeigen, die darüber hinaus auch schon sehr lange im Französischen belegt sind: *corner* seit 1897, *penalty* seit 1902 (Datierungen laut Höfler 1982). Die französisierte

---

[7] Wir haben unser Augenmerk ausschließlich auf die proskribierten Anglizismen gerichtet. Daneben finden sich eine Fülle von nicht monierten, wie z.B. englische Bezeichnungen von Sportarten *(football, volley-ball, basket-ball, hockey, tennis*, etc.) oder sonstigen Anglizismen *(match, set*, etc.). – Vgl. hierzu auch unten, Nota 15.

[8] Der proskribierte Anglizismus lautet *dribbling*, die Ersatzform *drible*. Die künstliche Adaptation wird nicht übernommen, sondern die fremde Schreibweise mit *bb* verwendet.

[9] Auch Schmitt (1995: 102) beobachtet die Weiterverwendung des proskribierten *tie-break* in Europa, wogegen in Kanada häufig *le bris* verwendet werde.

Schreibung *pénalité* stellt im Rugby sogar die einzige Benennungsmöglichkeit des Strafstoßes dar.

4. Kurze Ersatzwörter haben große Chance auf Akzeptanz, wie z.B. *but* oder *tir*. Der Aufruf im Tennis, das Spiel nach einer Pause wiederaufzunehmen, ist mit dem kurzen und prägnanten *time* derart etabliert, dass die (an sich gut gewählte) französische Entsprechung *reprise* sogar bei den *French Open* 1995 keine Berücksichtigung fand. Dies kann sich allerdings ändern, wenn, wie wir oben bei der Diskussion der Olympischen Spiele gesehen haben, bereits im Vorfeld auf diplomatischer Ebene auf die Französisierung gedrungen wird.

5. Morphologische Adaptationen, wie *manageur*, und graphisch/phonetische Adaptationen, bzw. Rückgriff auf historisches Material wie bei *chalenge*, setzen sich nicht in allen Fällen durch. Dies zeigt, dass die Systemadäquatheit und Motivation nicht unbedingt Voraussetzung für Akzeptanz ist, sondern die Vertrautheit mit dem englischen Ausdruck bzw. sein zentraler Status dominiert, wie etwa auch die Weiterverwendung von *leader* beweist.

6. Ergeben unsere Untersuchungen, dass *tie break* weiter verwendet wird, so gilt doch festzuhalten, dass im französischen Fernsehen, einer öffentlich-rechtlichen Institution, durchgängig das offizielle *jeu décisif*, weniger die ebenfalls empfohlenen *échange décisif/manche décisive* zu finden sind. Es ist nicht auszuschließen, dass dies die französische Gebrauchsnorm auf die Dauer zugunsten des französischen Terms beeinflussen kann.

7. Als Beispiel für relative Ausgewogenheit des Ersatzwortes und des proskribierten Anglizismus gilt *pression-pressing/forcing*. Der Referenzbezug ist allerdings nicht identisch und es zeigt sich in den jeweiligen Kontexten, dass dies den Journalisten auch bewusst ist. Die Bezeichnung *pressing* meint nicht nur das reine Ausüben eines gewissen Druckes auf die gegnerische Mannschaft, sondern impliziert darüber hinaus eine mit demselben Ausdruck bezeichnete Angriffstaktik, die in *pression* nicht wiedergegeben wird. Ist also diese Bedeutung gemeint, wird das französische Ersatzwort nicht, wie in anderen Fällen, als stilistische Variante gesetzt.

Einige der sich in den untersuchten Sportberichten des Jahres 1995 abzeichnenden Tendenzen setzen sich in der Berichterstattung der Fußball-Weltmeisterschaft 1998 in *Le Monde* (9.6.-14.7.1998) fort.[10] Folgende Termini der Fußballsprache, die schon 1995 besonders häufig verwendet wurden, finden sich auch 1998: Die Lehnwörter *chalenge* und *dribble* mit ihrer unfranzösischen, unerlaubten englischen Schreibweise (*ll* bzw. *bb*) und die morphologisch nicht adaptierten *manager* und *supporter* (statt *manageur* und *supporteur*). Anstelle ihrer offiziellen Ersatzwörter werden auch während der WM 98 die folgenden

---

[10] In diesem Zeitraum gab es Extra-Beilagen in *Le Monde* über die WM 98, die mindestens acht, höchstens sechzehn Seiten umfassen. – Dass sich hier nicht alle Tendenzen fortsetzen, liegt auch daran, dass im Korpus von 1995 die Berichte aller Sportarten berücksichtigt werden, wogegen es sich bei dem Korpus 1998 ausschließlich um Fußballterminologie handelt.

verbotenen Anglizismen besonders häufig verwendet: *corner, goal, leader, penalty, pressing, score* und *sponsor*. Hinzugekommen ist die häufige Verwendung von *coach* und (aus gegebenem Anlass) *hooligan*.

Diese Tendenzen werden signifikanterweise in den bereits erwähnten, neuesten offiziellen Glossaren zur Fußballterminologie (http://www.culture.fr./culture/dglf/foot.htm) dadurch zur Kenntnis genommen, dass einige der in den Erlassen verbotenen, dessen ungeachtet häufig in den Medien verwendeten, Anglizismen nun doch erlaubt werden, wie *dribble* in der englischen Schreibweise, *corner* (statt wie vorher vorgeschrieben: *coup de pied de coin*), *leader* (statt: *meneur*), *penalty* (statt: *tir de réparation*). Wir sehen: der Sprachgebrauch setzt sich gegen eine starre, rigide offiziell verordnete Norm letztlich doch durch.

3.3 Akzeptanz in den Wörterbüchern

Wie reagieren die Lexikographen auf die Erlasse? Exemplarisch wird auch in diesem Kapitel die Sportterminologie der drei im DO 94 gültigen Erlasse (1988, 1990, 1992) zugrundegelegt. Die Wörterbücher sind eine nicht zu unterschätzende Norminstanz, besonders in Frankreich. Folgen sie dem Gesetz oder dem *usage*? Die Autoren äußern sich selbst dazu (NPRob 1993: XV im Vorwort):

> Nous avons signalé comme tels les anglicismes récents et indiqué le mot français correspondant proposé par les commissions, sans jamais faire apparaître à la nomenclature ce qui n'est pas attesté par l'usage. Comme on l'a déjà dit, la vocation du *Nouveau Petit Robert* ... n'est pas de légiférer, mais d'observer la langue ...

Da gerade in Wörterbüchern die beschworene deskriptive Grundhaltung nicht selten von der Praxis in den einzelnen Artikeln abweicht,[11] werden hier exemplarisch die Wortlisten der Sporterlasse anhand der Eintragungen in NPRob 93 geprüft. Das Ziel ist festzustellen, ob die in den Erlassen angegebenen, eigentlich zu vermeidenden Anglizismen weiter in diesem Wörterbuch eingetragen sind und ob die ministeriellen Vorgaben bezüglich der Äquivalente explizit Erwähnung finden. In den Erlassen von 1988 und 1990 werden 78, im Erlass von 1992 41 Anglizismen moniert.

Auch hier stellt sich die Frage, warum einige proskribierte englische Wörter nicht als zentral angesehen und darum nicht verzeichnet werden. Zum einen handelt es sich um Fälle, in denen das englische Wort nie sein Herkunftsland verlassen hat und insofern nach unserer Definition gar keinen Anglizismus im Französischen darstellt, da es (noch) nicht ins Französische entlehnt wurde, wie z.B. *to dope, referee, umpire*. Zum anderen gibt es aber auch Anglizismen aus manchen Sportarten, die in Frankreich so wenig populär sind, dass auch ihre französischen Äquivalente in Bezug zur Gebrauchsnorm peripheren Status haben und darum nicht lexikalisiert werden, wie z.B. *back tee, downswing, birdie*. Dies

---

[11] Höfler (1976: 334-338) weist z.B. die puristische Verwendung der Markierung *anglicisme* in den Artikeln des *Petit Robert* nach.

trifft etwa für Sportarten wie Golf, Boxen und Tennis zu, die in Frankreich nicht die gleiche Popularität genießen wie in den englischsprachigen Herkunftsländern. Die jeweiligen sportlichen Ergebnisse werden auch in den Tageszeitungen nur kurz erwähnt.

Von den 119 durch die drei Sporterlasse verbotenen Anglizismen und ihren offiziellen Ersatzwörtern sind im NPRob 93 insgesamt 69 Wörter und Wendungen belegt: entweder der Anglizismus, das Äquivalent oder das Äquivalent neben dem Anglizismus. Diese 69 Belege verteilen sich prozentual folgendermaßen: in ca. 40% wird nur der Anglizismus, in ca. 28% nur das offizielle Ersatzwort und in ca. 32% beide Termini gesetzt. Addiert man nun die Prozentzahlen der Fälle, in denen die Anglizismen (alleine oder mit ihren Äquivalenten) im NPRob 93 verzeichnet sind (40%+32%), ergibt sich eine Gesamtzahl von ca. 72%. Das heisst, dass dieses Wörterbuch bei Sporttermini, die zum zentralen Wortschatz gehören, in ca. ¾ der Fälle die (proskribierte) englische Version anführt. Dies kann mit folgender Graphik veranschaulicht werden:

Einfluß der Sporterlasse auf NPRob 93

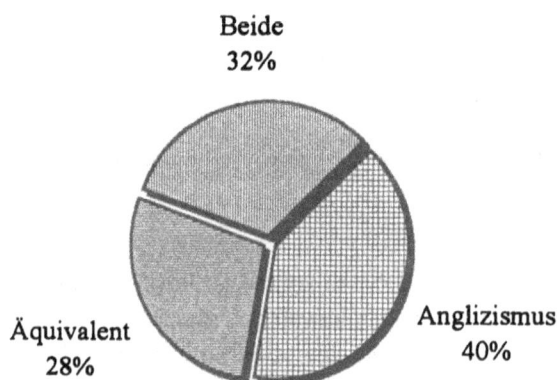

Vergleicht man die diesbezüglichen Einträge von NPRob 93 mit denen einer Vorgängerversion, wie PRob 91, stellt man fest, dass sich zwischenzeitlich der Anteil der Ersatzwörter um ca. 10%, jener der Anglizismen sogar um ca. 18% erhöht hat. Ein solches Ergebnis könnte die Wirksamkeit der französischen Sprachpolitik in Frage stellen: statt Anglizismen zu unterdrücken, werden sie verstärkt ins Lexikon aufgenommen. Die Autoren des NPRob 93 richten sich dabei weniger nach den staatlichen Auflagen, sondern nach dem Sprachgebrauch. Ein gewisses Zugeständnis stellt der bei manchen Ersatzwörtern erscheinende Vermerk „*recommandation officielle*" dar, wie z.B. bei (dem künstlich gebildeten) *maison de club* für den lexikalisierten Anglizismus *clubhouse*. Dieses Zugeständnis markiert gleichzeitig eine Distanzierung der Autoren von den ministeriellen Vorgaben, denn das Ersatzwort *maison de club* erhält keinen eigenen Eintrag, sondern erscheint nur unter dem englischen *clubhouse*, was bedeutet, dass es nicht gebräuchlich ist. Künstliche ausdrucksseitige Adaptationen werden nicht übernommen, wenn sie nicht im *usage* belegt sind, so führt

NRob 93 weiter die fremde Graphie *challenge, challenger,* sogar ohne Verweis auf die offizielle mit einfachem *l.*

Vergleicht man die prozentuale Verteilung der Graphiken zu den Printmedien (cf. Kap. 3.2) und die zu den Lexikalisierungen in den Wörterbüchern, stellt man fest, dass die Ergebnisse rein zahlenmäßig ähnlich sind. Dies betrifft auch die bevorzugte Berücksichtigung von seit langem etablierten Anglizismen (wie z.B. *corner, penalty, swing*), von spontan entstandenem inneren Lehngut (*gardien de but*) und Lehnbedeutungen (*but, trou, arbitre*). Kürzere Anglizismen werden längeren Ersatzkonstruktionen vorgezogen, etc.

Es zeigt sich also, dass die Erlasse kaum Auswirkung auf die lexikographische Arbeit haben:[12] die offiziell verordnete Norm ist offensichtlich keine Norminstanz für die Lexikographen als Normregistrierungsinstanz. Bedenkt man, wie wesentlich der Status der Wörterbücher gerade in Frankreich zur Konsolidierung der Norm ist, dürfte die Wirkung der ministeriellen Vorgaben auf den Sprachgebrauch der Sprecher gering sein.

3.4 Akzeptanz in journalistischen Handbüchern

Eine wichtige Funktion bei der Sprachpflege haben Handbücher, die Journalisten zu einem „guten" Sprachgebrauch anhalten. Aufgrund der Multiplikationsfunktion solcher Anleitungen bei der Ausbildung von Journalisten und deren daran orientierten sprachlichen Rede- und Schreibweise in den Medien ist eine Einflussnahme auf die Sprechergewohnheiten nicht auszuschließen.

Dem Thema *Anglicismes et anglomanie* ist das Handbuch von Michel Voirol (1989) gewidmet, das in der journalistischen Informationsreihe des *Centre de formation et de perfectionnement des journalistes* (CFPJ) erschienen ist. Der CFPJ hat eine wichtige Funktion in Frankreich, und zwar vor allem bei der Ausbildung von Journalisten für die Bereiche Radio, Fernsehen, Printmedien und Agenturen; er verfügt über drei Rundfunk- und zwei Fernsehstudios. Der genannte Band ist einer von 65 Bänden in dieser Reihe.

Die Einleitung zu Voirols 207 Anglizismeneinträge umfassenden Glossar hat programmatischen Charakter. Bei neu übernommenen Anglizismen soll keine Zeitverzögerung entstehen, die Ersatzvorschläge sollen sofort kommen: „Adaptons, naturalisons, essayons, inventons des mots. Créons". Dem schließt sich eine Kritik an der Arbeit der Terminologiekommissionen an. Zum einen kümmerten sie sich nur um jeweilige fachspezifische Verwendungen, nicht um die standardsprachlichen. *Break* z.B. werde im Sporterlass durch *brèche* ersetzt. Voirol schlägt ein anderes Ersatzwort vor, *pause,* das man anders als *brèche* auch in der Kitkat-Werbung „Have a break, have a kitkat" einsetzen könnte. Zum anderen besteht sein Hauptvorwurf darin, dass die Kommissionen gebräuchliche Anglizismen wie z.B. *parking* und *shopping* nicht monieren.[13] Diese Haltung erweist sich als deutlich rigider

---

[12] Dieses Ergebnis deckt sich mit denen von Langenbacher (1980) und Schmitt (1979b).

[13] In früheren Erlassen war jedoch *shopping* verboten und durch die Äquivalente *lèche-vitrines, magasinage* und *chalandage* ersetzt worden. Gegenwärtig wird der Anglizismus nicht mehr moniert, zu stark scheint der Druck des häufigen Gebrauchs gewesen zu sein.

und entschlossener, in den Sprachbrauch aktiv einzugreifen, als dies bei den staatlichen Kommissionen der Fall ist. Dies ist dann auch sein Anliegen: „... signaler, avec des nuances, les mots les plus fréquemment utilisés à tort et à travers dans les médias". Dennoch plädiert er für die Beibehaltung von Anglizismen wie *feeling* und *cool*, da mit ihnen ein (vorübergehendes) Lebensgefühl transportiert werde. Als Vorzeigeäquivalent, als gelungenste Bildung nennt auch er *logiciel*.[14]

76% der Anglizismen und ihre Ersatzwörter in Voirols Glossar entstammen den ministeriellen Erlassen seit 1973. Zusätzlich zu den offiziellen Äquivalenzwörtern bietet er bisweilen eigene Bildungen an. Es stellt sich nun die Frage, welche Äquivalente er zu den verbleibenden 24% Anglizismen nennt. Alle offiziellen Wortlisten, die nach 1989, dem Publikationsjahr seines Handbuches, erschienen sind (z.B. zu *sport* die Erlasse von 1990 und 1992), lagen ihm noch nicht vor.

Voirols Verfahrensweise ist folgende: in erster Linie greift er auf lexikographische Quellen zurück, so z.B. auf die Anglizismenwörterbücher von Höfler (1981) und Rey-Debove/Gagnon (1980). Daneben bildet er auch selbst oder übernimmt existierende Varianten der Frankophonie: *croustilles* für *chips*, *tomatine* für *ketchup*, *ralenti* für *replay*, *pitonnage* für *zapping*, *effeuillage* für *strip-tease*. Er ersetzt damit Anglizismen, die bis heute von den Kommissionen nicht proskribiert sind. Es handelt sich – dem Anliegen entsprechend – vor allem um im Standard gebräuchliche englische Wörter. Äußeres Lehngut, auch wenn es ausdrucksseitig adaptiert ist, lässt Voirol nur selten zu. Über die Hälfte seiner Äquivalente sind „substituierende" Lehnbedeutungen, gefolgt von *néologies de forme*. Auf spontan entstandene Lehnübersetzungen greift er ebenso zurück wie auf Lehnübertragungen. Ferner führt er eine Liste mit 41 „anglicismes masqués" an, die er für besonders gefährlich hält. Darunter versteht er spontan entstandene Lehnbedeutungen wie z.B. *futur* und *absolument*.

Voirols Eigenbildungen entsprechen in der Regel auch den Verfahren der Terminologiekommissionen, und dies betrifft nicht nur die Bildungsweisen, sondern auch die Inkonsequenzen ihrer Entscheidungen. Auch sie warnen einerseits besonders vor Lehnbedeutungen und eliminieren sie (sofern sie ihnen überhaupt auffallen), schaffen andererseits selbst künstliche, „substituierende" Lehnbedeutungen oder erklären einige im Rahmen des bilingualen Kontaktes spontan entstandene Lehnbedeutungen (wie z.B. *goal*) für offiziell. Einige von ihnen setzen sich gegen ihr englisches Pendant durch. Dies liegt aber nicht daran, dass sie die offiziell „abgesegneten" oder dass sie Lehnbedeutungen sind, sondern an kommunikativen Kriterien wie z.B. Kürze, Prägnanz, etc., vor allem aber eben daran, dass sie selbst spontan im *usage* entstanden sind und sich dort schon lange befanden, bevor sie sekundär auch von staatlicher Seite autorisiert wurden.

Voirols Buch ist weitaus puristischer und normativer angelegt als der DO 94, insbesondere weil der Autor es sich zum Ziel macht, bewusst in den Sprachbrauch einzugreifen und gerade die sehr geläufigen Anglizismen auszumerzen. Die staatlichen Vorgaben, wie sie im DO 94 zum Ausdruck kommen, greifen dagegen, wie wir sahen, nur in 12% aller Eintragungen in den zentralen Wortschatz ein, der Rest der Ersetzungen betrifft fachsprachliches,

---

[14] Cf. dazu oben, p. 86s.

peripheres Vokabular. Ein solches Ergebnis entspricht auch den offiziellen Kundgebungen der Verantwortlichen für die *Loi Toubon*, die immer wieder betonen, den normalen Wortschatz nicht regulieren zu wollen.

Es ist eigentlich erstaunlich, wie viele Anglizismen noch in den Medien (cf. Kap. 3.2) verwendet werden, denkt man an die massive Reglementierung des Sprachgebrauchs durch solche Journalistenhandbücher und durch die vielseitigen staatlichen und nicht-staatlichen sprachpflegerischen Aktivitäten. Allerdings muss auch betont werden, dass der Anteil von Anglizismen insgesamt (unabhängig davon, ob diese von dem staatlichen Verbot betroffen sind oder nicht) gemessen an der jeweiligen Gesamtwortzahl der Zeitungsartikel selbst in anglizismenverdächtigen Textsorten (wie z.B. Sportberichte, Wirtschaftsteile) mit weniger als 3% verschwindend gering ist.[15] Unter diesem Aspekt scheinen die Befürchtungen von Sprachpflegern, das Französische werde vom Englischen überfremdet, dem Französischen drohe das gleiche Schicksal wie einst dem Griechischen und Lateinischen, nämlich der Untergang, völlig unbegründet zu sein.

3.5 Arbeitsanleitung

a) Prüfen Sie in *Le Monde* (z.B. Stellenanzeigen), ob man sich an den Feminisierungserlass (cf. Text in Kap. 5) hält und ob man die offiziellen französischen Formen einsetzt.
b) Erstellen Sie anhand des DO 94 ein Glossar zu den proskribierten Anglizismen aus dem Bereich *Economie et finances* (sechs Erlasse).
c) Prüfen Sie dieses so ermittelte Inventar daraufhin, ob es dem zentralen Wortschatz angehört (z.B. NPRob).
d) Konsultieren Sie die Wirtschaftsteile in französischen Tageszeitungen hinsichtlich des Vorkommens der monierten Anglizismen, bzw. ihrer offiziellen Ersatzwörter.
e) Verfahren Sie entsprechend für den Bereich *Informatique*.
f) Vergleichen Sie das offizielle Informatik-Material (DO 94) mit den „kooperativen" Neologismen im Internet (cf. dazu oben, Kap. 2.1.2).
g) Werden in den französischen Medien (z.B. *Le Monde*, Computerzeitschriften, etc.) die „kooperativen" oder die „offiziellen" Termini der Informatiksprache genutzt?

---

[15] Über drei Monate (März bis Mai 1998) wurde der Wirtschaftsteil von *Le Monde* nach dem Anglizismenvorkommen ausgewertet: nur 0,3% aller verwendeten Wörter sind Anglizismen. Ähnliche Ergebnisse wurden in meinem Seminar (Wintersemester 1997/98) ermittelt: Französische Jugendzeitschriften enthalten 1,4% Anglizismen (deutsche dagegen: 3,1%), französische Reiseprospekte 2,6% (deutsche dagegen 5,4%). – Die empirische Untersuchung von Thody (1995), der französische Zeitungen in den 90er Jahren auf Anglizismen (äußeres Lehngut) hin untersucht, kann dahingehend ausgewertet werden, dass knapp ¼ aller in der Pressesprache häufig verwendeten Anglizismen staatlich stigmatisiert sind (105 von 424).

4. Schluss

Die aktuelle französische Sprachpolitik hat sich verändert, wenn auch manches aus der Tradition übernommen wurde. Gemessen an den frühen Sprachgesetzen des 16. Jahrhunderts und der französischen Revolution ist der Gegner ein anderer geworden. Waren es zunächst vor allem das Latein, von dem man sich abnabeln wollte, und die Regionalsprachen, die es zu verdrängen galt, konzentriert sich die Sprachpolitik der 70er Jahre unseres Jahrhunderts auf die Bekämpfung eines Gegners von außen, erst national, dann in den 90er Jahren auch international. Die Orientierung an einer starren retrospektiven Norm tritt zurück zugunsten einer Dynamisierung, einer demokratischen Öffnung, die in der Aufforderung zur Mitarbeit an einer modernen Normdefinition kulminiert. Das Internet ist ein geeignetes Mittel dazu. Ein neues Phänomen entsteht: die präventiven und kooperativen Neologismen. Die Rolle der Akademie ist dabei schillernd, auch wenn gegenwärtig ihr Einfluss politisch wieder gestärkt erscheint. Genauso wie in den Anfängen, als es neben der Sicherung der Staatssprache vor allem um staatspolitische Motive in Richtung Oberitalien ging, sind auch die gegenwärtigen Maßnahmen letztlich politische. Die Arbeit der Terminologiekommissionen erweist sich als ein Baustein eines Gesamtplanes.

Die Hinwendung zu „politisch korrekten" Formen ist mit den sprachplanerischen Ideen der Akademie eigentlich nicht mehr vereinbar. Besonders die Feminisierungen werden nur zähneknirschend geduldet – und auch bekämpft, obgleich die diesbezüglichen Ergebnisse bedeutend norm- und systemtreuer und damit konservativer sind als manche künstliche Wortschöpfungen für den Ersatz von Anglizismen, die mit den traditionellen Mythen der *clarté* und dem *génie* des Französischen kollidieren. Die Ablehnung der entsprechenden Kommission und das Polemisieren gegen ihre Arbeit hat in Frankreich spezifische historische und politisch-ideologische Hintergründe, die andere sind als etwa in der Frankophonie und die sich auch in den konservativeren Feminisierungsvorschlägen niederschlagen. Quebec wird dem diesbezüglichen Regierungsauftrag in stärkerem Maß gerecht, da hier die Sprache mit innovativeren Mitteln bereichert und dadurch gemäß der offiziellen Postulate den gesellschaftlichen Anforderungen deutlicher Rechnung getragen wird.

Die Erfolge der französischen Sprachpolitik auf dem Wortsektor sind mager. Die Vorschläge werden in der Praxis kaum zur Kenntnis genommen, besonders dann nicht, wenn die staatlichen Maßnahmen den *usage* normieren wollen. Die Akzeptanz der Neuwörter ist nur zum Teil von der Bildungsweise abhängig. Die Vorschläge werden dann akzeptiert, wenn sie kurz sind (zumindest nicht länger als der zu ersetzende Anglizismus), wenn es sich um monolexematische *néologies de forme* handelt, wenn sie spontan statt künstlich entstanden sind und wenn der durch sie zu ersetzende Anglizismus noch nicht geläufig ist. Dass der Sprachgebrauch sich letztlich als normative Kraft des Faktischen doch durchsetzt, beweist die Tatsache, dass einige der noch im DO 94 proskribierten Anglizismen, die besonders häufig in den Medien Verwendung finden, in den neuesten offiziellen Internet-Glossaren nun doch von den Verboten ausgenommen werden. Zugegebenermaßen machen Eingriffe in den Sprachgebrauch gesamthaft gesehen nur einen prozentualen Anteil von

12% aus. Unsere Analysen zeigen, dass mit den offiziellen Ersatzwörtern im Grunde der Teufel mit dem Beelzebub ausgetrieben wird. Die staatlich verordneten Äquivalente importieren Englisches auf Ebenen, die von Sprachpflegern als viel perfider eingestuft werden als das vergleichsweise harmlosere Fremdwort, dem man sein „Englischsein" auf den ersten Blick ansieht. Inneres Lehngut, englische graphophonematische Realisierungen, „substituierende" Lehnbedeutungen, englische Wortbildungsmuster, Abkürzungen, etc. werden zur nationalen Norm erhoben. Allerdings trägt man – und damit tritt man dem vom Ausland und von französischen Gesetzeskritikern immer wieder angemahnten schwerwiegenden Vorwurf des „Anti-Europäismus" wenigstens partiell entgegen – in Einzelfällen einer supranationalen Kommunikationsfähigkeit Rechnung, z.B. in der Propagierung von international gebräuchlichen Siglen. Solche Zugeständnisse bleiben aber Ausnahmen und erweisen sich damit nur als Tropfen auf den heißen Stein.

Die gegenwärtigen sprachpolitischen Maßnahmen haben drei Schwachpunkte, die trotz gegenteiliger Beteuerungen von offizieller Seite kaum wegzudiskutieren sind: 1. Verbot von etablierten englischen Wörtern mit Zwang zum Gebrauch von (bestimmten) französischen. 2. Begründung durch das demokratisch klingende Argument des „Verbraucherschutzes". 3. Das Sprachgesetz als Integrationshindernis für Europa und damit sein „Anti-Europäismus".

Zum ersten Punkt: Schon das Gesetz von 1975 war mit der Verfassung der V. Republik nicht vereinbar, denn es schränkte die persönliche Freiheit des Staatsbürgers ein, sich nach seinem persönlichen Gutdünken auszudrücken. Damit tangierte das Gesetz auch Art. 10 der Europäischen Menschenrechtskonventionen. Dies war dem Gesetzesinitiator Marc Lauriol durchaus bewusst, der das schwerwiegende Argument aber dadurch entkräftete, dass er das Interesse und den Schutz des Erklärungsadressaten über die Freiheit der Meinungsäußerung stellte: „La nécessaire protection du destinaire limite ainsi la liberté du choix de la langue"[1]. Der Zwang zum kodifizierten Französisch wurde 1975 Gesetz und blieb es bis zum Verfassungsgerichtsurteil (*Décision*) von 1994. Von nun an gilt, anders als im Amtsfranzösischen, in dem der Zwang erhalten bleibt, im Grunde gesetzlich etwa Folgendes: Der Gebrauch des Anglizismus *layout* ist verboten, die Terminologiekommission schlägt dafür *topologie* vor. Man kann sich aber auch ein anderes Wort dafür ausdenken – es muss nur französisch sein. Es besteht also nur noch die Verpflichtung, ein französisches Wort zu benutzen, das aber nicht mehr das staatlich abgesegnete sein muss. Die Authentizitätsbescheinigung für das „Französischsein" der Wörter stellen dann jeweils die Gerichte aus, was eine schwierige Rechtslage schafft und darüber hinaus oft zu skurrilen Situationen führt. Das einzig probate Mittel in dieser schwierigen Situation sind die kooperativen und präventiven Neologismen über das Internet. Nur dieses Medium, in dem international gebräuchliche, französische Äquivalente zusammengestellt werden können und in dem es den Benutzern möglich ist, für eine Variante zu optieren, kann den verquickten staatlichen Auftrag praktisch noch erfüllen. Sammlungen des *Journal officiel* wie der DO 94 haben sich somit seit der *Décision* überlebt.

---

[1] Zit. in: Haas (1991: 121).

Zum zweiten Punkt: Der Verbraucher, so hieß es von offizieller Seite, werde durch die Sprachlegislative geschützt. Wir zeigten, dass sich dieses Argument (außer bei der Revision der juristischen Fachsprache) als vorgeschoben entlarvt, wenn für geläufige und bekannte Anglizismen unbekannte, kaum verständliche Neubildungen gesetzt werden. Auch dieses Argument hat einen politischen Hintergrund und führte zum Eingreifen der EU-Kommissare. Der Schutz des Verbrauchers wurde schon oben in den Worten Marc Lauriols auf Kosten des Rechts auf freie Meinungsäußerung in den Vordergrund gerückt. Dieses Argument wird geltend gemacht für das Arbeitsrecht, das bürgerliche Recht und die internationalen Beziehungen. Es wird bei den Präsidentschaftswahlen von Jacques Chirac, der das Gesetz als Schutzwall des Schwachen gegen den Starken ansieht, verschiedentlich bemüht. Außenpolitisch führte es zu einem eingeklagten Handelsprotektionismus. Der Jurist Haas (1991: 120) folgert anhand der Analyse der einschlägigen Rechtssprechung, dass schon das Gesetz von 1975 die Verständnisleistung des Französischen beeinträchtigt und „allenfalls vielleicht zur Verteidigung der französischen Sprache, auf keinen Fall aber zum Schutz des Verbrauchers geeignet" ist. Im Grunde war, so Haas (1991: 140), „die Sprachgesetzgebung ... faktisch gar nie dem Schutz des Verbrauchers zu dienen bestimmt ... und [juristisch] völlig ungeeignet". Eine Verschärfung der Einfuhrbedingungen erfuhr das Gesetz durch die *Circulaire* vom 20.10.1982 unter Mitterrand. Nach diesem Erlass mussten alle Waren bereits beim Passieren der Grenze mit französischen Dokumenten versehen sein. Es kam zu Interventionen der Handelsimporteure, zum Einschalten der Handelskammern und schließlich wurde ein Verfahren der EU-Kommission eingeleitet, das die *Circulaire* von 1982 praktisch außer Kraft setzte. Die Sprachgesetzgebung diente der Wahrung nationaler Interessen und ist vor dem Hintergrund des französischen Außenhandelsdefizites zu sehen, was das Außenhandelsministerium später auch zugab (Haas 1991: 140-144).

Zum dritten Punkt: Aus dem Vorhergehenden wird deutlich, dass schon das Sprachgesetz von 1975 anti-europäische Züge trug. Es verstieß gegen die Europäischen Menschenrechtskonventionen (was durch das verfassungsgerichtliche Urteil gegenwärtig nicht mehr der Fall ist), und es zeigte sich als Handelshemmnis und damit als Verstoß gegen den EWG-Vertrag. Nicht umsonst wird gegenwärtig bei der Rechtsanwendung der *Loi Toubon* zwischen Warenverkehr innerhalb der EU und mit Nicht-EU-Ländern differenziert (cf. Kap. 1.5). Nicht umsonst wird von offizieller Seite immer wieder die Europa-Fähigkeit Frankreichs und seiner Sprachgesetze beschworen und der Multilingualismus angerufen. Frankreich hat diesbezüglich seine Lektion gelernt. Was aber nicht bedeutet, dass man den Kampf um die Vormachtstellung des Französischen als offizielle EU-Sprache, den Kampf gegen die Angloamerikanismen und die amerikanische Supermacht aufgegeben habe, oder in den Worten Pompidous: „Wenn wir mit unserer Sprache zurückstecken, werden wir schlicht hinweggeschwemmt werden"[2], eine Äußerung, die nichts an ihrer Gültigkeit verloren hat. Auch 1994 ruft Marc Lauriol zur Mobilmachung gegen die angloamerikanische Invasion auf, die er nicht nur sprachlich meint, denn die sprachliche Degradierung sei Ausdruck einer „dégradation nationale" (*Libération* 13/4/94). Frankreich will sich mit allen

---

[2] Zit. in Haas (1991: 150).

Mitteln seinen Sonderstatus in Europa sichern. Zum Teil hat es ihn schon verloren und auch hier muss es als Amtssprache mit dem Englischen kämpfen.

Diese Blockierung im Rahmen der europäischen Integration verwundert umso mehr (nach Haas 1991: 144ss.), als es gerade Frankreich war, das sich seit knapp 50 Jahren vehement für die europäische Idee eingesetzt hat – aber damals war der Beitritt Englands noch weit entfernt. Die ideologisch und politisch motivierten Positionen der französischen Sprachpolitik werden in der diesbezüglichen offiziellen Diskussion transparent durch eine Sprache, in der militärische Metaphern und ein Vokabular aus dem Kriegswesen häufig zum Einsatz kommen (Schmitt 1998: 223). Angloamerikanischer Einfluss wird als Krankheitssymptom einer Nation diagnostiziert, die man *quasi* durch missionarische Kriege „heilen" und auf „den rechten Weg" zurückführen will. Eine überzeugende Erklärung, worin die angeblich positiven Auswirkungen solcher von offensichtlich nationalen Interessen geleiteten Aktionen auf Europa bestehen könnten, bleibt die französische Sprachpolitik letztlich allerdings schuldig – das Argument der intendierten Förderung der Mehrsprachigkeit in Europa als alleinige Legitimation überzeugt hier nicht.

Allerdings sollten wir uns im Sinne von Wolf (1977: 56) auch die Frage stellen, ob wir diese Problematik als Deutsche überhaupt beurteilen können und dürfen. Während in Frankreich die Pflege des Nationalbewusstseins und die Wahrung der nationalen Identität in Vergangenheit und Gegenwart als Selbstverständlichkeit angesehen wird, würde ein vergleichbares Gesetz in Deutschland überhaupt nicht denkbar sein – weil hier nationales Engagement auch im kulturellen Bereich traurige geschichtliche Erinnerung weckt.

Die sehr informative Studie von Haas (1991: 166) führt die Hegemonietendenzen Frankreichs auf einen seit der französischen Revolution existierenden übersteigerten Nationalismus zurück, wie er sich z.B. in der gleichen Selbstverständlichkeit zeigt, mit der Frankreich – trotz internationaler Proteste – weiter seine Kernwaffenversuche veranstaltet habe. Ob man so weit gehen soll, sei dem politischen Beobachter und dem Leser überlassen. In einem hat Haas aber sicher Unrecht, nämlich darin, dass er 1991 prognostiziert, dass das Gesetz von 1975 und seine Nachfolge-Verordnungen „ein Relikt aus der Vergangenheit [ist], welches in Frankreich und der EG auf dem Weg zur europäischen Union keinen Platz mehr findet" (*loc.cit.*). Wie unsere Untersuchung zeigt, reanimiert und konsolidiert die *Loi Toubon* von 1994 das totgeglaubte Relikt.

Abgesehen nun von solchen „weltpolitischen" Reflexionen kann man sich fragen, was durch die Gesetzgebung *in* Frankreich, *für* die Franzosen erreicht worden ist. Will man dies in einem Satz beantworten, so kann sicher die Sensibilisierung der Sprecher für die traditionell unterdrückte sprachliche Kreativität genannt werden. Die spontane Bildung von *le stadier* ist nur ein Beispiel für das aufkeimende produktive und kreative Umgehen mit der eigenen Sprache – für ein neues Sprachbewusstsein. Die Einsicht besteht darin, dass am Ende des 20. Jahrhunderts nicht mehr an der starren klassischen, retrospektiven Norm festgehalten wird. Dieser Anachronismus hat sich damit überlebt und tritt zurück zugunsten einer modernen, dynamischen und demokratischen Normgebung, in die der Sprecher miteinbezogen wird. Nicht zuletzt ist dies auch ein Erfolg der modernen Kommunikationsmittel.

5. Dossier

Die im DO 94 gültigen Erlasse:
ARRÊTÉS DE TERMINOLOGIE correspondant aux termes figurant dans le dictionnaire.

Agriculture:
Arrêté du   7 avril 1987
Arrêté du   14 septembre 1990
Arrêté du   20 septembre 1993

Audiovisuel et publicité:
Arrêté du   24 janvier 1983
Arrêté du   10 octobre 1985

Composants électroniques:
Arrêté du   14 septembre 1990
Arrêté du   29 avril 1992

Défense:
Arrêté du   12 août1976
Arrêté du   5 octobre 1984
Arrêté du   17 avril 1989
Arrêté du   15 juin 1991

Économie et finances:
Arrêté du   29 novembre 1973
Arrêté du   18 février 1987
Arrêté du   6 janvier 1989
Arrêté du   11 janvier 1990
Arrêté du   30 septembre 1991
Arrêté du   11 février 1993

Éducation:
Arrêté du   27 août 1992

Informatique:
Arrêté du   22 décembre 1981
Arrêté du   30 décembre 1983
Arrêté du   30 mars 1987
Arrêté du   27 juin 1989
Arrêté du   19 février 1993

Mer:
Arrêté du   28 novembre 1985
Arrêté du   23 septembre 1987

Nucléaire (ingénierie):
Arrêté du   30 novembre 1989

Personnes âgées:
Arrêté du   13 mars 1985

Pétrole:
Arrêté du   12 janvier 1973

Santé:
Arrêté du   2 janvier 1975
Arrêté du   7 décembre 1978

Sport:
Arrêté du   18 février 1988
Arrêté du   21 décembre 1990
Arrêté du   11 décembre 1992

Techniques spatiales:
Arrêté du   12 janvier 1973

Télécommunications:
Arrêté du   27 avril 1982
Arrêté du   3 octobre 1984
Arrêté du   30 décembre 1988

Télédétection aérospatiale:
Arrêté du   25 septembre 1984
Arrêté du   10 janvier 1986
Arrêté du   31 mars 1987
Arrêté du   26 juillet 1988
Arrêté du   14 septembre 1990

Tourisme:
Arrêté du   30 juin 1992

Transports:
Arrêté du   18 juillet 1989
Arrêté du   18 décembre 1990
Arrêté du   27 mai 1992
Arrêté du   21 septembre 1993

Urbanisme et logement:
Arrêté du   17 février 1986

CIRCULAIRE DU 11 MARS 1986
relative à la féminisation des noms de métier, fonction, grade ou titre
(Journal officiel du 16 mars 1986)

... ...

Règles de féminisation des noms de métier, fonction, grade ou titre

Les féminins des noms de métier, fonction, grade ou titre sont formés par application des règles suivantes:

1. L'emploi d'un déterminant féminin: une, la, cette.

2. a) Les noms terminés à l'écrit par un „e" muet ont un masculin et un féminin identiques: une architecte, une comptable ...

    Remarque. - On notera que le suffixe féminin „esse" n´est plus employé en français moderne: une poétesse ...

    b) Les noms masculins terminés à l'écrit par une voyelle autre que le „e" muet ont un féminin en „e": une chargée de mission, une déléguée ...

    c) Les noms masculins terminés à l'écrit par une consonne, à l'exception des noms se terminant par „eur", ont:

    – un féminin identique au masculin; une médecin ...;

    – ou un féminin en „e" avec éventuellement l'ajout d'un accent sur la dernière voyelle ou le doublement de la dernière consonne: une agente, une huissière, une mécanicienne ...

    d) Les noms masculins terminés en „teur" ont:
    – si le „t" appartient au verbe de base, un féminin en „teuse": une acheteuse ...;
    – si le „t" n'appartient pas au verbe de base, un féminin en „trice": une animatrice ...

    Remarques:
    – l'usage actuel a tendance à donner un féminin en „trice", même à des noms dans lesquels le „t" appartient au verbe de base: une éditrice ...;
    – dans certains cas, la forme en „trice" n'est pas aujourd'hui acceptée; dans ce cas, on emploiera un féminin identique au masculin: une auteur ...

    e) Les autres noms masculins terminés en „eur" ont, si le verbe de base est reconnaissable, un féminin en „euse": une vendeuse, une danseuse ...

    Remarque:
    – Le suffixe féminin „esse" n'est plus employé en français moderne: une demanderesse ...

Si le verbe de base n'est pas reconnaissable, que ce soit pour la forme ou le sens, il est recommandé, faute de règle acceptée, d'utiliser un masculin et un féminin identiques: une proviseur, une ingénieur, une professeur ...

(DO 1994, p. 323s.)

Mythes et fausses perceptions associés à la langue anglaise.
par Charles Durand
professeur d'informatique à l'Université SUNY
Potsdam (Etats-Unis d'Amérique).

Le Comité a inséré au début du compte rendu de sa 266e réunion (2 février 1994) un pre-mier article du professeur Charles Durand, sous le titre: „La valeur symbolique de l'usage de l'anglais dans les milieux scientifiques français". En voici un deuxième, qui a paru en deux livraisons dans la revue „Liaison" (la dernière en juin 1994), et que nous appuierons in fine par des exemples recueillis au cours des quarante années d'activité du Comité.

Ces articles doivent être diffusés au maximum. Ils font connaître l'opinion d'un Français de qualité, qui, travaillant à l'étranger, en divers pays, est bien placé pour avoir une vue juste des choses.

Quiconque, à l'heure actuelle, étudie l'évolution de l'usage du français dans le monde est malheureusement obligé de constater que là où l'usage du français a reculé dans les trente dernières années, la substitution s'est opérée presque toujours au profit de l'anglais. Bon gré mal gré, on est bien obligé de s'enquérir des facteurs qui ont permis à la langue anglaise d'atteindre son statut actuel. Il est cependant surprenant de constater que, même chez les francophiles convaincus, les raisons pour lesquelles la langue anglaise s'est diffu-sée au point que l'on connaît sont, dans l'ensemble, assez mal connues. Les explications invoquées sont, le plus souvent, erronées. Sans avoir l'ambition de couvrir ce très large sujet, il me semble important de dissiper sur la question un certain nombre de „mythes".

Mythe n°1: L'anglais a acquis son statut actuel par son seul mérite.

Ce mythe est très enraciné dans les pays anglophones (plus particulièrement les Etats-Unis) et auquel adhèrent bon nombre de Français. Très souvent on oublie que les facteurs les plus importants dans la diffusion de l'anglais sont le résultat d'une action réfléchie et concertée dont les motivations ne sont autres qu'impérialistes.

a – Dissolution de la Société des Nations basée à Genève et création de l'Organisation des Nations Unies à New York.

A l'issue de la deuxième guerre mondiale, les Etats-Unis entreprennent la tâche de réorga-niser les grandes associations internationales dans un but d'étendre leur influence sur tout le monde libre. Par le biais des Nations Unies et des organisations internationales qu'elle chapeaute, des mécanismes sont mis en place qui permettent aux Etats-Unis d'obtenir une grande partie des données (sinon la quasi la totalité) se référant à tous les évènements poli-tiques et économiques du monde libre. Il devient virtuellement impossible pour un Etat recherchant l'agrément des Nations Unies de l'obtenir sans remonter une filière de com-mande passant obligatoirement par les Etats-Unis. Convaincre les diplomates et autres hommes d'Etat américains – bien évidemment en anglais – devient une condition sine qua non pour obtenir n'importe quoi, même s'il s'agit de crédits dont l'origine n'est pas américaine.

Plus d'une fois, bien que l'on constate l'absurdité d'avoir le siège d'une organisation internationale – dont le but est le maintien de la paix – dans un pays qui est l'antithèse de la neutralité (la Suisse avait au moins ce mérite), le choix de New York pour le siège de l'organisation n'est jamais vraiment contesté. Cela même quand les Etats-Unis, afin de faire pression sur une assemblée générale peu réceptive aux choix américains retarde le versement de ses cotisations de plusieurs années.

b – Adoption de l'anglais comme deuxième langue dans les aéroports internationaux du monde entier.

Cette décision est prise, elle aussi, à la fin de la guerre, lorsque la seule industrie aéronautique opérationnelle est américaine. L'ICAO, organisation aéronautique civile internationale, est créée à Chicago en 1944 et décide peu après, sous la forte pression des Etats-Unis, d'adopter l'anglais comme deuxième langue dans tous les aéroports internationaux des pays non anglophones. Cette décision, plus qu'aucune autre incite les non anglophones à apprendre l'anglais puisque, par le biais de l'affichage bilingue, ils sont invités à s'exprimer en anglais partout où un avion peut les transporter.

Comme s'en est finalement rendu compte le gouvernement québécois il y a quelques années, l'affichage bilingue français/anglais au Québec représentait une invitation pour les anglophones de continuer à s'exprimer uniquement en anglais et de forcer une majorité de francophones à le parler dans toutes les circonstances de leurs contacts avec la minorité anglophone. Cet affichage bilingue renforçait aussi la conviction des immigrés ne parlant ni français, ni anglais, que le choix de la langue était libre dans une société qui est à plus de 85% francophone!

c – Forte présence militaire américaine partout dans le monde.

Il existe du toute évidence une relation entre la présence des troupes américaines et la popularité de l'anglais là où elles se trouvent. Là où elles sont présentes, la langue anglaise est le véhicule de communication imposé avec les fournisseurs basés localement et dans les autres interactions avec la population et les gouvernements des pays concernés. La corrélation est particulièrement évidente dans le cas de l'Allemagne, du Japon, de la Corée et de Panama.

d – Quasi imposition de l'anglais comme véhicule de communication entre les multinationales américaines et leurs succursales étrangères.

Depuis le début du grand essor des multi-nationales américaines dans les années 50 et 60, ces dernières ont toutes utilisé _exclusivement_ l'anglais pour véhiculer les informations dont leurs succursales avaient besoin pour fonctionner. Les coûts de traduction, quand ils existent, sont toujours défrayés par les succursales étrangères et bien évidemment en fin de course par les clients de ces succursales. Chez les constructeurs de matériel informatique, il s'agit de volumes énormes de documentation dans un anglais plus ou moins bien rédigé qui est ainsi distribuée aux succursales chaque année. Alors que ce mépris des autres langues n'a suscité nulle part aucune remarque ni aucune critique et que tout le monde trouve cela „normal", les grandes multi-nationales françaises, allemandes ou japonaises, quant à elles, rédigent, dans leurs pays d'origine, la documentation dans la langue du pays où elle est destinée et malheureusement aussi en anglais dans un nombre croissant de cas. C'est ainsi que très souvent les compagnies françaises exigent désormais l'anglais pour des postes en métropole qui n'exigent aucun déplacement et aucun contact à l'intérieur du pays!

e – Obligation pour les succursales étrangères de compagnies américaines d'utiliser les services des sous-traitants et des fournisseurs américains.

Toutes les multi-nationales américaines exigent de leurs succursales l'utilisation des méthodes comptables américaines pour les rapports de fin d'exercice. Dans ce but, d'autres compagnies américaines fournissent à ces succursales des progiciels comptables „made in USA" qui s'accompagnent de la même documentation que celle qui est disponible aux Etats-Unis. Il n'est pas rare que le volume de documentation nécessaire à l'utilisation d'un seul progiciel représente un volume d'un mètre cube ou plus, qui doit évidemment être assimilé par les employés chargés de la comptabilité des succursales. La même approche est répétée dans d'autres contextes, hors du cadre informatique. Il est donc facile de comprendre pourquoi, de plus en plus, des commissaires aux comptes, des économistes, des banquiers et autres hommes d'affaire utilisent dans les rapports qu'ils rédigent de plus en plus d'anglicismes et de néologismes anglo-américains qui ont pourtant des équivalents dans le dictionnaire français, qu'ils ne connaissent malheureusement plus. Cela en dépit du fait que beaucoup d'entre eux n'aient jamais eu à quitter le territoire national pour des raisons professionnelles.

Comme on le voit ici, la propagation de l'anglais au dépend d'autres langues n'est pas le fruit du hasard ou du choix librement consenti d'individus sans contraintes. Il s'agit, au contraire, d'une volonté déterminée à imposer cette langue pour des raisons essentiellement politiques et économiques. Peut-être cette volonté n'a jamais été mieux exprimée que dans le Japon de l'après-guerre où l'administration Mac Arthur entreprit dès 1945 de réformer le système d'écriture japonaise pour permettre aux compagnies américaines d'appréhender le pays plus facilement.[1] Cette tentative échouera finalement, mais ne laisse aucun doute sur les ambitions de ses instigateurs.

Mythe n°2: L'anglais est le latin des temps modernes.

Cette opinion est très répandue parmi les intellectuels américains et est partagée par beaucoup d'Européens. Pour eux l'anglais constitue le véhicule de communication permettant à

---

[1] Parallèlement à cette tentative, des centaines de missionnaires américains furent envoyés au Japon dans le but de convertir les masses et de leur apprendre l'anglais.

des peuples de langues et de cultures différentes de se comprendre. Ainsi, à l'étranger, j'ai souvent vu des francophones ou des Français essayer de se faire comprendre en parlant en anglais avant de se demander si leurs interlocuteurs parlaient éventuellement le français, ce qui était parfois le cas. Pour ceux qui prêchent l'anglais comme étant le seul „espéranto" possible, son usage doit s'étendre à tous les domaines de l'activité humaine y compris les sciences et les techniques, les arts et les lettres. Bien peu de gens essayent d'établir un parallèle avec le latin qui a rempli effectivement cette fonction pendant des siècles. Sans vouloir aller dans les détails, il est facile de constater que :

a – La période durant laquelle le latin est effectivement utilisé comme véhicule de communication internationale entre les lettrés européens ne se confond pas avec les intérêts politiques et économiques du peuple qui est à l'origine de cette langue.

b – Le latin est un véhicule parfaitement adapté à la communication scientifique et philosophique. L'étude du latin confère des aptitudes en sciences et en mathématiques. Ceux qui avaient étudié le latin étaient presque toujours „forts en math." . Ce n'est pas sans raison. Il est curieux de constater que dans les sociétés érudites d'aujourd'hui le véhicule de communication lui-même " – l'anglais " – ne soit l'objet d'aucune étude concernant ses aptitudes à la communication universelle. Pour certains spécialistes, l'anglais contemporain, avec ses vastes emprunts à d'autres langues européennes, ne constitue pas, en dépit de son usage, un ensemble logique qui pourrait éventuellement lui conférer les caractéristiques du latin. Dans le domaine beaucoup plus restreint de l'informatique et celui des langues de programmation, toutes les tentatives pour imposer un langage universel ont échoué (PL/1, Ada par exemple). Ces tentatives ont échoué du fait que l'usage de ces langages, prétendus universels, restreignent en fait l'expression du programmeur qui généralement choisit le langage le plus proche de l'application sur laquelle il travaille. De la même manière, on ne s'exprime pas en anglais comme on s'exprime en français, en arabe ou en chinois et chacune de ces langues est tout simplement plus à même de véhiculer certains types d'expression. La richesse de l'expression ne peut se conserver qu'à travers la pluralité des langues.

Mythe n°3: La langue française est hérissée de difficultés grammaticales et orthographiques. C'est la raison pour laquelle les étrangers préfèrent l'anglais qui est plus facile.

Cette opinion est également assez répandue. Souvent elle sert aussi d'excuse polie pour faire comprendre à un francophone s'exprimant en anglais que l'on n'a pas besoin de sa langue puisque lui aussi parle anglais.

Souvent ce sont les européens eux-mêmes qui sont à l'origine de ces jugements. Par exemple, l'espéranto est un véhicule de communication dont la fondation est constituée par des langues européennes dont les irrégularités ont été supprimées. Pour un européen, maîtriser l'espéranto est effectivement plus facile. Ce ne sera pas forcément plus facile pour un oriental que de maîtriser le chinois ou le coréen. <u>Les difficultés qu'une langue étrangère présente sont hautement relatives et dépendent essentiellement de la structure de la langue maternelle.</u> **L'anglais a ses difficultés propres** qui constituent un écueil au moins équivalent à celui que crée le français suivant le point de vue auquel on se place. L'orthographe d'un mot, par exemple, ne reflète souvent en rien sa prononciation. Cela demande alors un effort de mémorisation à la lecture, effort supplémentaire qui n'existe pas dans d'autres langues. Pour un Japonais n'ayant aucune formation dans une quelconque langue européenne, le français se maîtrise plus rapidement que l'anglais en raison de sa prononciation qui est plus proche du japonais que l'anglais. Toutefois, une autre langue asiatique, telle que le coréen, dont la structure est très voisine du japonais, sera maîtrisée bien plus rapidement. L'engouement occidental pour la langue japonaise s'explique mal si, exception faite de la prononciation, on en considère les difficultés grammaticales et celles que pose le système d'écriture qui, tout au moins au début, apparaissent insurmontables à un européen. Pour un Coréen un an d'études suffira pour maîtriser à la fois le japonais écrit et parlé.

Comment expliquer que, en dépit des prétendues difficultés de français, cette langue était, jusqu'à tout récemment, parlée pratiquement sans accent par nombre d'intellectuels en Russie, en Amérique latine, en Asie et dans nombre d'autres pays qui n'avaient pas spécialement de tradition francophone?

Mythe n°4: Si l'usage de l'anglais tend à être imposé par les pays anglophones, dont notamment les Etats-Unis, à des fins politiques et économiques, le gouvernement français a fortement réagi contre cette pression.

Si l'anglais tend à s'imposer, non seulement dans les activités internationales, mais aussi dans les activités nationales, c'est le résultat d'une politique constante et délibérée de la part des compagnies françaises, de certains organismes d'état et des médias. La seule influence américaine est insuffisante pour expliquer l'américanisation de la langue française. Quand les „Business tendances" de certaines chaînes françaises de télévision focalisent l'attention sur la valeur de l'indice boursier „Dow Jones" avant même de celle du CAC 40, au mépris des autres bourses européennes à l'heure de la construction de la grande Europe, quand certaines des plus grandes compagnies françaises utilisent les références des agences américaines de cotation pour confirmer le sérieux de leur entreprise, quand des laboratoires nationaux de recherche scientifique ou des agences françaises de presse dépassent le stade du bilinguisme pour s'exprimer directement en anglais (un mauvais anglais la plupart du temps), quand le gouvernement français lui-même a recours à l'anglais pour faire la promotion de ses produits industriels et militaires dans les pays où le français est l'une des langues officielles, comme on l'a vu au Canada il y a quelques années, quand la connaissance de l'anglais devient un prérequis en France pour postuler à la plupart des postes techniques, de direction et d'administration, il est évident qu'il existe une volonté sur le plan national pour réduire le statut de la langue française à celui d'une langue régionale.

Mythe n°5: Considérant le statut de la langue anglaise aujourd'hui et en dépit du fait que l'on peut reconnaître que, dans beaucoup de cas, la langue anglaise a été imposée dans des environnements où l'on n'en voulait pas, n'a-t-on pas intérêt à laconser-ver comme un espéranto des temps modernes, comme langue internationale?

Le problème le plus important se rattachant à l'usage de l'anglais à notre époque est qu'il constitue, pour la plupart des francophones, un véhicule de références essentiellement américaines, au delà du fait qu'il peut être utilisé effectivement comme moyen de communication. Ainsi, lorsqu'un Français utilise l'anglais dans un contexte où il n'y est nullement obligé, son interlocuteur attribuera cet usage à une volonté de se référencer aux modèles américains, qu'ils soient culturels, industriels ou économiques, qui deviendront donc implicitement des normes! Par conséquent, et sans le savoir, un Français agissant ainsi fait, bien involontairement, de la publicité pour ses homologues américains quelle que soit l'activité considérée. Naturellement, l'intérêt de l'interlocuteur vis à vis de la „solution" ou „version" américaine de ce qui constitue son sujet de préoccupation s'en trouvera renforcé. C'est ainsi que l'usage par certaines compagnies françaises dans les pays d'Europe de l'Est, en Chine ou au Japon aura pour résultat de diminuer les chances de ces mêmes compagnies à prendre des parts de marchés à leurs homologues américains, qui auront, au minimum, la supériorité d'un message correctement exprimé. Ainsi l'usage de l'anglais commercial par les Français, lorsqu'il n'est pas vraiment indispensable, constitue un handicap invisible, mais bien réel pour ceux qui l'utilisent. Malheureusement, les Français qui se déplacent à l'étranger développent un tel complexe d'infériorité s'ils ne parlent pas anglais qu'ils ne sont pas à même de se rendre compte de cette évidence. En Europe de l'Est certaines des interventions et des programmes d'assistance initiés par les européens de l'Ouest ont eu ainsi comme conséquence inattendue de renforcer un intérêt grandissant pour l'Amérique, dans un contexte où les références en matière de développement économique sont presque toutes interprétées comme étant d'origine américaine. Dans des sociétés encore mal informées, que le modèle de développement occidental fascine à un tel point, l'usage de l'anglais rehausse considérablement l'intérêt vis à vis des modèles américains et prépare le terrain pour les compagnies et les agences de coopération américaines au dépend des intérêts ouest-européens!

En conclusion, l'avenir de la francophonie est un sujet beaucoup trop sérieux pour qu'on s'y engage avec des motivations sentimentales et des idées confuses. Il importe d'en comprendre la portée et les conséquences des échecs possibles aux actions qui y sont entreprises. A l'instar du dollar, dont l'usage international facilite considérablement le commerce extérieur américain, l'usage exclusif de l'anglais comme langue internationale renforcerait considérablement l'influence américaine sur le reste du monde. A l'heure actuelle l'usage de l'anglais s'accompagne d'une adoption implicite des modèles américains, qui, de facto, deviendraient des normes internationales échappant au contrôle de la plupart de ses usagers. **Le danger est réel.**

Alors que de nombreux députés lui reprochent une attitude passéiste
(*Le Monde*, 5/5/1994, 10)

LE MINISTRE DE LA CULTURE SOULIGNE LE CARACTÈRE „OFFENSIF" DE SON PROJET SUR LA LANGUE FRANÇAISE

Les députés ont entamé, mardi 3 mai, l'examen du projet de loi sur l'emploi de la langue française, présenté par Jacques Toubon et déjà adopté en première lecture, le 14 avril dernier, par le Sénat (*Le Monde* du 16 avril et du 4 mai). Le ministre de la culture et de la francophonie a dû faire face à la perplexité d'une partie de sa majorité.

C'est le Burkina-Faso qui a définitivement converti Francisque Perrut (UDF, Rhône) aux vertus du projet de loi de Jacques Toubon sur la langue française. Le rapporteur de la commission des affaires culturelles de l'Assemblée a raconté, mardi, qu'il s'était entretenu, „*il y a quinze jours*", avec des représentants burkinabés et avait été „*stupéfait*" de réaliser que leur français est „*plus châtié que le nôtre*". „*Il est vrai qu'ils sont fiers de le parler alors que nous, nous nous en moquons*, a-t-il commenté. *Allons donc prendre des leçons au Burkina-Faso!*"

Les députés de la majorité sont friands de ce genre d'évocation de l'oeuvre de l'empire et ont chaudement applaudi à cette morale burkinabé du missionnaire à évangéliser de toute urgence. Car c'est bien là-bas, au coeur de cette lointaine et jeune francophonie, que gît maintenant la vraie mémoire nationale, tandis que l'Hexagone s'abîme dans la capitulation. Le ministre de la culture a identifié cet ennemi qui s'emploie sournoisement à saper le moral du pays. Il s'agit, selon lui, du „*snobisme*" des Français eux-mêmes face à l' „*anglomarchand*".

En vérité, le problème est plus vaste. Adepte de la géopolitique, M. Toubon a pris de la hauteur pour brosser un préoccupant état du monde. „*Depuis la chute du mur de Berlin, l'ordre ancien n'existe plus*, a-t-il rappelé, *et nous voyons apparaître un seul modèle culturel, politique, économique, inspiré de l'économie de marché, avec ses bienfaits, mais, aussi, avec ses tares.*" „*Ce n'est pas parce que le monde est un qu'il doit être uniforme*", a-t-il ajouté, en résumant l'état d'esprit qui l'avait guidé dans l'élaboration de son texte. Renvoyant dos à dos „*tribalisme*" et „*élitisme*", il a indiqué que son objectif est d'éviter que le français ne devienne à l'anglais „*ce que sont aujourd'hui au français le latin et le grec*".

Un message universel

Et qu'on ne lui objecte pas que son texte est „défensif"! Ah! que ce mot lui inspire une sainte horreur! Il a tant entendu l'argument qu'il le retourne aujourd'hui comme un gant et clame, au contraire, que son projet est „*offensif*", „*tourné vers le futur*", „*l'innovation*" et „*la créativité*". Au reste, ce texte est porteur d'un message universel, qui se moque éperdument de toutes les lignes Maginot de l'Hexagone. „*Préserver le français, langue de la liberté, de l'égalité et de la démocratie, est un enjeu pour tous les peuples épris de nos valeurs*", a-t-il assuré.

Alors, il vaut mieux ne prêter qu'une oreille distraite aux embarrassants compliments d'Yves Marchand (UDF, Hérault), ce laudateur qui, par mégarde, a emprunté au vocabulaire „défensif" – „*refuser de légiférer, c'est baisser la garde*" –, alors que le ministre ne voulait précisément plus de cette métaphore de la sentinelle, à laquelle il préfère désormais celle du voltigeur. Il vaut mieux, aussi, ne pas s'apesantir sur les encouragements prodigués par Bruno Bourg-Broc (RPR, Marne), qui assimile la sauvegarde du français à la défense de „*l'agriculture*", laquelle „*connaît les difficultés que nous savons*". Mieux vaut ne retenir que les éloges de M. Perrut, qui, après son incursion au Burkina-Faso, s'est plongé dans les vers de Boileau, l'auteur le plus cité de la soirée. „*Enfin, Malherbe vint*" écrivait Boileau en lui rendant hommage, s'est souvenu M. Perrut. *Pourra-t-on écire, monsieur le ministre: „Enfin, Toubon survint – Qui voulut mettre hardiment aux abus un frein?* "

„*Interdire d'interdire*"

D'autres députés de la majorité n'ont pas été aussi généreux. Pierre Lellouche (RPR, Val d'Oise) a bien voulu reconnaître au texte le „*mérite de marquer un coup d'arrêt à la dégradation de notre langue*", mais il „*s'interroge*". „*Le problème est-il vraiment celui d'une menace de l'extérieur?* a-t-il questionné. *Si colonisation culturelle il y a, n'est-elle pas, avant tout, dans nos têtes?*" „*L'usage dicte ici sa loi et non l'inverse*", a-t-il lancé à l'adresse de ceux qui auraient oublié que „*la langue ne se décrète pas*".

Laurent Dominati (UDF, Paris), lui, ne s'interroge plus, car il s'inquiète déjà. Il se dit préoccupé de l'image renvoyée à l'étranger par ce débat franco-français: „*Je crains que cette loi, qui cherche à préserver la langue française assaillie par l'anglais, ne montre au monde entier que le français est devenu une langue assiégée, minoritaire, une langue du passé,* a-t-il expliqué. (...) *Faut-il dire aux étudiants du monde entier que la langue française est une langue dont l'usage, en France, a besoin d'être imposé par l'Etat sous peine d'amende?*" En bon libéral, M. Dominati n'accepte pas de voir la puissance publique s'ériger en „*police des mots*". „*Je plaide pour l'indépendance de la langue française, non seulement face à l'anglais, mais aussi et surtout vis-à-vis de l'Etat*", a-t-il dit. M. Toubon a pris un air renfrogné en écoutant cet éloge du libéralisme linguistique.

Didier Mathus (PS, Saône-et-Loire) a été plus sévère encore pour dénoncer une loi répressive. „*L'image de la langue française doit-elle être associée à celle d'un gendarme armé d'un gros bâton? Votre texte est une sorte de loi sécuritaire,* a-t-il regretté. *On y décèle la tentation d'expulser les mots étrangers comme on expulse les étrangers en situation irrégulière (...). Allez-vous installer des douaniers du langage et des inspecteurs du vocabulaire?*" Bien entendu, M. Toubon n'était pas d'accord, lui qui ne souhaite „*qu'interdire qu'on interdise l'usage du français*".

FRÉDÉRIC BOBIN

142

Chiflet (1994), *Sky Mr. Allgood! ou Parlons français avec Monsieur Toubon*

TO PULL	**TIRER**		*TO SIT*	**ASSEOIR**
Elle n'avait rien sous son pull-over	Elle n'avait rien sous son tire-au-dessus		*Ma fille fait souvent du baby-sitting*	Ma fille est souvent assise sur le bébé

RANCH	**CABANE**		*TO SMASH*	**ÉCRASER**
Il y a 14 000 bisons dans son ranch	Il y a 14 000 bisons dans sa cabane		*Super, le smash de Noah!*	Super, l'écrasé de Noah!

TO REVOLVE	**RETOURNER**		*TO SMOKE*	**FUMER**
Police! Lâche ton revolver!	Police! Lâche ton retourneur!		*Il ressemble à un pingouin dans ce smoking*	Il ressemble à un pingouin dans ce fumant

TO ROCK	**BALANCER**		*SPIRITUAL*	**SPIRITUEL**
Chérie, viens danser le rock and roll	Chérie, viens danser le balancé-roulé		*Ce soir, je vais à un concert de negro-spirituals*	Ce soir, je vais à un concert de nègres spirituels

ROTARY	**ROTATIF**		*SPLEEN*	**RATE**
Il est membre du Rotary	Il es membre du Rotatif		*Je sens venir le quart d'heure de spleen*	Je sens venir le quart d'heure de rate

ROVER	**RÔDEUR**		*TRUST*	**CONFIANCE**
Dans le XVIe, il n'y a que des Land Rover	Dans le XVIe, il n'y a que des Rôdeurs de terre		*Je suis pour la législation antitrust*	Je suis pour la législation anticonfiance

SAND	**SABLE**		*VANITY*	**VANITÉ**
La Mare au diable, c'est bien un bouquin de George Sand?	*La Mare au diable,* c'est bien un bouquin de George Sable?		*Jean-Robert ne se sépare jamais de son vanity-case*	Jean-Robert ne se sépare jamais de son cageot de vanité

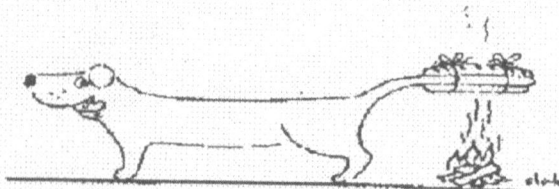

HOT-DOG
CHIEN CHAUD

6. Literatur

a) Aufsätze und Bücher

Aebischer, V. (1979), „Wenn Frauen nicht sprechen", in: Aebischer, V./Andresen, H./Glück, H./ Paulidou, Th. (ed.), *Sprache und Geschlecht*, vol. III (*OBST* Beih. 3.), p. 85-95.

Aebischer, V. (1985), *Les femmes et le langage*. Représentations sociales d'une différence, Paris.

Aebischer, V. (1992), „Bavardages: sens commun et linguistique", in: Aebischer, V./Forel, C.-A. (ed.), *Parlers masculins, parlers féminins?*, Lausanne, p. 173-187.

Albersmeyer-Bingen, H. (1988), „Menschenbild", in: Lissner/Süssmuth/Walter (ed.), p. 732-739.

Bäcker, N. (1975), *Probleme des inneren Lehnguts dargestellt an Anglizismen der französischen Sportsprache*, Tübingen.

Baker Miller, J. (1976), *Die Stärke weiblicher Schwächen*. Zu einem neuen Verständnis der Frau, Frankfurt a.M.

Barbazza, M.C. (1986), „La femme dans le *Vocabulaire de refranes* de Correas: un discours d'exclusion?", *Imprévue* 1, 9-27.

Barbeau, A./Rodhe, E. (1930), *Dictionnaire phonétique de la langue française*, Stockholm.

Barrera-Vidal, A. (1983), „Le français et le sexe: quelques remarques sur l'expression du genre en français moderne", *ZFr* 15.1, 12-21.

Barrera-Vidal, A./Kleineidam, H./Raupach, M. (ed.) (1986), *Französische Sprachlehre und ‚bon usage'*, München.

Baum, R. (1986), „Akademiegrammatik und Bon Usage", in: Barrera-Vidal/Kleineidam/Raupach (ed.), p. 33-53.

Baum, R. (1989), *Sprachkultur in Frankreich: Texte aus dem Wirkungsbereich der Académie française*, Bonn.

Baus, M. (1988), „Emanzipation", in: Lissner/Süssmuth/Walter (ed.), p. 212-221.

Bayer, K. (1982a), „Jugendsprache und Sprachnorm – Plädoyer für eine linguistisch begründete Sprachkritik", *ZGL* 10, Berlin/New York, 139-155.

Bayer, K. (1982b), „Noch einmal: Jugendsprache und Sprachnorm", *ZGL* 10, Berlin/New York, 341-347.

Bécherel, D. (1981), „A propos des solutions de remplacements des anglicismes", *LaLi* 17, 119-131.

Becker, K. (1970), *Sportanglizismen im modernen Französisch (aufgrund von Fachzeitschriften 1965-1967)*, Meisenheim a.Glan.

Behrens M./Dieckmann, W./Kehl, E. (1982), „Politik als Sprachkampf. Zur konservativen Sprachkritik und Sprachpolitik seit 1972", in: Heringer (ed.), p. 216-265.

Beinke, Chr. (1990), *Der Mythos ‚franglais'*. Zur Frage der Akzeptanz von Angloamerikanismen im zeitgenössischen Französisch – mit einem kurzen Ausblick auf die Anglizismen-Diskussion in Dänemark, Frankfurt a.M./Bern/New York/Paris.

Beinke, Chr. (1995), „*Tomatine* statt *ketchup*. Ein Weg zum reinen Französisch?", in: Trabant (ed.), p. 79-90.

Bengtsson, S. (1968), *La défense organisée de la langue française*. Etude sur l'activité de quelques organismes qui depuis 1937 ont pris pour tâche de veiller à la correction et à la pureté de la langue française, Uppsala.

Bertrand, M. (1986), „Néolog...erie (encore...)", *IG* 30, 29-32.

Bidard, R. (1988), „Le Commissariat général de la langue française et les commissions ministérielles de terminologie", *DLF* 143, 18-20.

Bierbach, Ch. (1992), „Spanisch: Sprache und Geschlechter", in: Holtus/Metzeltin/Schmitt (ed.) p. 276-295.

Bierbach, Ch./Ellrich, B. (1990), „Französisch: Sprache und Geschlechter", in: Holtus/Metzeltin/Schmitt (ed.) p. 248-266.

Bochmann, K. (1993), „Theorie und Methoden der Sprachpolitik und ihrer Analyse", in: Brumme/Bochmann, (ed.), p. 3-63.

Boel, E. (1976), „Les genres des noms désignant les professions et les situations féminines en français moderne", *RevR* XI, 16-73.

Born, J./Schütte, W. (1995), *Eurotexte*. Textarbeit in einer Institution der EG, Tübingen.

Boulanger, J.-C. (1984), „Quelques observations sur l'innovation lexicale spontanée et sur l'innovation lexicale planifiée", *LBM* 27, 3-29.

Braselmann, P. (1981), *Konnotation-Verstehen-Stil*. Operationalisierung sprachlicher Wirkungsmechanismen dargestellt an Lehnelementen im Werke Maurice Dekobras, Frankfurt a.M./Bern.

Braselmann, P. (1986a), *Holtus, G./Radtke, E. (ed.), *Umgangssprache in der Iberoromania*, Festschrift für Heinz Kröll, Tübingen 1981; *VRom* 45, 317-323.

Braselmann, P. (1986b), *Grésillon, A. (1984), *La règle et le monstre: le mot-valise*, Tübingen; *ZfSL* 96/3, 314-318.

Braselmann, P. (1991), *Humanistische Grammatik und Volkssprache*. Zur *Gramática de la lengua castellana* von Antonio de Nebrija, Düsseldorf.

Braselmann, P. (1992), „Übernationales Recht und Mehrsprachigkeit. Linguistische Überlegungen zu Sprachproblemen in EuGH-Urteilen", *Europarecht* 1, 55-74.

Braselmann, P. (1993), „Sprache als Instrument der Politik – Sprache als Gegenstand der Politik. Zur sprachpolitischen Auffassung Antonio de Nebrijas in der *Gramática de la lengua castellana*", in: Strosetzki, Ch. (ed.), *Studia hispánica*. Akten des Deutschen Hispanistentages, Göttingen 28.2.-3..3.1991, Frankfurt a.M., p. 123-135.

Braselmann, P. (1995a), „Grammatik und Sprachtheorie. Zur Sprachauffassung bei Antonio de Nebrija und Juan Luis Vives", in: Strosetzki, Ch. (ed.), *Juan Luis Vives: sein Werk und seine Bedeutung für Spanien und Deutschland;* Akten der internationalen Tagung vom 14.-15. Dezember 1992 in Münster, Frankfurt a.M., p. 150-169.

Braselmann, P. (1995b), *Helfrich, U. (1993), *Neologismen auf dem Prüfstand: ein Modell zur Ermittlung der Akzeptanz französischer Neologismen*, Wilhelmsfeld; *VRom* 54, 341-346.

Braselmann, P. (1997a), „Sprachkontakt-Kulturkontakt. Angloamerikanische Sprache und Kultur als transglossisches Phänomen in der Romania", in: Iliescu, M./Marxgut, W./Mayr, E./Siller-Runggaldier, H./Zörner, L. (ed.), *Ladinia et Romania*, Trento, p. 445-464.

Braselmann, P. (1997b), *Brumme, J./Bochmann, K. (ed.), *Sprachpolitik in der Romania*: zur Geschichte sprachpolitischen Denkens und Handelns von der Französischen Revolution bis zur Gegenwart, Berlin/New York 1993; *VRom* 56, 344-348.

Braun, P. (1979), *Tendenzen in der deutschen Gegenwartssprache*, Stuttgart/Berlin/Köln /Mainz.

Brumme, J./Bochmann, K. (ed.) (1993), *Sprachpolitik in der Romania*. Zur Geschichte sprachpolitischen Denkens und Handelns von der Französischen Revolution bis zur Gegenwart, Berlin/New York.

Brun-Trigaut, G. (1990), *Le Croissant: le concept et le mot*. Contribution à l'histoire de la dialectologie française au XIXème siècle, Lyon.

Brunot, F. (^{2}1926), *La pensée et la langue*, Paris.

Busse, D. (1991), „Der Bedeutungwandel des Begriffs ‚Gewalt' im Strafrecht. Über institutionellpragmatische Faktoren semantischen Wandels", in: Busse, D. (ed.), *Diachrone Semantik und Pragmatik*. Untersuchungen zur Erklärung und Beschreibung des Sprachwandels, Tübingen, p. 259-275.

Bußmann, H. (1995), „*Das* Genus, *die* Grammatik und – *der* Mensch: Geschlechterdifferenz in der Sprachwissenschaft", in: Bußmann/Hof (ed.), p. 114-160.

Bußmann, H./Hof, R. (ed.) (1995), *Genus*. Zur Geschlechterdifferenz in den Kulturwissenschaften, Stuttgart.

Buxó Rey, M. J. (1978), *Antropología de la mujer*. Cognición, lengua e ideología cultural, Barcelona.

Calvet, L.-J. (1994), „Entretien avec Louis-Jean-Calvet. Propos receuillis par Alain Kimmel", *Echos* 73/74 (*La langue française en question*), 63-67.

Cameron, D. (1985), *Feminism and linguistic theory*, London.

Cartier, A. (1977), „Connaissance et usage d'anglicismes par des français de Paris", *LaLi* 13, 55-84.

Chevalier, J.-C. (1995), „La langue française et les pouvoirs: le *Conseil supérieur de la langue française* – historique, fonctionnement et résultats 1989-1994", in: Trabant (ed.), p. 151-160.

Chiflet, J.-L. (1994), *Sky Mr Allgood*! Parlons français avec Monsieur Toubon, Paris.

Chirol, L. (1973), *Les „mots français" et le mythe de la France en anglais contemporain*, Paris.

Christmann, H.H. (1982), „Das Französische der Gegenwart: Zu seiner Norm und seiner *défense*", in: Wunderli/Müller (ed.), p. 259-281.

Christmann, H.H. (1986), „Sprachpolitik und Sprachpflege im Frankreich der 80-er Jahre: *défense, illustration, diffusion*", in: Barrera-Vidal/Kleineidam/Raupach (ed.), p. 15-31.

Cook-Gumperz, J. (1991), „Geschlechtstypisches Sprechen und geschlechtstypische Lebensformen: *Kleine Mädchen spielen Frauen*", in: Günthner/Kotthoff (ed.), p. 309-332.

Corbeil, J.-C. (1971), „Aspects du problème néologique", *LBM* 1, 123-136.

Cotarelo, E. (1924), „Una nueva casta de galicismos", *BRAE* 12, 117-121.

Cypionka, M. (1994), *Französische ‚Pseudoanglizismen'*. Lehnformationen zwischen Entlehnung, Wortbildung, Form- und Bedeutungswandel, Tübingen.

Dahmen, W./Holtus, G./Kramer, J./Metzeltin, M./Schweickard, W./Winkelmann, O. (ed.) (1997), *Sprache und Geschlecht in der Romania*, Romanistisches Kolloquium X, Tübingen.

Dauzat, A. (1954), *Le guide du bon usage*. Les mots, les formes grammaticales, la syntaxe, Paris.

Diki-Kidiri, M./Joly, H./Murcia, C. (1981), *Guide de la néologie*, Paris.

Di-Lillo, A. (1983), „La dérivation en *-eur*", *Terminogramme* 17, 3-5.

Domaschnew, A. (1994), „Englisch als die einzige Verkehrssprache des zukünftigen Europa? Eine Stellungnahme aus osteuropäischer Sicht", *Sociolinguistica* 8 (*English only?*), 26-43.

Dubuc, R. (1983), „Le français et le sport", *Terminogramme* 21, 4-5.

Dürmüller, U. (1994), „Multilingual talk or English only? The Swiss experience", *Sociolinguistica* 8 (*English only?*), 44-64.

Erfurt, J. (1988), „Feministische Sprachpolitik und soziolinguistische Aspekte des Sprachwandels", *ZG* 6, 706-716.

Ernst, G./Wimmer, E. (1992), „*forfait* oder *walk over* für das Französische? Zum Arrêté relatif à la terminologie du sport", in: Blank, C., *Language and Civilisation*, Frankfurt a.M./Bern/New York/Paris, p. 683-699.

Ertel, S. (1981), „Wahrnehmung und Gesellschaft. Prägnanztendenzen in Wahrnehmung und Bewußtsein", *ZfS* 3, 107-141.

Etiemble, R. (1964), *Parlez-vous franglais?* Paris.

Falter, C. (1991), „Sprachgesetzgebung in Frankreich", *Sprachreport* 4, 1-3.

Fantapié, A. (1985), „Les travaux de la commission de terminologie", in: Valabrègue (ed.), p. 220-226.

Feyry, M. (1973), „Les commissions ministérielles de terminologie. Observations générales", *LBM* 5, 47-74.

Fischer, P. (1985), „*Docteure, docteuse, doctoresse?* Eine staatliche Terminologiekommission nimmt sich in Frankreich der Feminisierung von Berufs- und Amtsbezeichnungen an", *LeSp* 30, 133-136.

Fishman, J.A. (1994), „ ‚English only' in Europe? Some suggestions from an American perspective", *Sociolinguistica* 8 (*English only?*), 65-72.

Flader, D./Gerke, E.O./Müller, H.H./Pape, M./Stosch, E. (1972), „Sprachkritik, Gesellschaftskritik, Sprachwissenschaft. Einige Anmerkungen zum Problem einer wissenschaftlichen Sprachkritik und einer gesellschaftskritischen Sprachtheorie", in: Engel, U./Schwencke, O. (ed.), *Gegenwartssprache und Gesellschaft*. Beiträge zu aktuellen Fragen der Kommunikation, Düsseldorf, p. 118-134.

Fouché, P. ([2]1959), *Traité de prononciation française*, Paris.

Frank, K. (1992), *Sprachgewalt*. Die sprachliche Reproduktion der Geschlechterhierarchie. Elemente einer feministischen Linguistik im Kontext sozialwissenschaftlicher Frauenforschung, Tübingen.

Froitzheim, C. (1980), *Sprache und Geschlecht: Bibliographie*, Teil 1: *LB* (Papier) 62, Wiesbaden.

Froitzheim, C./Simons, B. (1981), *Sprache und Geschlecht: Bibliographie*, Teil 2: *LAUT* (Ser. B) 72, Trier.

Fugger, B. (1979/1983), „Les français et les arrêtés ministériels. Etude sur l'impact de la loi linguistique dans l'est de la France", Teil 1: *LBM* 18, 157-170, Teil 2: *LBM* 25, 52-62.

Fugger, B. (1980), „Die Einstellung der Franzosen zur französischen Sprachpolitik", in: Stimm, H. (ed.), p. 58-78.

Fugger, B. (1982), „Neologismus und Wortbildung: Tendenzen bei der Herausbildung einer neuen französischen Fachsprache der Medizin", in: Wunderli/Müller (ed.), p. 283-297.

Fugger, B. (1983), „Sprachentwicklung – Sprachbeeinflussung – Sprachbewußtsein. Eine sozio-linguistische Untersuchung zur französischen Sprachpolitik", *Fachsprache* 3, 128-137.

Fugger, B. (1987), „Die französische Sprachpolitik im internationalen Sprachkontakt", *FrH* 18/3, 231-247.

García Meseguer, A. (²1984), *Lenguaje y discriminación sexual*, Madrid.

Gauger, H.-M. (1985), „Brauchen wir Sprachkritik?", in: Knoop, U./Schmitz, H.G. (ed.), *Henning-Kaufmann-Stiftung zur Pflege der Reinheit der deutschen Sprache*. Jahrbuch 1984, Marburg, p. 31-63.

Gauger, H.-M. (1986), „Richtungen der Sprachkritik", in: Gauger, H.-M. (ed.), *Sprach-Störungen*. Beiträge zur Sprachkritik, München/Wien, p. 13-25.

Gebhardt, K. (1975), „Gallizismen im Englischen, Anglizismen im Französischen: ein statistischer Vergleich", *ZRP* 91, 292-309.

Gebhardt, K. (1981), „Sprachlenkung und Sprachpflege im heutigen Frankreich: Zum Problem des ‚franglais'", *NS* 80, 18-34.

Gellert-Novak, A. (1993), *Europäische Sprachenpolitik und Euroregionen*, Tübingen.

Gerichtshof der Europäischen Gemeinschaften (ed.) (1984), *Sammlung der Rechtssprechung des Gerichtshofes und des Gerichts erster Instanz*, Luxemburg.

Gladischefski, A./Lieber, M. (1998), „La féminisation des noms de métier et des titres au Canada francophone: une comparaison avec la France, la Suisse et la Belgique", in: Kolboom, I./Lieber, M./Reichel, E. (ed.), *Le Québec: société et cultures*, vol. II, p. 275-292.

Goffin, R. (1989), „La féminisation de la désignation des emplois – types à la Commission des Communautés Europénnes", *TTR* 2, 7-13.

Gorny, H. (1995), „Feministische Sprachkritik", in: Stötzel, G./Wengeler, M. (ed.), *Kontroverse Begriffe*. Geschichte des öffentlichen Sprachgebrauchs in der Bundesrepublik Deutschland, Berlin/New York, p. 517-562.

Gossen, C. Th. (1976), *Von Sprachdirigismus und Norm*, Rektoratsrede, gehalten an der Jahresfeier der Universität Basel (Basler Universitätsreden 70. Heft), Basel.

Gossen, C. Th. (1980), „Wie gefährlich ist ‚franglais'?" in: Schmidt, G./Tietz, M. (ed.), *Stimmen der Romania*, Wiesbaden, p. 561-579.

Goudaillier, J.-P. (1977), „A nouveau, les puristes contre la langue", *LaLi* 13/2, 85-98.

Goudaillier, J.-P. (1982), „Sprache und Macht: Wie ein Gesetz in Frankreich die Sprache reinigen will", *Dialect* 6/1, 28-51.

Gräßel, U. (1991), *Sprachverhalten und Geschlecht*, Pfaffenweiler.

Grésillon, A. (1984), *La règle et le monstre: le mot-valise*, Tübingen.

Grosse, S. (1976), „Sprachwissenschaft und Sprachkritik. Vorbemerkungen zu den Beiträgen von H. Glinz, G. Kolde und H. Villiger", *Muttersprache* 86, 2-4.

Groult, B. (1998), *Leben heißt frei sein*, München.

Günthner, S./Kotthoff, H. (ed.) (1991a), *Von fremden Stimmen*. Weibliches und männliches Sprechen im Kulturvergleich, Frankfurt a.M.

Günthner, S./Kotthoff, H. (1991b), „Von fremden Stimmen: weibliches und männliches Sprechen im Kulturvergleich", in: Günthner/Kotthoff (ed.), p. 7-51.

148

Guilbert, L. (1972), „Peut-on définir un concept de norme lexicale?", *LFr* 16 (*La norme*), 29-48.

Guilbert, L. (1973), „Théorie du néologisme", *CAIEF* 25, 9-29.

Haas, R. (1991), *Französische Sprachgesetzgebung und europäische Integration*, Berlin.

Hamburg, D.A./Lunde, D.T. (1966), „Sex hormones in the development of sex differences in human behavior", in: Maccoby, E. (ed.), *The development of sex differences*, Stanford, p. 1-24.

Hamer, D./Copeland, P. (1998), *Das unausweichliche Erbe*. Wie unser Verhalten von unseren Genen bestimmt ist, München.

Hausen, K./Nowotny, H. (ed.) (1986), *Wie männlich ist die Wissenschaft?*, Frankfurt a.M.

Hausmann, F. J. (1986), „The influence of the English language on French", in: Viereck, W./Bald, W.-D. (ed.), *English in contact with other languages*, Budapest, p. 79-105.

Heinrichs, J. (1988), „Emotionalität und Rationalität", in: Lissner/Süssmuth/Walter (ed.), p. 221-227.

Helfrich, U. (1993), *Neologismen auf dem Prüfstand: ein Modell zur Ermittlung der Akzeptanz französischer Neologismen*, Wilhelmsfeld.

Helfrich, U. (1997), „Konservativ vs. innovatorisch: Geschlechtsspezifisches Akzeptanzverhalten gegenüber Neologismen im Französischen", in: Dahmen/Holtus/Kramer/Metzeltin/Schweickhard/Winkelmann, p. 223-239.

Helfrich, U./Riehl, C.M. (ed.) (1994), *Mehrsprachigkeit in Europa – Hindernis oder Chance?*, Wilhelmsfeld.

Hellinger, M. (ed.) (1985), *Sprachwandel und feministische Sprachpolitik: internationale Perspektiven*, Opladen.

Hellinger, M. (1990a), *Kontrastive feministische Linguistik*: Mechanismen sprachlicher Diskriminierung im Englischen und Deutschen, Ismaning/München.

Hellinger, M. (1990b), „Über die Durchsetzung der sprachlichen Gleichbehandlung von Männern und Frauen auf der Verwaltungsebene", in: Spillner, B. (ed.), *Sprache und Politik*, Frankfurt a.M./ New York/Paris, p. 102-107.

Heringer, H.J. (ed.) (1982a), *Holzfeuer im hölzernen Ofen*. Aufsätze zur politischen Sprachkritik, Tübingen.

Heringer, H.J. (1982b), „Sprachkritik – die Fortsetzung der Politik mit besseren Mitteln", in: Heringer (ed.), p. 3-34.

Heringer, H.J. (1982c), „Der Streit um die Sprachkritik. Dialog mit Peter von Polenz im Februar 1981", in: Heringer (ed.), p. 161-175.

Hermann, C. (1985), „Pour le néologisme", in: Valabrègue (ed.), p. 216-219.

Hof, R. (1995), „Die Entwicklung der *Gender Studies*", in: Bußmann/Hof (ed.), p. 2-33.

Holtus, G. (1979), „75 Jahre französische Sprachnormierung und französische Grammatik: zu den Spracherlassen von 1901 und 1976", *FrH* 3, 191-202 und *FrH* 4, 239-248.

Holtus, G./Metzeltin, M./Schmitt, Ch. (ed.) (1988), *LRL*, vol. IV, Tübingen.

Holtus, G./Metzeltin, M./Schmitt, Ch. (ed.) (1989), *LRL*, vol. III, Tübingen.

Holtus, G./Metzeltin, M./Schmitt, Ch. (ed.) (1990), *LRL*, vol. V,1, Tübingen.

Holtus, G./Metzeltin, M./Schmitt, Ch. (ed.) (1992), *LRL*, vol. VI,1, Tübingen.

Houdebine, A.-M. (1989), „La féminisation des noms de métiers en français contemporain", *Contrastes* (Sonderh. *La différence sexuelle dans le langage*), 39-71.

Houdebine-Gravaud, A.-M. (1989), „Une aventure linguistique: la féminisation des noms de métiers, titres et fonctions en français contemporain", *TTR* 2, 91-145.

Höfler, M. (1969/70), „Das Problem der sprachlichen Entlehnung", *Jahrbuch der Universität Düsseldorf*, 59-67.

Höfler, M. (1970), „Beiträge zu den Anglizismen im Französischen", *ZRPh* 86, 324-339.

Höfler, M. (1976), „Zur Verwendung von *anglicisme* als Indiz puristischer Haltung im *Petit Robert*", *ZfSL* 86/4, 334-338.

Höfler, M. (1979), „Zur Bedeutungsgeschichte von französischen *anglicisme*", in: Höfler, M./Vernay, H./Wolf, L. (ed), *Festschrift Kurt Baldinger zum 60. Geburtstag*, vol. II, p. 562-579.

Höfler, M. (1980), „Methodologische Überlegungen zu einem neuen historischen Wörterbuch der Anglizismen im Französischen", in: Werner, R. (ed.), *Sprachkontakte*, Tübingen, p. 69-86.

Höfler, M. (1981), „Für eine Ausgliederung der Kategorie ,Lehnschöpfung' aus dem Bereich sprachlicher Entlehnung", in: Pöckl, W. (ed.), *Europäische Mehrsprachigkeit*. Tübingen, p. 149-153.

Höfler, M. (1982), *Dictionnaire des anglicismes*, Paris.

Höfler, M. (1986), „Fr. *rallye*, angl. *rally(e)*, all. *rallye* et quelques problèmes posés par les mots d'emprunt", *RLiR* 50/1, 139-155.

Höfler, M. (1989), „Le traitement des emprunts par substitution lexématique dans la lexicographie historique française", *TraLiPhi* 27, 115-125.

Höfler, M. (1990), „Zum Problem der ,Scheinentlehnung'", *ASNS* 142, 96-107.

Hübner, U./Constantinesco, V. (²1988), *Einführung in das französische Recht*, München.

Ivo, H. (1994), *Muttersprache – Identität – Nation*. Sprachliche Bildung im Spannungsfeld zwischen ,einheimisch' und ,fremd', Opladen.

Jespersen, O. (1922), *Language, its nature, development and origin*, London.

Jeßner, U. (1991), *Ontogenese von geschlechtsbedingten Sprachmerkmalen*, Innsbruck.

Joset, J. (1989), „Amor de Mujer Noble: Grieta en el Baluarte aristocrático de la sociedad estamental", in: Gosman, M./Hermans, H. (ed.), *España, teatro y mujer*, Amsterdam, p. 113-122.

Jurtschitsch, E./Hömberg, E. (1993), „Die Hormone für Macht, Erfolg und Einfluß", *Focus* 3, 102-104.

Kalverkämper, H. (1979), „Die Frauen und die Sprache", *LB* 62, 55-71.

Kalverkämper, H. (1987), „Neologismen: Hinterfragung eines linguistischen Konzepts", *QSem* 2, 311-345.

Kanngießer, S. (1976), „Spracherklärung und Sprachbeschreibung", in: Wunderlich, D. (ed), *Wissenschaftstheorie der Linguistik*, Kronberg/Ts., p. 106-160.

Kattenbusch, D. (ed.) (1995), *Minderheiten in der Romania*, Wilhelmsfeld.

Keenan, E. (1991), „Normen kreieren – Normen variieren. Männliches und weibliches Sprechen in einer madagassischen Gemeinschaft", in: Günthner/Kotthoff (ed.), p. 75-100.

Keller, R. (1990), *Sprachwandel*. Von der unsichtbaren Hand in der Sprache, Tübingen.

150

Key, M.R. (1975), *Male and female language*, New York.

Kienpointner, A. u. M. (1996), „*Sind Frauen die besseren Autofahrer?* Veränderungen des geschlechtsspezifischen Sprachgebrauchs im Gegenwartsdeutschen", in: König, W./Ortner, L. (ed.), *Sprachgeschichtliche Untersuchungen zum älteren und neueren Deutsch*, Heidelberg, p. 139-160.

Kimmel, A. (1994a), „Le débat parlementaire", *Echos* 73/74 (*La langue française en question*), 17-20.

Kimmel, A. (1994b), „Le débat constitutionnel", *Echos* 73/74 (*La langue française en question*), 21-23.

Kimura, D. (1992), „Weibliches und männliches Gehirn", *SdW* 11, 104-113.

Klein, J. (1988), „Benachteiligung der Frau im generischen Maskulinum – eine feministische Schimäre oder psycholinguistische Realität?" in: Oellers, N. (ed.), *Das Selbstverständnis der Germanistik*, Tübingen, p. 310-319.

Klinger, A. (1986a), „Déjà-Vu oder die Frage nach den Emanzipationsstrategien im Vergleich zwischen der ersten und der zweiten Frauenbewegung", *Kommune* 12, 57-72.

Klinger, C. (1986b), „Das Bild der Frau in der Philosophie und die Reflexion von Frauen auf die Philosophie", in: Hausen/Nowotny (ed.), p. 62-84.

Knox, C./Kimura, D. (1970), „Cerebral processing of nonverbal sounds in boys and girls", *Neuropsychology* 8, 227-237.

Korn, K. (1968), „Sprachkritik ohne Sprachwissenschaft?", in: Moser (ed.), p. 135-158.

Korlén, G. (1976), „Die Couch, Hitler und das Fremdwort. Sprachpurismus gestern und heute", *MSpr* 70, 329-342.

Kramer, Ch. (1974), „Women's speech: separate but unequal?", *QJS* 60/1, 14-24.

Kubczak, H. (1991), „Beobachtungen zur Sexusopposition im Wortschatz", *Sprachwiss* 16, 398-416.

Lakoff, R. (1975), *Language and woman's place*, New York .

Landick, M. (1998), „Le vocabulaire de l'aviation française", *ZfSL* 108/1, 1-7.

Lang, S. (1990), *Feminismus als Kritik – Kritik des Feminismus*. Überlegungen zu Selbstverständnis und Methodologie feministischer (Sozial-)Wissenschaft, Hamburg.

Langenbacher, J. (1980), „Normative Lexikologie. Die ‚Communiqués de mise en garde' der Académie française (1964-1978) und ihre Rezeption in den französischen Wörterbüchern der Gegenwart", in: Stimm, H. (ed.), p. 79-95.

Lebsanft, F. (1990), *Spanien und seine Sprachen in den ‚Cartas al director' von ‚El País'*, Tübingen.

Leiss, E. (1994), „Genus und Sexus. Kritische Anmerkungen zur Sexualisierung von Grammatik", *LB* 152, 281-300.

Lenneberg, E.H. (1972), *Biologische Grundlagen der Sprache*, Frankfurt a.M.

Lerat, P. (1990), „Französisch: Sprachbewertung. Evaluation de la langue", in: Holtus/Metzeltin/Schmitt (ed.), p. 392-401.

Lissner, A./Süssmuth, R./Walter, K. (ed.) (1988), *Frauenlexikon*. Traditionen, Fakten, Perspektiven, Freiburg/Basel/Wien.

Lüder, E. (1989), „Rumänisch: Sprache und Geschlechter", in: Holtus/Metzeltin/Schmitt (ed.), p. 209-216.

Maas-Chauveau, C. (1989), „La féminisation des titres et noms de professions au Canada", in: Commission des Communautés Européennes (ed.), *La Feminisation dans les langues communautaires*, p. 155-166.

Maltz, D./Borker, R. (1982), „A cultural approach to male-female miscommunication", in: Gumperz, J.J. (ed.), *Language and social identity*, Cambridge, p. 196-216; übersetzt als „Mißverständnisse zwischen Männern und Frauen – kulturell betrachtet", in: Günthner/Kotthoff (ed.) (1991), p. 52-72.

Marcato, G. (1988), „Lingua e sesso", in: Holtus/Metzeltin/Schmitt (ed.) p. 237-246.

Martinet, A. (1994), „Entretien avec André Martinet. Propos receuillis par Rolande Honorien-Rostal", *Echos* 73/74 (*La langue française en question*), 68-72.

Martinon, Ph. (1913), *Comment on prononce le français*, Paris.

Meisser, B. (1987), *Le lexique médical français contemporain*. Analyse linguistique sous l'angle particulier de la néologie de la synonymie, Frankfurt a.M./Bern/New York/Paris.

Meyer, G. (1998: Internet), *Le droit de la langue française* (Jan. 1998 noch unfertige Arbeit), http://www.rabenou.org./g-meyer-langue-francaise/index.html.

Miannay, D. (1972), „La néologie. Les auditeurs de l'ORTF et la création lexical", *LBM* 3, 3-16.

Michaelis, H./Passy, P. ([2]1914), *Dictionnaire phonétique de la langue française*, Hannover/Berlin.

Moreau, T. (1991), *Dictionnaire féminin-masculin*, Genf.

Moser, H. (ed.) (1968), *Sprachnorm, Sprachpflege, Sprachkritik*, Düsseldorf.

Mougeon, R. (1994), „Interventions gouvernementales en faveur du français au Québec et en Ontario", *LSoc* 67, 37-52.

Mulertt, W. (1929), „Deutsche und romanische Sprachreiniger", *GRM* 17, 131-147.

Muller, B. (1985), *Le français d'aujourd'hui*, Paris.

Nissen, U.K. (1989), „Kommentierte Bibliographie Sprache und Geschlecht in der spanischen Sprache", *IB Rom* 36, 41-59.

Nissen, U.K. (1991), „A review of research on language and sex in the Spanish language", *WLang* 13/2, 11-29.

Nyrop, K. (1902), *Grammaire historique de la langue française*, Kopenhagen.

Oksaar, E. (1968), „Sprachnorm und moderne Linguistik", *Jahrbuch des Instituts für Deutsche Sprache* (*Sprachnorm, Sprachpflege, Sprachkritik*), 67-78.

Pergnier, M. (1989), *Les anglicismes: Danger ou enrichissement pour la langue française?*, Paris.

Peyer, A./Groth, R. (1996), *Sprache und Geschlecht*. Studienbibliographien Sprachwissenschaft, Heidelberg.

Polenz, P.v. (1968), „Sprachkritik und sprachwissenschaftliche Methodik", in: Moser (ed.), p. 159-184.

Polenz, P.v. (1979), „Fremdwort und Lehnwort sprachwissenschaftlich betrachtet", in: Braun, P. (ed.), *Fremdwort-Diskussion*, München, p. 9-31.

Polenz, P.v. (1982), „Sprachkritik und Sprachnormenkritik", in: Heringer (ed.), p. 70-93.

Polenz, P.v. (1985), *Deutsche Satzsemantik*: Grundbegriffe des Zwischen-den-Zeilen-Lesens, Berlin.

Polenz, P.v. (1989), „Verdünnte Sprachkultur. Das Jenninger-Syndrom in sprachkritischer Sicht", *DSp* 17, 289-316.

Pop, S. (1952/1953), „Le langage des femmes: enquête à échelle mondiale", *Orbis* 1 (1952), 335-384; *Orbis* 2 (1953), 7-34.

Postl, G. (1991), *Weibliches Sprechen*, Wien.

Pöckl, W. (1988), „Heutige Fachsprachen im interkulturellen Austausch II: die Stellung der französischen Wirtschaftssprachen außerhalb Frankreichs", in: Hoffmann, L./Kalverkämper, H./Wiegand, H.E. (ed.), *Fachsprachen*. Languages for special purposes, vol. I,1, Berlin/New York, p. 819-828.

Pusch, L. (1979), „Der Mensch ist ein Gewohnheitstier, doch weiter kommt man ohne ihr. Eine Antwort auf Kalverkämpers Kritik an Trömel-Plötz' Artikel über *Linguistik und Frauensprache*", *LB* 63, 84-102.

Quemada, B. (1971), „A propos de la néologie. Essai de délimitation des objectifs et des moyens d'action", *LBM* 1, 137-150.

Quemada, B. (1994), „Entretien avec Bernard Quemada", *Echos* 73/74 (*La langue française en question*), 73-78.

Rainer, F. (1993), *Spanische Wortbildung*, Tübingen.

Rettig, W. (1977/78), „Die Normen der Académie française", *Jahrbuch der Universität Düsseldorf*, 189-200.

Rettig, W. (1981), *Sprachliche Motivation*. Zeichenrelationen von Lautform und Bedeutung am Beispiel französischer Lexikoneinheiten, Frankfurt a.M./Bern.

Rey-Debove, J. (1987), „Effets des anglicismes sur le système français", *CdL* 2, 257-265.

Rey-Debove, J./Gagnon, G. (1980), *Dictionnaire des anglicismes*, Paris.

Rey-Debove, J./Rey, A. (1993), *Le Nouveau Petit Robert*. Dictionnaire alphabétique et analogique de la langue française. Nouvelle édition du Petit Robert de Paul Robert, Paris.

Ritzenhofen, M. (1994), „Frankophonie als Mittel der Politik. Ein altes Konzept gewinnt neue Konturen", *Dokumente* 1, 10-16.

Robert, P. (1970), *Le Petit Robert*. Dictionnaire alphabétique et analogique de la langue française, Paris.

Samel, I. (1995), *Einführung in die feministische Sprachwissenschaft*, Berlin.

Sarter, H. (1990), „Sprachbewußtsein im Wandel", in: Asholt, W./Thoma, H. (ed.), *Frankreich. Ein unverstandener Nachbar (1945-1990)*, Bonn, p. 197-223.

Schafroth, E. (1992), „Feminine Berufsbezeichnungen in Kanada und Frankreich", *ZfKStu* 22, 109-125.

Schafroth, E. (1993), „Berufsbezeichnungen für Frauen in Frankreich", *LSp* 38/2, 64-67.

Scheele, B./Gauler, E. (1993), „Wählen Wissenschaftler ihre Probleme anders aus als Wissenschaftlerinnen? Das Genus-Sexus-Problem als paradigmatischer Fall der linguistischen Relativitätsthese", *SK* 12/2, 59-72.

Scheu, U. (1977), *Wir werden nicht als Mädchen geboren – wir werden dazu gemacht*. Zur frühkindlichen Erziehung in unserer Gesellschaft, Frankfurt a.M.

Schmid, M.S. (1996), „... unlinguistisch, weil die Arbitrarität des sprachlichen Zeichens mißachtend. – Feministische Sprachkritik und linguistische Theorieansätze", *SuL* 78/2, 49-72.

Schmidt-Radefeldt, J. (1995), „Adaptionsphänomene der Anglizismen – zur Konvergenz und Divergenz in romanischen Sprachen", in: Dahmen, W./Holtus, G./Metzeltin, M./Schweickard, W./ Winkelmann, O. (ed.), *Konvergenz und Divergenz in den romanischen Sprachen*. Romanistisches Kolloquium VIII, Tübingen, p. 191-203.

Schmitt, Ch. (1977a), „La planification linguistique en français contemporain: bilan et perspectives", in: Conseil International de la langue française (ed.), *Le français en contact avec la langue arabe, les langues négro-africaines, la science et la technique, les cultures régionales*, Paris, p. 89-110.

Schmitt, Ch. (1977b), „Sprachengesetzgebung in Frankreich", *OBST* 5, 107-135.

Schmitt, Ch. (1978), „Wortbildung und Purismus", in: Dressler, W./Meid, W. (ed.), *Proceedings of the twelfth international congress of linguists, Vienna 1977*, Innsbruck, p. 456-459.

Schmitt, Ch. (1979a), „Die französische Sprachpolitik der Gegenwart", in: Kloepfer, R. (ed.), *Bildung und Ausbildung in der Romania*, vol. II: *Sprachwissenschaft und Landeskunde*, München, p. 470-490.

Schmitt, Ch. (1979b), „Sprachplanung und Sprachlenkung im Französischen der Gegenwart", in: Rattunde, E. (ed.), *Sprachnorm(en) im Fremdsprachenunterricht*, Frankfurt a.M./Berlin/München, p. 7-44.

Schmitt, Ch. (1990a), „Französisch: Sprache und Gesetzgebung", in: Holtus/Metzeltin/Schmitt (ed.), p. 354-379.

Schmitt, Ch. (1990b), „Bemerkungen zum normativen Diskurs in der Grammatik der ‚Real Academia Española'", in: Settekorn (ed.), p. 27-43.

Schmitt, Ch. (1995), „Das Fremde als Staatsaffäre: *hebdo Langage*, *télélangage* und MÉDIAS & *langage*", in: Trabant (ed.), p. 91-117.

Schmitt, Ch. (1998), „Sprachkultur und Sprachpflege in Frankreich", in: Greule, A./Lebsanft, F. (ed.), *Europäische Sprachkultur und Sprachpflege*, Tübingen, p. 215-243.

Schräpel, B. (1985), „Nicht-sexistische Sprache und soziolinguistische Aspekte von Sprachwandel", in: Hellinger (ed.), p. 212-230.

Schwarze, C. (1977), *Sprachschwierigkeiten, Sprachpflege, Sprachbewußtsein*. Das Phänomen der ‚chroniques de langage', Konstanz.

Seibold, H. (1975), *Der Einfluß des Englischen auf die französische Sportsprache*, Erlangen.

Settekorn, W. (1988), *Sprachnorm und Sprachnormierung in Frankreich: Einführung in die begrifflichen, historischen und materiellen Grundlagen*, Tübingen.

Settekorn, W. (ed.) (1990), *Sprachnorm und Sprachnormierung*. Deskription-Praxis-Theorie, Wilhelmsfeld.

Sheldon, A. (1990), „Pickle fights: gendered talk in preschool disputes", *DPr* 13/1, 5-31.

Sherzer, J. (1991), „Eine Vielfalt an Stimmen: Männliches und weibliches Sprechen unter ethnographischer Perspektive", in: Günthner/Kotthoff (ed.), p. 154-193.

Sieburg, H. (ed.) (1997), *Sprache – Genus/Sexus*, Frankfurt a.M.

Silverman, E.M./Zimmer, C. (1979), „The fluency of women's speech", in: Dubois, B.L./Crouch, I.M. (ed.), *Proceedings of the conference on the sociology of the languages of American women*, San Antonio, p. 131-135.

Söll, L. (1968), „*Shampooing* und die Integration des Suffixes *-ing*", in: Stimm, H./Wilhelm, J. (ed.), *Verba et vocabula*, München, p. 565-578.

154

Spence, N. (1989), „Qu'est-ce qu'un anglicisme?", *RLiR* 53, 323-334.

Spence, N. (1991), „Les mots français en *-ing*", *FM* 59, 188-213.

Sternberger, D. (1982), „Maßstäbe der Sprachkritik", in: Heringer (ed.), p. 109-120.

Stimm, H. (ed.) (1980), *Zur Geschichte des gesprochenen Französisch und zur Sprachlenkung im Gegenwartsfranzösisch*, (*ZfSL* Beih. 6).

Stoberski, Z. (1980), „Le Comité international pour l'uniformisation des néologismes terminologiques: principes directeurs", *Terminogramme* 5/6, 5-6.

Stopczyk, A. (1980), *Was Philosophen über Frauen denken*, München.

Sullerot, E. (1978), *Le fait féminin*, Paris; dt. Übers. (1979), *Die Wirklichkeit der Frau*, München.

Tannen, D. (1991), *Du kannst mich einfach nicht verstehen*, Hamburg.

Tatilon, C. (1998), „Un genre bien à elles", *Lali* 34, 107-122.

Thiele, J. (1981), *Wortbildung der französischen Gegenwartssprache*, Leipzig/Wien.

Thim-Mabrey, A. (1991), „Ist das Deutsche eine Männersprache? Sprachwissenschaft und feministische Sprachkritik", *Info DaF* 18/2, 148-158.

Thody, P. (1995), *Le Franglais*. Forbidden English, forbidden American. Law, politics and language in contemporary France, London.

Thorne, A./Henley, N. (1975a), „Difference and dominance: An overview of language, gender, and society", in: Thorne/Henley (ed.), p. 5-42.

Thorne, A./Henley N. (ed.) (1975b), *Language and sex*. Difference and dominance, Rowley (Mass.).

Thraede, K. (1988), „Antike", in: Lissner/Süssmuth/Walter (ed.), p. 54-61.

Trabant, J. (1981), „Die Sprache der Freiheit und ihre Feinde", *LiLi* 41, 70-89.

Trabant, J. (ed.) (1995a), *Die Herausforderung durch die fremde Sprache*. Das Beispiel der Verteidigung des Französischen, Berlin.

Trabant, J. (1995b), „Zur Einführung: Fremde Sprachen in Babel und Paris", in: Trabant (ed.), p. 7-19.

Trabant, J. (1995c), „Die Sprache der Freiheit und ihre Freunde", in: Trabant (ed.), p. 175-191.

Trescases, P. (1982), *Le franglais vingt ans après*, Montréal/Toronto.

Trömel-Plötz, S. (1978), „Linguistik und Frauensprache", *LB* 57, 49-68.

Trömel-Plötz, S. (1979), *Frauensprache in unserer Welt der Männer*, Konstanz.

Trömel-Plötz, S. (1984a), *Gewalt durch Sprache*: die Vergewaltigung von Frauen in Gesprächen, Frankfurt a.M.

Trömel-Plötz, S. (1984b), „*Zu lehren gestatte ich der Frau nicht*. Zur Konstruktion von Dominanz in Gesprächen", in: Opitz, C. (ed.), *Weiblichkeit oder Feminismus*, Weingarten, p. 45-55.

Trömel-Plötz, S. (1991), *Tannen, D. (1990) *You just don't understand*; *DSo* 2/4, 489-502.

Troupe, E. (1997), „Terminologie de l'impression jet d'encre", *LBM* 53, 3-23.

Truchot, C. (ed.) (1994a), *Le plurilinguisme européen*, Paris.

Truchot, C. (1994b), „La France, l'anglais, le français et l'Europe", *Sociolinguistica* 8 (*English only?*), 15-25.

Ulrich, M. (1988), *„Neutrale* Männer – *markierte* Frauen. Feminismus und Sprachwissenschaft", *Sprachwiss* 13, 383-399.

Valabrègue, C. (ed.) (1985), *Fille ou garçon. Éducation sans préjugés*, Paris.

Voirol, M. (1989), *Anglicisme et anglomanie*. Les guides du Centre de formation et de perfectionnement des journalistes, Paris.

Volz, W. (1994), „Englisch als einzige Arbeitssprache der Institutionen der Europäischen Gemeinschaft? Vorzüge und Nachteile aus der Sicht eines Insiders", *Sociolinguistica* 8 (*English only?*), 88-100.

Wagner, R.-L. (1973), „Le mythe de la pureté ou beaucoup de bruit pour rien", in: Wagner, R.-L., *La grammaire française* II, Paris, p.158-178.

Walter, H. (1994), „Entretien avec Henrriette Walter. Propos receuillis par Alain Kimmell", *Echos* 73/74 (*La langue française en question*), 79-82.

Wandruszka, M. (1977), „Unsere Sprachen: Spiele des Zufalls und der Notwendigkeit", in: Bender, K.-H./Berger, K./Wandruszka, M. (ed.), *Imago linguae*. Beiträge zu Sprache, Deutung und Übersetzen, München.

Weinrich, H. (1985), *Wege der Sprachkultur*, Stuttgart.

Weinrich, H. (1995), „Ein Gesetz für die Sprache", in: Trabant (ed.), p. 169-173.

Weisgerber, L. (1968), „Wissenschaft und Sprachpflege", in: Moser (ed.), p. 204-210.

Wilson, E. O. (1998), *Consilience*, New York.

Wolf, L. (1969), *Texte und Dokumente zur französischen Sprachgeschichte – 16. Jahrhundert*, Tübingen.

Wolf, L. (1977), „Französische Sprachpolitik der Gegenwart. Ein Sprachgesetz gegen die Anglomanie", in: Hampel, J./Sussmann, R. et al. (ed.), *Lernziel Europa*, (*Politische Studien* Sonderh. 3), München, p. 45-68.

Wolgast, E. H. (1980), *Equality and the rights of women*, Ithaca/New York.

Wunderli, P./Müller, W. (ed.) (1982), *Romania historica et Romania hodierna*, Frankfurt a.M./Bern.

Yaguello, M. (1979), *Les mots et les femmes*: essai d'approche socio-linguistique de la condition féminine, Paris.

Zankl, H. (1992), „Schwachsinn beim starken Geschlecht", *Die Zeit* 12, 104.

Zeidler, H. (1993), „30 Jahre Kampf gegen das *franglais* – linguistisch betrachtet", *FrH* 2, 123-131.

Zimmer, D.E. (1995), „Sonst stirbt die deutsche Sprache", *Die Zeit* 26, 42.

b) Offizielle Mitteilungen

Arrêté 13.3.1985: Arrêté du 13 mars 1985 relatif à l'enrichissement du vocabulaire relatif aux personnes âgées, à la retraite et au vieillissement, *Journal officiel* 4/7/1985 (abgedruckt: DO 94, p. 417-418).

156

Circulaire 14.3.1977: Circulaire du 14 mars 1977, concernant la loi du 31 décembre 1975 relative à l'emploi de la langue française, *Journal officiel* 19/3/1977 (abgedruckt: DO 94, p. 333-335).

Circulaire 15.9.1977: Circulaire du 15 septembre 1977 relative au vocabulaire judiciaire, *Journal officiel* 24/9/1977 (abgedruckt: DO 94, p. 315-321).

Circulaire 22.9.1981: Circulaire du 22 septembre 1981 concernant l'emploi de la langue française dans les congrès et colloques organisés en France (non paru au *Journal officiel*) (abgedruckt: DO 94, p. 337-338).

Circulaire 20.10.1982: Circulaire modifiant la circulaire du 14 mars 1977 concernant la loi relative à l'emploi de la langue française, *Journal officiel* 21/10/1982 (abgedruckt: DO 94, p. 339).

Circulaire 11.3.1986: Circulaire du 11 mars 1986 relative à la féminisation des noms de métier, fonction, grade ou titre, *Journal officiel* 16/3/1986 (abgedruckt: DO 94, p. 323-324).

Circulaire 12.4.1994: Circulaire relative à l'emploi de la langue française par les agents publics, *Journal officiel* 20/4/1994.

Circulaire 19.3.1996: Circulaire du 19 mars 1996 concernant l'application de la loi n° 94-665 du 4 août 1994 relative à l'emploi de la langue française, *Journal officiel* 20/3/1996.

Circulaire 15.5.1996: Circulaire du 15 mai 1996 relative à la communication, à l'information et à la documentation des services de l'Etat sur les nouveaux réseaux de télécommunication.

Communauté française/Franse Gemeenschap 21 juin 1993, Décret relatif à la féminisation des noms de métier, fonction, grade ou titre, *Moniteur Belge/Belgisch Staatsblad* 19/8/1993.

Conseil de l'Europe (Comité des ministres) (ed.) (1990), *Recommandation n° R(90)4 du Comité des ministres aux états membres sur l'élimination du sexisme dans le langage*, Straßburg, p. 1-2.

Conseil supérieur de la langue française (ed.) (1994), *Mettre au féminin*. Guide de féminisation des noms de métier, fonction, grade ou titre, Brüssel.

Débats parlementaires: Débats parlementaires, Assemblée Nationale, seconde session ordinaire de 1993-1994 (29e séance), compte rendu intégral 2e séance du mardi 3 mai 1994, *Journal officiel* 4./5/1994.

Décision: Conseil Constitutionnel, Décision n° 94-345 DC du 29 juillet 1994, *Journal officiel* 2/8/1994.

Décret 12.3.1984: Décret n° 84-171 du 12 mars 1984 instituant un haut conseil de la francophonie, *Journal officiel* 13/3/1984 (abgedruckt: DO 94, p. 341).

Décret 11.3.1986: Décret n° 86-439 du 11 mars 1986 relatif à l'enrichissement de la langue française, *Journal officiel* 16/3/1986 (abgedruckt: DO 94, p. 343-346).

Décret 2.6.1989: Décret n° 89-403 du 2 juin 1989 instituant un conseil supérieur de la langue française et une délégation générale à la langue française, *Journal officiel* 22/6/1989 (abgedruckt: DO 94, p. 347-350).

Décret 3.3.1995: Décret n° 95-240 du 3 mars 1995 pris pour l'application de la loi du 4 août 1994 relative à l'emploi de la langue française, *Journal officiel* 5/3/1995.

Décret 3.7.1996: Décret n° 96-602 du 3 juillet 1996 relatif à l'enrichissement de la langue française, *Journal officiel* 5/7/1996.

Défense de la langue française (ab 1959), Revue publiée par l'association Défense de la langue française.

Durand, C. (1994), „Mythes et fausses perceptions associés à la langue anglaise", Comité d'étude des termes techniques français (ed.), Juillet 1994 (maschinenschriftliches Manuskript; agedruckt im Dossier, Kap. 5).

Fuchs, J.-P./Legendre, M., 27 juin 1994, N° 1429 Assemblée Nationale, enregistré à la Présidence de l'Assemblée Nationale le 23 juin 1994, N° 547 Sénat seconde session ordinaire de 1993-1994, Annexe au procès verbal de la séance du 23 juin 1994, „Rapport fait au nom de la commission mixte paritaire chargée de proposer un texte sur les dispositions restant en discussion du projet de loi relatif à l'emploi de la langue française", p. 1-12.

Jurisprudence, "L'emploi de la langue française", 97-021 - Langue française DG: 612, BID 1/1997, p. 16-30 (in Fotokopie vorliegend).

La Banque des mots (ab 1971). Revue semestrielle de terminologie française publiée par le Conseil international de la langue française.

Legendre 6.4.1994: Legendre, J., N° 309 Sénat seconde session ordinaire de 1993-1994, Annexe au procès-verbal de la séance du 6 avril 1994, „Rapport fait au nom de la commission des affaires culturelles (1) sur le projet de loi relatif à l'emploi de la langue française", p. 1-131.

Legendre 18.5.1994: Legendre, J., N° 437 Sénat seconde session ordinaire de 1993-1994, Annexe au procès-verbal de la séance du 18 mai 1994, „Rapport fait au nom de la commission des affaires culturelles (1) sur le projet de loi, modifié par l'Assemblée Nationale, *relatif à l'emploi de la langue française*", p. 1-36.

Les Brèves (ab 1994), Lettre du Conseil supérieur et de la Délégation générale à la langue française, Premier Ministre.

Loi 25.6.1992: Loi constitutionelle N° 92-554 du 25 juin 1992 ajoutant à la Constitution un titre: „Des Communautés européennes et de l'Union européenne", *Journal officiel* 26/6/1992 (abgedruckt: DO 94, p. 351).

Loi Bas-Lauriol: Loi N° 75-1349 du décembre 1975 relative à l'emploi de la langue française, *Journal officiel* 4/1/1976 (abgedruckt: DO 94, p. 325-327).

Loi Toubon: Loi n° 94-665 du 4 août 1994 relative à l'emploi de la langue française, *Journal officiel* 5/8/1994.

Office de la langue française du Québec (1991), *Au féminin*. Guide de féminisation des noms de métier, fonction, grade ou titre.

Perrut: Perrut, F., N° 1158 Assemblée Nationale, enregistré à la Présidence de l'Assemblée Nationale le 21 avril 1994, „Rapport fait au nom de la commission des affaires culturelles, familiales et sociales (1) sur le projet de loi, adopté par le Sénat, relatif à l'emploi de la langue française (n° 1130)", p. 1-96.

Perrut (*Annexe*): Perrut, F., N° 1158 (annexe) Assemblée Nationale, „Annexe au rapport fait au nom de la commission des affaires culturelles, familiales et sociales sur le projet de loi (n° 1130), adopté par le Sénat, relatif à l'emploi de la langue française", comptes rendus des réunions de la commission, p. 1-32.

Projet 1: N° 291 Sénat deuxième session extraordinaire de 1993-1994, rattaché pour ordre au procès-verbal de la séance du 27 janvier 1994, enregistré à la présidence du Sénat le 1er mars 1994, „Projet de loi relatif à l'emploi de la langue française" (renvoyé à la commission des affaires culturelles, sous réserve de la constitution éventuelle d'une commission spéciale dans les conditions prévues par le règlement), p. 1-13.

Projet 2: N° 190 Sénat troisième session extraordinaire de 1993-1994, Projet de loi adopté le 1er juillet 1994, „Projet de loi relatif à l'emploi de la langue française. Texte définitif", p. 1-11.

Saisine: Information parlementaires, Saisines du Conseil Constitutionnel en date du 1er juillet 1994, présentée par soixante députés, en application de l'article 61, alinéa 2 de la Constitution, et visée dans la décision n° 94-345 DC, *Journal officiel* 2/8/1994.

c) Offizielle Wortsammlungen

Dictionnaire des néologismes officiels (1984). Tous les mots nouveaux, avec en annexe l'ensemble des textes legislatifs et réglementaires sur la langue française, A. Fantapié/M. Brulé (ed.), Paris.

Dictionnaire des néologismes officiels ([5]1988, [6]1989). Textes législatifs et réglementaires, Commissariat général de la langue française/Journal officiel de la république française (ed.), Paris.

Dictionnaire des termes officiels ([7]1991, [8]1993). Textes législatifs et réglementaires, Délégation générale à la langue française/Journal officiel de langue française (ed.), Paris.

Dictionnaire des termes officiels de la langue française (1994), Délégation générale de la langue française/Journal officiel de langue française (ed.), Paris.

Glossaire des termes officiels des sports (1991), Commission ministérielle de terminologie des sports/ Délégation générale à la langue française (ed.), Paris.

Termes techniques nouveaux (1982). Termes officiellement recommendés par le Gouvernement français, B. de Bessé (ed.), Paris.

d) Presse

Französische Presse

Figaro-Magazine:	9/4/94	25/6/94	6/8/94		
Globe Hebdo:	20-26/4/94				
Info Matin:	24-25/6/94				
Journal du Dimanche:	31/7/94				
Le Canard Enchaîné:	3/8/94				
Le Figaro:	14/11/92	13/12/93	4/4/94	1/8/94	5/8/94
	17/12/92	14/12/93	14/4/94	2/8/94	
	27/12/92	21/3/94	19/4/94	4/8/94	
Le Monde:	19/5/92	24/2/94	15/4/94	5/5/94	31/7-1/8/94
	11/7/92	24/3/94	16/4/94	6/5/94	4/8/94
	24/11/93	27-28/3/94	17-18/4/94	21/6/94	9/8/94
	2/12/93	10-11/4/94	4/5/94	3-4/7/94	22/5/97
	16/2/94	14/4/94	5/5/94	6/7/94	29/5/97
				9/7/94	
Le Nouvel Observateur:	21-27/4/94				

Le point:	6/8/94		
Le Var-Nice Matin:	31/7/94		
L'Événement du Jeudi:	21-27/4/94 5-11/5/94	30/6-6/7/94 14-20/7/94	11-17/8/94 25-31/8/94
L'Express:	7/7/94		
Libération:	4/8/92 17/3/94 13/4/94	14/4/94 16/17/4/94 3/5/94	4/5/94 5/5/94 15/6/94	6/7/94 1/8/94 4/8/94

Ausländische Presse

ABC:	11/3/94			
Boston Globe:	1/4/94			
Der Spiegel:	7/6/71	27/7/1994	16/5/94	
Der Tagesspiegel:	3/7/94			
Die Welt:	6/5/94	23/6/94	1/8/94	24/8/94
Die Zeit:	6/5/94 7/5/94	27/5/94 15/7/94	5/8/94 23/6/95	
Financial Times:	19-20/3/94			
Frankfurter Allgemeine Zeitung:	5/3/94 16/4/94	28/4/94 17/5/94	26/5/94 7/6/94	1/8/94
Frankfurter Rundschau:	2/5/92 6/7/92 3/7/93 17/9/93	16/10/93/ 10/11/93 12/11/93 18/2/94	25/2/94 4/3/94 11/3/94 6/5/94	22/5/94 23/6/94 29/6/94 5/8/94
Herald Tribune:	4/4/94			
Neue Zürcher Zeitung:	27-28/2/94	7/5/94	9/6/94	3/8/94
Rheinische Post:	6/5/94			
Rheinischer Merkur:	13/5/94	5/8/94		
Sponsor:	10/7/94			

Süddeutsche Zeitung:	1/8/94	5/8/94	9/8/94	24/8/94
Sylter Spiegel:	18/5/94			
Time:	16/4/94			
Westdeutsche Zeitung:	1/8/94	5/8/94		

e) Fernsehen und Rundfunk

Bouillon de Culture (France 2): Anglizismendiskussion mit Bernard Pivot u.a., 14/3/1994.
Journal am Mittag (Radio Bremen): „Sky, Mr. Allgood!", Beitrag von J. Holtkamp, 4/8/94.
Kritisches Tagebuch (WDR 3): „Neues von der Kampffront für die Reinerhaltung der französischen Sprache", Beitrag von J. Holtkamp, 4/8/94.

f) Vortrag

MAGNANT, A. (Délégué général à la langue française), „Pourquoi une loi sur l'emploi de la langue française?", gehalten am 3.6.94, im Gustav-Stresemann-Institut in Bonn (in Zusammenarbeit mit dem *Service Culturel de l'Ambasssade de France* und dem *Institut Français de Bonn*).

g) Internet-Adressen

Hauptadresse (z.B. Gesetzes- und Verordnungstexte): http://www.culture.fr/culture/dglf

Rapport au parlement (Urteile): http://www.culture.fr/culture/dglf/rapport

        http://www.culture.fr/culture/dglf/rapport-97.htm

Saisine und *Décision*: http://www.conseil-constitutionnel.fr/tableau/tab94dc.htm

Défense de la langue française: http://www.refer.fr/textinte/dlf

Lexique des sports olympiques: http://crete.argyro.net/lexique/liste.cfm

Lexique des néologismes Internet: http://www.culture.fr/culture/dglf/flexique.htm

Comité International Olympique: http://www.olympic.org

Lexique du football: http://www.culture.fr./culture/dglf/foot.htm

Ministère de la Jeunesse et des Sports: http://www.jeunesse-sports.gouv.fr

Ministère des Affaires Etrangères: http://www.france.diplomatie.fr

Per e-mail kann man seine Mitarbeit bei der DGLF anmelden: france_langue@culture.fr
        france_langue_assistance@culture.fr

h) Abkürzungen

ASNS	*Archiv für das Studium der neueren Sprachen und Literaturen*
BRAE	*Boletín de la Real Academia Española*
CAIEF	*Cahiers de l'association internationale des études françaises*
CdL	*Cahiers de Lexicologie*
DLF	*Défense de la langue française*
DO	*Dictionnaire des termes officiels de la langue française*
DPr	*Discourse Processes*
DSo	*Discourse & Society*
DSp	*Deutsche Sprache. Zeitschrift für Theorie, Praxis, Dokumentation*
FM	*Le Français moderne*
FR	*The French Review*
FrH	*Französisch heute*
GRM	*Germanisch-romanische Monatsschrift*
IB Rom	*Iberoromania. Revista dedicada a las lenguas y literaturas iberorománicas de Europa y América*
IG	*L'Information grammaticale*
Info DaF	*Informationen Deutsch als Fremdsprache*
LaLi	*La Linguistique. Revue de la Société Internationale de la Linguistique Fonctionnelle*
LAUT	*Linguistic Agency University of Trier*
LB	*Linguistische Berichte*
LBM	*La Banque des mots*
LeSp	*Lebendige Sprache*
LFr	*Langue Française*
LiLi	*Zeitschrift für Literaturwissenschaft und Linguistik*
LRL	*Lexikon der Romanistischen Linguistik*
LSoc	*Langage et société*
LSp	*Lebende Sprachen. Zeitschrift für fremde Sprachen in Wissenschaft und Praxis*
MSpr	*Moderna Språk*
NPRob	*Le Nouveau Petit Robert*
NS	*Die Neueren Sprachen*
OBST	*Osnabrücker Beiträge zur Sprachtheorie*
PRob	*Le Petit Robert*

162

QJS	*The Quarterly Journal of Speech*
QSem	*Quaderni di semantica*
RevR	*Revue Romane. Institut d'Études Romanes*
RLiR	*Revue de linguistique romane*
SdW	*Spektrum der Wissenschaft*
SK	*Sprache und Kognition. Zeitschrift für Sprach- und Kognitionspsychologie und ihre Grenzgebiete*
Sprachwiss	*Sprachwissenschaft*
SuL	*Sprache und Literatur in Wissenschaft und Unterricht*
TraLiPhi	*Travaux de Linguistique et de Philologie*
TTR	*Terminologie et Traduction*
VRom	*Vox Romanica*
WLang	*Women and Language*
WZ	*Westdeutsche Zeitung*
ZfKStu	*Zeitschrift für Kanada-Studien*
ZFr	*Zielsprache Französisch. Zeitschrift für den Französischunterricht in der Weiterbildung*
ZfS	*Zeitschrift für Semiotik*
ZfSL	*Zeitschrift für französische Sprache und Literatur*
ZG	*Zeitschrift für Germanistik*
ZGL	*Zeitschrift für germanistische Linguistik*
ZRP	*Zeitschrift für Romanische Philologie*